Sabine Bohnet-Joschko (Hrsg.)

Wissensmanagement im Krankenhaus

GABLER EDITION WISSENSCHAFT

Sabine Bohnet-Joschko (Hrsg.)

Wissensmanagement im Krankenhaus

Effizienz- und Qualitätssteigerungen durch versorgungsorientierte Organisation von Wissen und Prozessen

Deutscher Universitäts-Verlag

Bibliografische Information Der Deutschen Nationalbibliothek
Die Deutsche Nationalbibliothek verzeichnet diese Publikation in der Deutschen Nationalbibliografie; detaillierte bibliografische Daten sind im Internet über <http://dnb.d-nb.de> abrufbar.

1. Auflage September 2007

Lektorat: Frauke Schindler / Stefanie Brich

Der Deutsche Universitäts-Verlag ist ein Unternehmen von Springer Science+Business Media.
www.duv.de

Umschlaggestaltung: Regine Zimmer, Dipl.-Designerin, Frankfurt/Main
Gedruckt auf säurefreiem und chlorfrei gebleichtem Papier
Printed in Germany

ISBN 978-3-8350-0898-4

Vorwort

Fachwissen, Prozesswissen, Erfahrungswissen - das Wissen der Mitarbeiter ist eine der wichtigsten Ressourcen im Krankenhaus, und bei allgemeiner Ressourcenknappheit wird ein effektiver und effizienter Einsatz von Wissen in den täglichen Prozessen angestrebt. Mit Förderung des Bundesministeriums für Wirtschaft und Technologie hat die Forschungsgruppe Nachhaltigkeit der Universität Witten/Herdecke gemeinsam mit GWI / Agfa HealthCare ein Wissensmanagementsystem für Krankenhäuser von der Konzeption über die Entwicklung und Implementierung bis zur Einführung bei den Pilotanwendern in den Kliniken Oberallgäu umgesetzt. Einige der Erfahrungen aus diesem Forschungsvorhaben sowie viele Beiträge von Experten aus dem In- und Ausland, die sich schon seit langen Jahren mit Fragen des Wissens- und Prozessmanagements im Krankenhaus – wenn auch nicht selten unter anderen Überschriften – theoretisch und praktisch auseinandergesetzt haben, sollen durch diesen Sammelband für eine breitere Öffentlichkeit zugänglich gemacht werden. Ziel ist es, das Thema Wissensmanagement im Krankenhaus bekannter zu machen und seine verschiedenen Einsatzmöglichkeiten stärker in das Bewusstsein von Klinikleitungen, Qualitätsmanagern, Medizincontrollern, Ärzten, Pflegenden und Projektleitern aller Art zu bringen.

Als Herausgeberin dieses Bandes und Konsortialführerin des Projektes „Knowledge Communities im Krankenhaus (Know-IT)“ ist es mir ein Anliegen, im Namen der Verbundpartner und aller weiteren am Vorhaben Beteiligten dem Bundesministerium für Wirtschaft und Technologie für die Förderung unseren Dank auszusprechen. Weiterer und natürlich ganz besonderer Dank gebührt den Autoren, die sich an diesem Sammelband beteiligt haben. Es freut und ehrt mich, dass auch Experten aus den Vereinigten Staaten ihre Erfahrungen hier einbringen und auf diese Weise einige bekannte Ansätze und Vorzeigeprojekte aus den USA in deutscher Sprache zugänglich gemacht werden können. Schließlich will ich meinem Team herzlich danken, das sowohl die Projektarbeit mit den Partnern aus der Praxis wie auch die Forschungsarbeit zum Management von Wissen und Prozessen im Krankenhaus mit getragen hat, und hier speziell den Kollegen Joachim Abrolat und Julian Dilling sowie Stefanie Balke für ihre unentbehrliche organisatorische Unterstützung.

Sabine Bohnet-Joschko

Inhaltsverzeichnis

Einleitung

Knowledge Communities als meist berufsgruppenübergreifend zusammenarbeitende Wissensgemeinschaften sind der wichtigste Ansatzpunkt für das Management von Wissen und Prozessen im Krankenhaus. Manchmal handelt es sich dabei um die Mitglieder einer Station, manchmal um eigens eingesetzte Arbeits- oder Projektgruppen, und man wird sie in diesem Sammelband unter verschiedenen Bezeichnungen immer wieder finden. Sie werden „Process Owner Community" oder „Klinisches Mikrosystem" genannt, es handelt sich jedenfalls immer um Personen in einer Gruppe, die bereit sind, ihr Wissen zumindest so weit untereinander auszutauschen, dass ein gemeinsames Ziel der Gruppe erreicht werden kann.

Ergebnisse, theoretische Überlegungen und praktische Ansätze aus dem Projekt „Knowledge Communities im Krankenhaus (Know-IT)" werden im ersten Teil dieses Bandes in vier Beiträgen der Forschungsgruppe Nachhaltigkeit der Universität Witten/Herdecke, die dieses Projekt durchgeführt hat, dargestellt. Zunächst werden Ergebnisse einer im Jahr 2004 und dann in ähnlicher Form erneut im Jahr 2007 durchgeführten bundesweiten Befragung deutscher Krankenhäuser zu Leistungs- und Kommunikationsprozessen dargestellt. Sie zeigen, dass sich die Relevanz einiger Themen in dem Zeitraum verschoben hat: Während im Jahr 2004 für viele Krankenhäuser die Sicherung der Erlöse im neuen Vergütungssystem vorrangig war, zeigt sich im Jahr 2007 eine Verschiebung zu Themen des Qualitäts- und Wissensmanagements.

Das Management von Prozessen hat inzwischen in den meisten deutschen Krankenhäusern Einzug gehalten. Der zweite Beitrag aus der Forschungsgruppe diskutiert Möglichkeiten, wie Mitarbeiter als Wissensträger aktiv und verantwortlich als Process Owner Communties das Management ihrer eigenen Prozesse übernehmen können. Dabei wird geprüft, welche Prozesse für diese Form des Selbstmanagements besonders geeignet sind, und welche organisatorischen wie auch technischen Aspekte bei der Einführung dieser prozessbezogenen Wissensgemeinschaften zu beachten sind.

Am Beispiel des Nationalen Expertenstandards Schmerzmanagements zeigt der dritte Beitrag, wie eine standardisierte Schmerztherapie durch Gründung einer „Knowledge Community" in bestehende Abläufe eines Krankenhauses integriert werden kann.

Der vierte Beitrag beleuchtet schließlich Anwendungsbereiche für ein in das Wissensmanagement integriertes E-Learning in Krankenhäusern. Dabei wird am Beispiel des Projektes Know-IT dargestellt, dass neben der Integration klassischer E-Learning-Module in ein umfassendes Wissensmanagement auch durch verschiedene andere Funktionalitäten eines Wissensmanagementsystems („Push"- und „Pull"-Funktionen) ein Wissenstransfer bzw. ein elektronisch gestütztes Lernen im Krankenhaus gestärkt werden kann.

Diese vier Beiträge der Forschungsgruppe Nachhaltigkeit (Sabine Bohnet-Joschko, Joachim Abrolat, Ulrich Bretschneider und Julian Dilling) geben einen Teil der Arbeiten zum Projekt Know-IT wieder. Um den Fokus dieses Bandes nicht ausschließlich auf die Ergebnisse eines Einzelprojektes zu richten, konnten für die folgenden Beiträge verschiedene Experten gewonnen werden, die Wissen und Prozesse rund um das Krankenhaus aus verschiedenen Perspektiven beleuchten.

Die Halbwertszeit medizinischen Wissens verringert sich von Jahr zu Jahr, so dass lebenslanges Lernen für Ärzte und andere in Gesundheitsberufen Tätige zu einer selbstverständlichen Verpflichtung geworden ist. Die Nutzung von Wissensnetzen und neuen Medien wie E-Learning gewinnt dabei an Bedeutung, wenn es gelingt, sie sinnvoll in den medizinischen Arbeitsalltag zu integrieren. Horst Christian Vollmar forscht zum Wissenstransfer für die Verbreitung evidenzbasierter Medizin an der Universität Witten/Herdecke und untersucht in seinem Beitrag für diesen Band, unter welchen Bedingungen innovative technologische Maßnahmen und neue Lernformen zur Stärkung einer evidenzbasierten Gesundheitsversorgung eingesetzt werden können.

Die Integrierte Versorgung und die daraus entstehenden Vorteile für Patienten sowie zu erwartende Kosteneinsparungen sind seit Jahren Gegenstand politischer Diskussionen; tatsächlich jedoch gestaltet sich die sektorübergreifende Zusammenarbeit im deutschen Gesundheitswesen bisher eher zäh, was nicht zuletzt auf heterogene Informationssysteme unter den Leistungsanbietern zurückzuführen ist. Andreas Schweiger, Jan Marco Leimeister und Helmut Krcmar vom Lehrstuhl für Wirtschaftsinformatik an der Technischen Universität München haben aus einem Vergleich zwischen Industriebetrieben und Krankenhäusern Erfolgsfaktoren für eine Computer Integrated Healthcare in Deutschland abgeleitet.

Selbst die beste Technik gibt jedoch keine Gewähr für die Weitergabe von Wissen in einer Organisation. Daher haben Maximiliane Wilkesmann, Uwe Wilkesmann und Alfredo Virgillito vom Lehrstuhl für Organisationsforschung, Sozial- und Weiterbildungsmanagement der Universität Dortmund in einem Projekt mit elf nordrhein-westfälischen Krankenhäusern den Einfluss motivationaler und organisationaler Faktoren auf die Nutzung technikorientierter Wissensmanagementlösungen untersucht. Ihr Beitrag zeigt, dass die Unternehmenskultur gerade bei Pflegekräften einen Einfluss auf das Gelingen des Wissenstransfers hat.

Auch Uwe Maier und Parwis Fotuhi von der HELIOS Akademie haben nach Einflussfaktoren für ein erfolgreiches Management von Wissen und Prozessen im Krankenhaus gesucht und sich spezifisch mit der Bedeutung der Kommunikation als Grundlage jeden Wissenstransfers im Gesundheitswesen beschäftigt. Sie stellen die Komplexität zwischenmenschlicher Kommunikation auf verschiedenen Ebenen dar und übertragen die Ansätze auf interdisziplinäre Arbeitsgruppen im Krankenhaus.

Im folgenden Beitrag beleuchten Kirstin Börchers, Anja Neumann und Jürgen Wasem vom Alfried Krupp von Bohlen und Halbach-Lehrstuhl für Medizinmanagement der Universität Duisburg-Essen Behandlungspfade als Instrument zur Steigerung von Qualität und Effizienz in der Patientenbehandlung. Dieser prozessorientierte Ansatz wird nach einer Einführung und unter Anleitung von den am Ablauf beteiligten Mitarbeitern selbst diskutiert, erstellt, implementiert und weiterentwickelt und auf diese Weise als Teil eines umfassenden Qualitätsmanagements genutzt.

Der Einsatz eines Qualitätsmanagements und die Veröffentlichung von Qualitätsberichten sind inzwischen verpflichtend für die deutschen Krankenhäuser vorgeschrieben. Im anschließenden Beitrag untersucht die Herausgeberin gemeinsam mit Joachim Abrolat, Daniel Fleer und Markus Andersen, alle von der Forschungsgruppe Nachhaltigkeit der Universität Witten/Herdecke, die Experten-Laien-Kommunikation im Rahmen der Qualitätsberichterstattung der Krankenhäuser. Die Ergebnisse sind ernüchternd; für die Zukunft stellt sich eine klare Führung und Information der Patienten bei der Nutzung der Qualitätsberichte als unabdingbar dar.

Hans-Dietrich Haasis vom Lehrstuhl für Allgemeine Betriebswirtschaftslehre, Produktionswirtschaft und Industriebetriebslehre der Universität Bremen präsentiert in seinem Artikel unerwartete Analogien zwischen Gesundheitswirtschaft und Logistik. Dabei wird deutlich, dass ein Wissensmanagement für die Gesundheitswirtschaft in logistischen Ketten gedacht werden kann und dann auch organisationsübergreifend zur verbesserten Integration der Versorgung beitragen wird.

Die drei letzten Beiträge dieses Bandes geben US-amerikanische Erfahrungen zum Management von Wissen und Prozessen in Krankenhäusern wieder. Die dort von Vorreitern bereits erzielten Ergebnisse bei der Förderung von Qualität und Effizienz sind beeindruckend.

Zunächst berichten Thomas H. Lee und James J. Mongan vom Partners HealthCare System, einem großen Gesundheitsnetzwerk in Boston, das seit mehreren Jahren eine Exzellenz- und Kosteninitiative durchführt, die inzwischen hervorragende Ergebnisse für das Netzwerk zeigt. Die Kernprojekte beziehen sich auf die Einführung der elektronischen Patientenakte und andere entscheidungsunterstützende Systeme, die die Einhaltung von Leitlinien sowohl für einzelne Patienten wie auch für bestimmte Patientenkollektive etwa im Rahmen von Disease Management-Programmen gleichermaßen fördern wie kontrollieren.

In einer Untersuchung der zwanzig besten klinischen Einheiten der Vereinigten Staaten von Amerika hat eine Forschergruppe des Centers for Clinical Evaluation Sciences an der Dartmouth Medical School nach Erfolgseigenschaften gesucht und diese auch gefunden. Einen Ausschnitt der Ergebnisse zur Bedeutung einer ergiebigen Informationsumgebung präsentiert uns Eugene C. Nelson vom Dartmouth-Hitchcock Medical Center. Anhand verschiedener Fallbeispiele werden Konzepte und Prinzipien für den Aufbau einer Informationsumgebung dargestellt, die genau auf die Ziele und Bedürfnisse der klinischen Einheiten zugeschnitten sein soll, um beste Ergebnisse zu bringen.

Im letzten Beitrag schließlich regen Anthony R. Kovner von der New York University, Wagner Graduate School of Public Service und Thomas G. Rundall von der University of California, School of Public Health, an, das Prinzip der evidenzbasierten Medizin auch auf den Bereich des Managements im Gesundheitswesen zu übertragen. Sie zeigen, wie Krankenhausmanager wissenschaftliche Studien und andere Quellen zur Entscheidungsvorbereitung nutzen können und schlagen verschiedene Möglichkeiten zur Stärkung eines evidenzbasierten Managementansatzes vor.

Insgesamt ist zu hoffen, dass die verschiedenen Beiträge dieses Bandes den Lesern Impulse geben und zeigen, welch unterschiedliche Ausdrucksformen das Management von Wissen und Prozessen im Krankenhaus annehmen kann. Die von einer systematischen Herangehensweise an die zentralen wissensintensiven Leistungsprozesse im Gesundheitswesen zu erwartenden Effizienz- und Qualitätssteigerungen werden in den kommenden Jahren sicher viele weitere Forschungsarbeiten, aber wichtiger noch: viele Beispiele guter Praxis mit entsprechend positiven Auswirkungen auf die Gesundheitsversorgung im In- und Ausland entstehen lassen.

Krankenhäuser nach dem Umbruch
Ergebnisse einer bundesweiten Erhebung zu Leistungs- und Kommunikationsprozessen in deutschen Krankenhäusern

Sabine Bohnet-Joschko, Julian T. Dilling, Joachim R. Abrolat

Im Rahmen des Forschungsprojektes „Know-IT" wurden in den Jahren 2004 und 2007 bundesweite Befragungen von Krankenhäusern mit den Schwerpunkten Organisation/Prozessoptimierung, Kommunikation, Technik und Weiterbildung durchgeführt. Die Ergebnisse der Befragungen zeigen, dass sich die Relevanz einiger Themen in dem Zeitraum verschoben hat: Während 2004 für viele Krankenhäuser die Sicherung der Erlöse im neuen Vergütungssystem vorrangig war, zeigt sich im Jahr 2007 eine Verschiebung hin zu Themen des Qualitäts- und Wissensmanagements.

Einleitung

Die deutschen Krankenhäuser unterlagen seit Anfang der 90er Jahre weit reichenden Reformen, die auf eine Dämpfung der Kosten abzielten. Einen vorläufigen Höhepunkt fand dieser Prozess in der Einführung der deutschen Fallpauschalen (G-DRG) im Jahr 2004. Bis in das Jahr 2002 konnten die Krankenhausaufenthalte anhand der Verweildauern und eines durchschnittlichen Tagessatzes mit den Kostenträgern abgerechnet werden. Spezielle Leistungen wurden über Sonderentgelte oder Fallpauschalen vergütet.[1] Seit 2003 wurde teilweise fakultativ, ab 2004 deutschlandweit, das G-DRG-System eingeführt, welches eine durchgängige Abrechnung der Krankenhausleistungen nach fallbezogenen Pauschalen vorsieht. Darüber hinaus transformiert sich das Gesundheitswesen zu einem Dienstleistungsbereich, der sich zunehmend wettbewerblichen Bedingungen ausgesetzt sieht.[2] Diese veränderten Rahmenbedingungen fordern von den Krankenhäusern bis heute eine hohe Anpassung an die neuen Marktanforderungen. Eine Ausprägung dieser neuen Entwicklung waren die gesetzlichen Vorgaben, die im Jahre 2005 das erste Mal von allen Krankenhäusern die Vorlage eines strukturierten Qualitätsberichtes für das Jahr 2004 vorsahen und damit auch das Thema Qualitätsmanagement maßgeblich in die öffentliche Debatte stießen.[3] Ziel der

---

1 Bruckenberger et al. 2006, S. 80 ff.
2 Schmidt et al. 2007, S. 8.
3 § 137 Abs. 1 Satz 3 Nr. 6 SGB V.

DRG-Einführung und der Verpflichtung zur Veröffentlichung von Qualitätsberichten war es, Transparenz in den deutschen Krankenhausmarkt zu bringen, Wissen über einen Kosten-Qualitätszusammenhang aufzudecken und gleichzeitig Bürokratieabbau zu betreiben.[4]

In dieser Umbruchsituation wurden von der Universität Witten/Herdecke zunächst 2004 und dann 2007 Befragungen durchgeführt. Übergreifende Fragestellung der Erhebungen war der Umgang der Krankenhäuser mit Wissen und Wissensmanagement in einer Phase des Umbruchs, die durch gesetzlich gefordertes Qualitätsmanagement und starke wirtschaftliche Reglementierungen geprägt ist.[5]

Datengrundlage und methodisches Vorgehen

Die Datengrundlage für die Befragungen ergab sich aus der Grundgesamtheit der Krankenhäuser, die der Definition des KHG § 2 Absatz 1 entsprechen. Ausgeschlossen wurden Vorsorge- und Reha-Einrichtungen, Pflegeheime, Bundeswehrkrankenhäuser, Psychiatrien, Justizvollzugsanstalten und Tageskliniken. Aus der Grundgesamtheit wurden jeweils Zufallsstichproben von 200 Krankenhäusern gezogen, die per Telefon kontaktiert wurden. Im Jahr 2004 wurden insgesamt 97 Interviews geführt, die Responsequote lag bei 56,4% (28 neutrale Ausfälle[6]). Bei der zweiten Befragung im Jahre 2007 wurden 102 Interviews geführt, die Responsequote lag bei 57% (21 neutrale Ausfälle). Die Befragungen können keinen Anspruch auf Repräsentativität erheben, die aufgrund der Heterogenität des Krankenhausmarktes fast nur durch eine Vollerhebung gewährleistet werden kann. Ein Vergleich der Stichproben mit der Grundgesamtheit zeigt jedoch eine große Übereinstimmung hinsichtlich der Verteilung auf Regionen, Größenklassen und Träger.

Der im Jahre 2004 entwickelte Fragebogen wurde im Rahmen der zweiten Befragung geringfügig modifiziert und gekürzt. Ein wesentlicher Gesichtspunkt hierbei war, Vergleichbarkeit der beiden Umfragen zu erhalten. Die Befragungen wurden telefonisch durchgeführt, da diese gegenüber schriftlichen oder Online-Befragungen in der Regel eine höhere Responsequote erzielen. Darüber hinaus können kostengünstig regionale und strukturelle Streuungen erreicht bzw. Klumpungen vermieden werden und durch

4 Drösler 2007, S. 207/208; Lütticke et al. 2005, S. 199.
5 Brixler et al. 2005, S. 14/15.
6 Bohnet-Joschko et al. 2005.

Supervision der Interviewer ist ein hoher Standardisierungsgrad realisierbar. Dieser Standardisierungsgrad wurde im Rahmen der Befragung durch einen einheitlichen Gesprächsapproach zu Beginn des Interviews und einen standardisierten Fragebogen erhöht.

Die Feldzeit der ersten Befragung umfasste den Zeitraum vom 15.04.-30.06.2004 und betrug damit 2,5 Monate. Die zweite Befragung wurde vom 01.01.-31.01.2007 durchgeführt und umfasste damit einen Monat.

Handlungsbedarf zur Verbesserung der wirtschaftlichen Situation geringer als 2004

Ein vordringliches Anliegen vieler Krankenhäuser in den letzten Jahren war die Verbesserung der wirtschaftlichen Situation. Im Rahmen der Befragung wurde deshalb eine Frage hinsichtlich des Handlungsbedarfes in ausgewählten Bereichen zur Verbesserung der wirtschaftlichen Situation gestellt. Grundsätzlich zeigte sich, dass der Handlungsbedarf im Jahr 2007 von den Krankenhäusern in allen Bereichen deutlich geringer angesehen wird als noch vor drei Jahren.
Den größten Rückgang hierbei verzeichneten Zusammenarbeit mit Leistungsträgern aus der Region (-21 Prozentpunkte), Facility-Management (-17 Prozentpunkte), DRG-Kodierung (-16 Prozentpunkte), Belegarztwesen (-15 Prozentpunkte) und OP-Management (-12 Prozentpunkte). Risk- und Case-Management veränderten sich in dem Zeitraum vergleichsweise gering um jeweils vier Prozentpunkte.

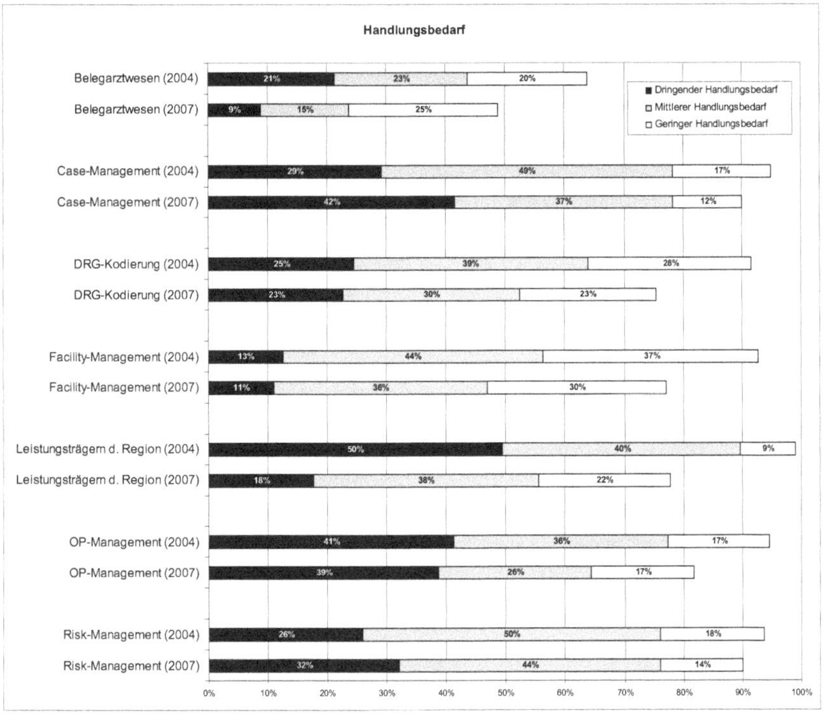

Abb. 1: In welchen der folgenden Bereiche sehen Sie zur Verbesserung Ihrer wirtschaftlichen Situation einen dringenden, einen mittleren, einen geringen oder keinen Handlungsbedarf?

Insgesamt zeigt sich damit, dass der Anteil der Krankenhäuser mit der Einschätzung eines Handlungsbedarfes gesunken ist, gleichzeitig benennen jedoch die Krankenhäuser, die einen Handlungsbedarf sehen, eine erhöhte Dringlichkeit in zwei Bereichen, hierbei handelt es sich um Case- und Risk-Management. Der dringende Handlungsbedarf im Case-Management ist um 13 Prozentpunkte gestiegen, sowie im Risk-Management um etwa 6 Prozentpunkte. Die Befunde spiegeln die Entwicklung der letzten Jahre deutlich wider. Während im Jahr 2004 aufgrund der veränderten rechtlichen Rahmenbedingung die wirtschaftliche Situation und Qualitätsmanagement im Vordergrund standen, können jetzt aufgrund der geleisteten Umsetzung in diesen beiden Bereichen weitere Handlungsfelder erschlossen werden, die zwar nicht neu sind, deren Umsetzung jedoch aufgrund der Komplexität und geringen Griffigkeit bisher nur ansatzweise erfolgt ist. Aufgrund des diffusen Charakters dieser Themen war die Herangehensweise darüber hinaus für viele Krankenhäuser schwer umsetzbar. Erst durch die Operationalisierungsanstrengungen einiger Vorreiter kann eine flächendeckende Herangehensweise geschaffen werden. Exemplarisch für eine derartige Pionierleistung kann das Risk-Management bei den Sana-Kliniken herangezogen werden. Hier zeigt sich, dass das klassische Spartendenken einem umfassenden Managementgedanken gewichen ist.[7] Der Sana-Konzern unterscheidet vier wesentliche Risikobereiche: Externe Risiken (z.B. das politisch-rechtlich Umfeld), leistungswirtschaftliche Risiken (z.B. aus dem klinischen Risikomanagement), finanzwirtschaftliche Risiken und Risiken aus Qualität von Management und Organisation.[8] Risk-Management heißt hier nicht mehr ausschließlich eine Betrachtung unternehmerischer, insbesondere wirtschaftlicher Risiken, sondern eine Betrachtung der unternehmerischen Risiken unter direkter Berücksichtigung der Patientenbehandlung. Die Verzahnung dieser verschiedenen Bereiche ermöglicht eine Reduktion der Behandlungsrisiken, die sich gleichzeitig wirtschaftlich auswirkt. Komplikationen im Heilungsprozess führen seit der Einführung der DRGs zu einer Schlechterstellung des entsprechenden Krankenhauses. Risk-Management ist damit keine reine Managementaufgabe mehr, sondern vielmehr eine Aufgabe aller Mitarbeiter. In diesem Verständnis von Risk-Management zeigt sich die zentrale Rolle, die Wissen und Wissensmanagement dabei spielen. Ein wesentlicher Bestandteil des Wissensmanagements ist die (Ver-)Teilung von Wissen, so dass es am richtigen Ort zu Verfügung steht und als Grundlage für Reaktionen des Risk-Managements dienen kann.[9]

Die Wissens(ver)teilung ist auch eine wesentliche Voraussetzung für Case-Management, das damit einen Schritt vor dem Risk-Management ansetzt, sich jedoch ausschließlich auf den Patienten bezieht. Ziel des Case-Managements ist eine Patientenbehandlung, die den Erfordernissen des individuellen Patienten über die Grenzen der einzelnen beteiligten Organisationseinheiten hinweg Rechnung trägt.[10] Dieses Ineinandergreifen verschiedener Teilprozesse soll einen reibungslosen und effizienten Ablauf über die einzelnen Institutionen hinweg gewährleisten und einen optimalen Heilungsprozess unterstützen. Betrachtet man vor diesem Hintergrund die Ergebnisse aus den Befragungen, so erklären sich die Schwankungen in den Teilbereichen und es wird ein Trend zum integrierten Management mit einer ganzheitlichen Sicht auf das Krankenhaus deutlich.

---

7 Schwarz 2006.
8 Schwarz 2006.
9 Probst et al. 1997, S. 53.
10 Ewers et al. 2000, S. 7.

Prozessoptimierung verliert an Bedeutung

Im Rahmen des Handlungsbedarfes zur Verbesserung der wirtschaftlichen Situation wurden die Krankenhäuser mit der offenen Frage konfrontiert, wo sie in ihrer Einrichtung größere Optimierungspotenziale sehen. Die Ergebnisse wurden zunächst gesammelt und dann in den unten aufgezeigten Bereichen geclustert. Die Ergebnisse zeigen, dass die Krankenhäuser viele Begriffe aus dem Jahr 2004 nicht mehr in dem Maße benennen und 28% der Häuser sogar angeben, keine Optimierungspotenziale zu sehen. Der deutlichste Rückgang zeigt sich bei der Prozessoptimierung mit einer Reduktion um 17 Prozentpunkte. Der größte Anstieg fällt in die Rubrik „Keine Verbesserung" mit 12 Prozentpunkten. Die einzige weitere Steigerung, ebenfalls um 12 Prozentpunkte, ergibt sich unter Optimierung der Kommunikations-/Informationskultur (inkl. IT).

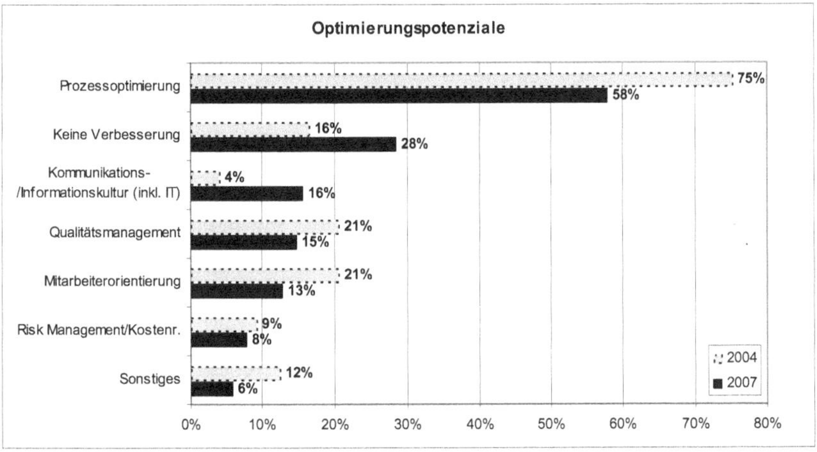

Abb. 2: Erkennen Sie in Ihrer Einrichtung größere Optimierungspotenziale? Wenn ja, welche?

Ein besonders interessantes Ergebnis ist der Rückgang in der Rubrik Qualitätsmanagement; dieser widerspricht einerseits den Befunden aus der Frage zum Handlungsbedarf im Case- und Risk-Management und andererseits der gestellten Anschlussfrage: Mit welchen Maßnahmen wollen Sie diese Optimierungspotenziale erreichen?
Bei dieser offenen Frage wurden von 26% der Krankenhäuser Maßnahmen genannt, die unter die Rubrik Qualitätsmanagement fallen, das Thema Qualität scheint also doch eine höhere Relevanz zu haben, als die Befragten zunächst in der vorangegangen Frage angaben. Dabei ist zu berücksichtigen, dass eine offene Frage, die auf die direkten Maßnahmen abzielt, ein ganz anderes Antwortverhalten hervorruft als eine ge-

schlossene Frage, die Schlagworte aufgreift. Qualitätsmanagement war durch die Qualitätsberichte und die daran anschließenden Maßnahmen zum Qualitätsmanagement im Jahr 2004 in aller Munde, so dass die Krankenhäuser dementsprechend das Schlagwort „Qualitätsmanagement" für die bevorstehenden Tätigkeiten angebracht fanden. Im Jahr 2007 ist dieses Thema jedoch zu einem permanent begleitenden Arbeitsfeld geworden, so dass der Handlungsbedarf im Qualitätsmanagement allgemein als geringer eingeschätzt wird, kontinuierlich jedoch Qualitätsmanagementmaßnahmen nach wie vor als notwendig erachtet werden, wie sich in der Anschlussfrage zeigt.

Das Thema Prozessmanagement scheint hingegen grundsätzlich an Bedeutung verloren zu haben, wenn es um die Realisierung der genannten Optimierungspotentiale geht. Obgleich 58% der Krankenhäuser Prozessoptimierung als Optimierungspotential angeben, nennen nur 14% der Krankenhäuser Maßnahmen zum Prozessmanagement. Die Schwierigkeit des Prozessmanagements liegt in der Umsetzung; viele Krankenhäuser unterschätzen den Aufwand, insbesondere wenn es zu einer nachhaltigen Optimierung alltäglicher Prozesse kommen soll.[11] Die Kombination aus einem großen Bedarf einerseits und großen Herausforderungen andererseits führt zu einem diffusen Verständnis der Situation, das durch einen Realitätsabgleich schnell auf eine machbare Größe reduziert wird. Diese Entwicklung spiegelt sich in den Ergebnissen wider. Prozessmanagement lohnt sich in den zentralen Wertschöpfungsbereichen, wie z.B. dem OP oder in Bereichen mit hohem finanziellem Aufwand (Einkauf etc.), jedoch ist Prozessmanagement nicht in allen Bereichen wirtschaftlich sinnvoll. Die Krankenhäuser haben dies offensichtlich in den vergangenen drei Jahren erkannt und viele wirtschaftlich sinnvolle Maßnahmen durchgeführt. Der zunächst überschäumende Tatendrang scheint sich inzwischen auf ein realistisches Maß reduziert zu haben.

[11] Mühlbauer 2004, S. 88; Braun 2002, S. 222.

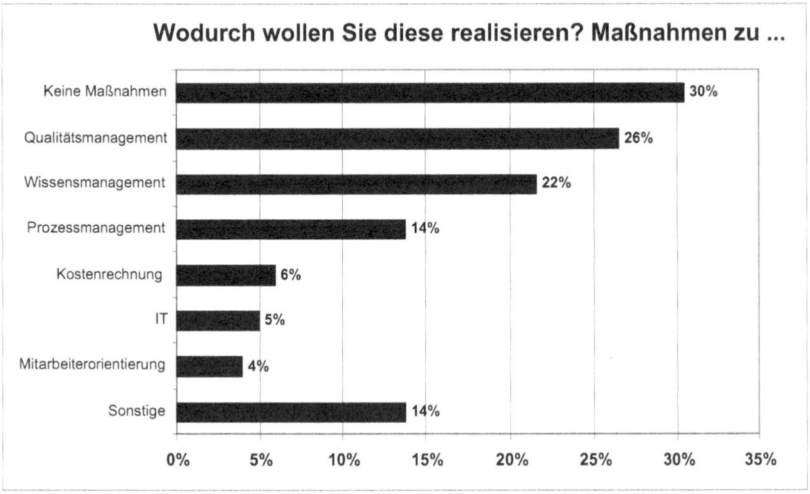

Abb. 3: Durch welche Maßnahmen wollen Sie diese realisieren?

Ein weiteres Thema von Relevanz ist die Kommunikations-/Informationskultur. So nennen 22% der Häuser Maßnahmen zum Wissensmanagement und 5% der Häuser Maßnahmen zur IT. Berücksichtigt man jedoch die Bedeutung des Wissens und Wissensmanagements in einem Krankenhaus als wissensintensives Unternehmen, ist diese Resonanz überraschend gering. Eine Ursache hierfür mag darin liegen, dass vielen Krankenhäusern nicht klar ist, welche Formen Wissensmanagement annehmen kann. Die meisten Maßnahmen des Qualitätsmanagements basieren auf einem funktionierenden Wissensmanagement, die Fort- und Weiterbildung fällt ebenfalls unter das Thema Wissensvermittlung, jede Entscheidung basiert auf einer guten Wissensbasis und schlussendlich dient die zentrale Ablage von Patientendaten (über das KIS) zur Erhöhung der Verfügbarkeit von Wissen und Informationen. Für viele Krankenhäuser ist diese Sichtweise noch sehr fremd, jedoch zeigen die Ergebnisse zumindest eine wachsende Sensibilität für diese Thematik auf.

Maßnahmen zur Mitarbeiterorientierung werden nur in geringem Umfang genannt (4%), hier wird ein Optimierungspotenzial von 13% der Krankenhäuser gesehen. Der Rückgang gegenüber 2004 ist insofern überraschend, als dass bei der momentanen Situation der Beschäftigten im medizinisch/pflegerischen Bereich viele Klagen Ausdruck finden.[12] In den Krankenhäusern scheint dies jedoch bisher weder in den Arbeitsbedingungen noch in der Führungskultur Berücksichtigung zu finden, vielmehr wird nur die erschwerte wirtschaftliche Situation gesehen und weitestgehend an die Mitarbeiter weitergegeben.[13]

Fort- und Weiterbildung

Eine zentrale Frage des Themenbereiches Fort- und Weiterbildung war, welche Themen in Zukunft verstärkt zur Fort- und Weiterbildung angeboten werden sollen. Um klare Entscheidungen von den Befragten zu erhalten, wurde darum gebeten, nur drei Gebiete aus der folgenden Auswahl zu wählen: Pflegerische Fachweiterbildungen, Leitungsfunktionen, Medizinische Themen, Betriebswirtschaftliche Themen, EDV-Themen, Qualitätssicherung und Soziale Kompetenz.

Spitzenreiter im Jahr 2004 war die Qualitätssicherung mit über 66% der Krankenhäuser, gefolgt von BWL-Themen mit gut 55% und medizinischen Themen mit knapp 49%. Im Jahr 2007 sind die pflegerischen Fachweiterbildungen mit über 61% Spitzenreiter, die sich gegenüber 2004 um gut 30% mehr als verdoppelt haben. An zweiter Stelle befinden sich medizinische Themen mit knapp 55% und Qualitätssicherung mit gut 47%. Die Gewinner sind nach den pflegerischen Fachweiterbildungen Fort- und Weiterbildungsangebote zur Sozialen Kompetenz (+15,5 Prozentpunkte), medizinische Themen (+5,6 Prozentpunkte) und Angebote für Verantwortliche in Leitungsfunktionen (+4,4 Prozent). Der größte Rückgang zeigte sich bei den BWL-Themen (-22,7 Prozentpunkte), gefolgt von Qualitätssicherung (-18,8 Prozentpunkte). Weitestgehend unverändert sind Fort- und Weiterbildungen im EDV-Bereich (+0,8 Prozentpunkte).

---

12 Stiller et al. 2007, S. A 530.

13 Die Personalkosten in Krankenhäusern betragen 2004 etwa 65% der Gesamtkosten. Vgl. DKGEV 2007.

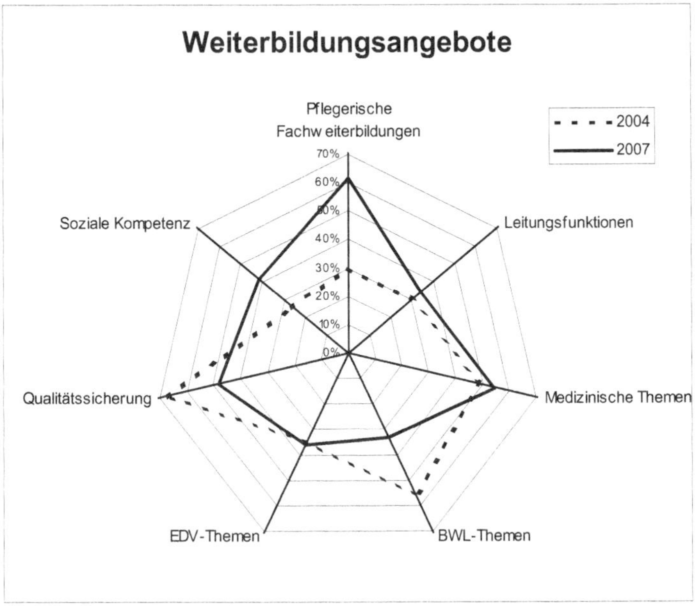

Abb. 4: Zu welchen Themen wird es in Zukunft verstärkt Fort- und Weiterbildungsangebote geben? Wählen Sie aus der folgenden Liste die drei wichtigsten Themenbereiche aus.

Die Ergebnisse zeigen eine Verschiebung von BWL- und Qualitätssicherungsthemen hin zu Softskills und pflegerischen Fachweiterbildungen. Besonders auffällig ist hierbei die große Bedeutung, die pflegerischen Fachweiterbildungen zugemessen wird, die natürlich in gewisser Weise auch zum Qualitätsmanagement zählen. Eine Erklärung für die Verschiebung der Themen könnte einerseits darin liegen, dass viele Maßnahmen zur Sicherung der Erlössituation und der Qualität im Allgemeinen bereits durchgeführt wurden und damit die maßgeblichen Fort- und Weiterbildungen in diesem Bereich erfolgt sind. In der Pflegewissenschaft wurden hingegen seit 2000 fünf nationale Expertenstandards konsentiert, die wesentliche Maßgaben für die Pflege beinhalten.[14] Die Umsetzung dieser Expertenstandards erfordert zunächst eine strukturierte, praxisorientierte Aufbereitung und anschließende Integration in die Pflegeprozesse im Krankenhaus. Dies verursacht einen erhöhten Schulungsbedarf bei den Pflegekräften.

14 DNQP 2007.

„Hospitals go digital“

In der öffentlichen Diskussion wurde in den vergangen Jahren viel von der elektronischen Patientenakte gesprochen, die seit Anfang Dezember in zwei Testregionen eingesetzt wird.[15] Diese Entwicklung wird in naher Zukunft auch die Krankenhäuser erreichen und neue Herausforderungen an die Arbeitsabläufe und EDV stellen. Den Krankenhäusern ist dieser Trend klar; wie sich in den beiden Erhebungen zeigt, ist der Anteil der Krankenhäuser, deren Dokumentation vorrangig digital erfolgt, um 7 Prozentpunkte und derer, die sich im Übergang befinden, um 18 Prozentpunkte gestiegen. Die vorrangige Dokumentation in Papierform ist damit von 73% auf 48% gesunken.

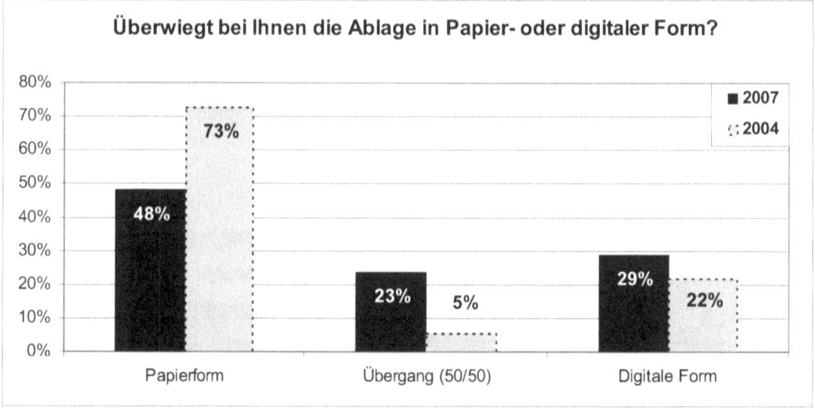

Abb. 5: Überwiegt bei Ihnen die Dokumentation in Papier- oder digitaler Form?

Die Ergebnisse zeigen zwar eine zunehmende Dokumentation in digitaler Form auf, gleichzeitig kann ihnen jedoch auch entnommen werden, dass noch in fast der Hälfte der deutschen Krankenhäuser eine Ablage in Papierform überwiegt. Die digitale Dokumentation weist eine Reihe an Vorteilen auf. Grund für den Einsatz ist in der Regel jedoch eine effiziente Verwaltung und der dezentrale Abruf von Wissen und Informationen. Betrachtet man unter diesem Gesichtspunkt die Dokumentation, kann davon ausgegangen werden, dass hier noch Effizienzpotenziale zu heben sind.

---

[15] Krüger-Brand 2007, S. 130.

Stärkere Nutzung von vielfältigen Kommunikationsmitteln

Das Projekt Know-IT zielt auf das Thema Wissensmanagement in Krankenhäusern ab. Deshalb wurde im Rahmen der Befragungen ein Fokus auf Wissens- und Informationsaustausch gelegt. Viele Krankenhäuser betreiben bereits vielseitige Wissensmanagement-Aktivitäten, der Begriff „Wissensmanagement" findet hierbei jedoch selten Anwendung. Um trotzdem das Phänomen Wissensmanagement in der Untersuchung abzudecken, wurde als Indikatoren auf den Nutzungsgrad einer Reihe interner Kommunikationsmittel und externer Informationsquellen zurückgegriffen. Ziel war es, den Durchdringungsgrad der Informations- und Kommunikationskultur einschätzen zu können und darüber Rückschlüsse auf Wissensmanagement zu treffen. Als Antwortkategorien konnte eine Nutzung in allen, vielen, wenigen oder keinen Abteilungen angegeben werden.

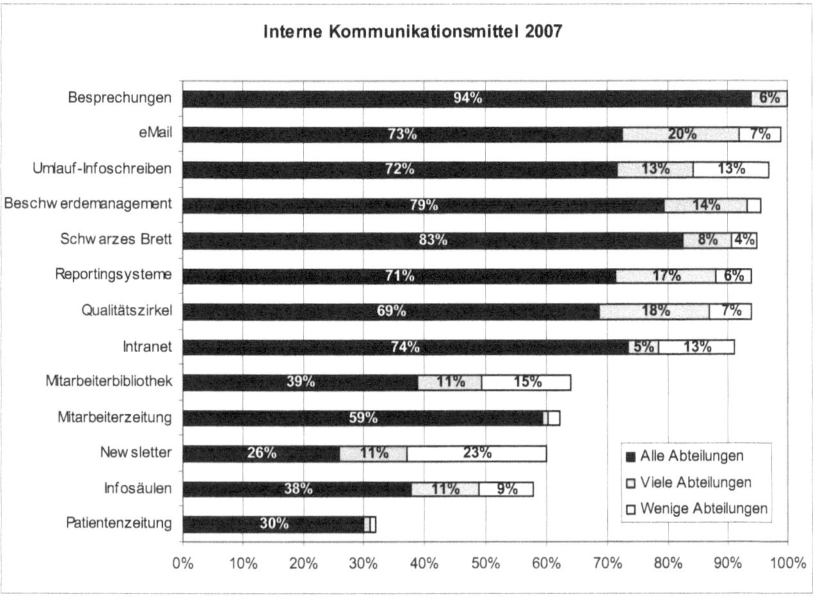

Abb. 6: Wie findet Ihre interne Kommunikation statt? Ich lese Ihnen eine Liste von Kommunikationsformen vor. Sagen Sie mir bitte, welche in Ihrer Einrichtung in allen Abteilungen, in vielen Abteilungen, in wenigen Abteilungen oder gar nicht genutzt werden.

Ein Vergleich der Ergebnisse aus dem Jahr 2004 mit 2007 zeigt grundsätzlich eine stärkere und intensivere Nutzung der internen Kommunikationsmittel. Eine deutlich stärkere Nutzung hat das Beschwerdemanagement erfahren, hier zeigte sich insgesamt eine Erhöhung um 19 Prozentpunkte. Ausdruck des Anstiegs des Beschwerdemanagements ist eine intensivere Patientenorientierung, die sich auch beim Einsatz von Orientierungshilfen wie Infosäulen/Info-Points und Patientenzeitungen zeigt. Die Nutzung von Infosäulen/Info-Points ist im untersuchten Zeitraum um 17 Prozentpunkte gestiegen, so dass sich für das Jahr 2007 eine Nutzung in 58% der Krankenhäuser ergibt; der Einsatz von Patientenzeitungen ist um 10 Prozentpunkte höher als 2004, so dass sie damit in 32 Prozent der Häuser Einsatz findet.

Doch auch bei Kommunikationsmitteln, die auf die Mitarbeiter abzielen, lässt sich eine stärkere Nutzung und Durchdringung beobachten. Während die Herausgabe einer Mitarbeiterzeitung im Jahre 2004 von gut 40 Prozent der Krankenhäuser betrieben wurde, ist die Anzahl bis 2007 um 17 Prozentpunkte auf fast 60% angestiegen. Mitarbeiterbibliotheken zeigen einen Anstieg von 13 Prozentpunkten auf 65%, Umlaufschreiben werden in 98% der Häuser genutzt (Anstieg um 11 Prozentpunkte). Qualitätszirkel haben insgesamt einen Anstieg von vier Prozentpunkten zu verzeichnen und werden in den Häusern deutlich stärker genutzt als 2004. Auch bei den technischen Kommunikationsmitteln lässt sich eine Zunahme der Nutzung beobachten. Intranets werden im Jahr 2007 in gut 90% der Häuser genutzt. Hier zeigt sich ein Anstieg um 9 Prozentpunkte und auch bei den E-Mails ist eine verstärkte Nutzung festzustellen. Ein weiteres IT-gestützes Kommunikationsinstrument, nämlich der Newsletter, wird zwar insgesamt stärker genutzt, es zeigt sich ein Anstieg von 4 Prozentpunkten auf fast 60%. Allerdings nimmt die Intensität der Nutzung ab.

Drei Instrumente zeigen eine weitgehend unveränderte Nutzung: Besprechungen, schwarze Bretter und Reportingsysteme. Da alle drei Kommunikationsmittel bereits eine starke Nutzung erfahren, kann davon ausgegangen werden, dass hier bereits ein hoher Sättigungsgrad erreicht worden ist.

Die Angaben zur Nutzung der Kommunikationsmittel zeichnen vom Krankenhausmarkt ein Bild, in dem Wissensmanagement bereits stark verankert ist. Wissensmanagement wird dabei nicht technikorientiert, sondern als eine funktionsorientierte Nutzung von Kommunikationsmitteln verstanden. Beschwerdemanagement fällt hierbei genauso darunter wie Maßnahmen der Fort-/Weiterbildung und Qualitätszirkel, denn in allen Fällen geht es darum, Wissen zu generieren bzw. weiterzugeben. Die Formen des Wissens(managements) sind jedoch jeweils verschieden: Im ersten Fall handelt es sich um das Wissen der Patienten über ihre eigene Zufriedenheit, im zweiten Fall handelt es sich um die Weitergabe von Fachwissen und im dritten Fall geht es darum, durch das individuelle Wissen der Beteiligten über die Prozesse das Qualitätsniveau zu erkennen, potenzielle Schwachstellen aufzudecken und ggf. Maßnahmen zur Verbesserung zu initiieren.[16] Bei dieser Betrachtung wird klar, dass Wissensmanagement eine grundlegende Funktion bei der Verbesserung der Krankenhausabläufe einnehmen kann.

Weitestgehend unveränderte Nutzung externer Informationsquellen

Bei der Nutzung externer Informationsquellen lässt sich in dem Zeitraum nur eine geringe Veränderung feststellen und auch die Intensität der Nutzung ist weitestgehend unverändert. Fachtagungen werden in fast allen befragten Häusern genutzt, die Ergebnisse aus den verschiedenen Rubriken summieren sich auf 99%. In 62% der Häuser finden Fachtagungen in allen Abteilung Einsatz, bei 32% in vielen Abteilungen und bei 5% in wenigen Abteilungen. Fachliteratur findet in ähnlichem Rahmen Anwendung. Hier beläuft sich die Nutzung ebenfalls auf 99% der Häuser, allerdings ist der Anteil der Häuser, die Fachliteratur in allen Abteilungen nutzen, fast 10% höher.

Externe medizinische Leitlinien werden in 97% der Häuser genutzt, im Vergleich zum Jahr 2004 ist auch die Intensität der Nutzung gestiegen; die Nutzung in allen Abteilungen ist um fast 10 Prozentpunkte gestiegen, während sie in vielen und wenigen Abteilungen um 5 und 2 Prozentpunkte gefallen ist.

[16] Eichhorn et al. 2000, S. 350 ff.; Eichhorn 1997, S. 186 ff.

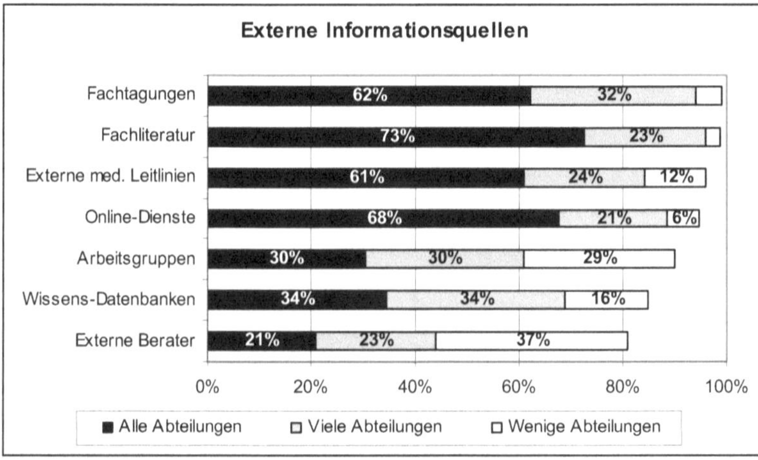

Abb. 7: Es folgt eine Reihe externer Informationsquellen. Werden diese in allen Abteilungen, in vielen Abteilungen, in wenigen Abteilungen oder gar nicht verwendet?

Die Nutzung von Online-Diensten ist weitestgehend unverändert bei 95%, jedoch zeigt sich auch hier eine intensivere Nutzung im Vergleich zu den Ergebnissen aus dem Jahre 2004. Der Einsatz von Arbeitsgruppen hat im betrachteten Zeitraum leicht zugenommen (3 Prozentpunkte), darüber hinaus lässt sich ein intensiverer Einsatz beobachten. Der Einsatz von Wissens-Datenbanken hat sich in den vergangen Jahren weder in der Nutzung noch in der Intensität der Nutzung verändert. Der Einsatz von externen Beratern hat sich deutlich verstärkt: Während im Jahr 2004 in 63% der Krankenhäuser zwar externe Berater, diese jedoch nur in wenigen Abteilungen, eingesetzt wurden, sind es im Jahre 2007 mehr als 80%, die externe Berater einsetzen, und 44%, die dies in vielen oder allen Abteilungen tun.

Während viele der hier genannten externen Informationsquellen in der Anwendung mit der gesetzlich vorgeschriebenen Verpflichtung zur Fortbildung korrespondieren, ist der Befund einer intensiveren Nutzung externer Berater sehr aufschlussreich. Hieran lässt sich erkennen, dass offensichtlich nach wie vor Effizienzpotentiale gehoben werden sollen. Grundlage dieser Annahme ist, dass externe Berater nur dann in die Häuser geholt werden, wenn die Kosten der Berater den nicht immer monetarisierten Ertrag (u. a. Qualitätsverbesserungen, Risikoreduktion) nicht übersteigen.

Darüber erlaubt diese Beobachtung die Vermutung, dass der Gesundheitsmarkt weiterhin große Wachstumschancen – auch für Berater – bietet.[17]

Zugang zum Internet und Intranet

Die Betrachtung des E-Mail/Internet-Zugriffs im Krankenhaus bestätigt den Trend, der sich auch bei anderen Kommunikationsmitteln feststellen lässt. Von 2004 auf 2007 haben viele Krankenhäuser die Vorteile des Internets erkannt und einigen Berufsgruppen den Zugang zunehmend ermöglicht. Zwei Personalgruppen wurden dabei weitestgehend ausgespart: Die Pflegekräfte und die „übrigen Mitarbeiter".

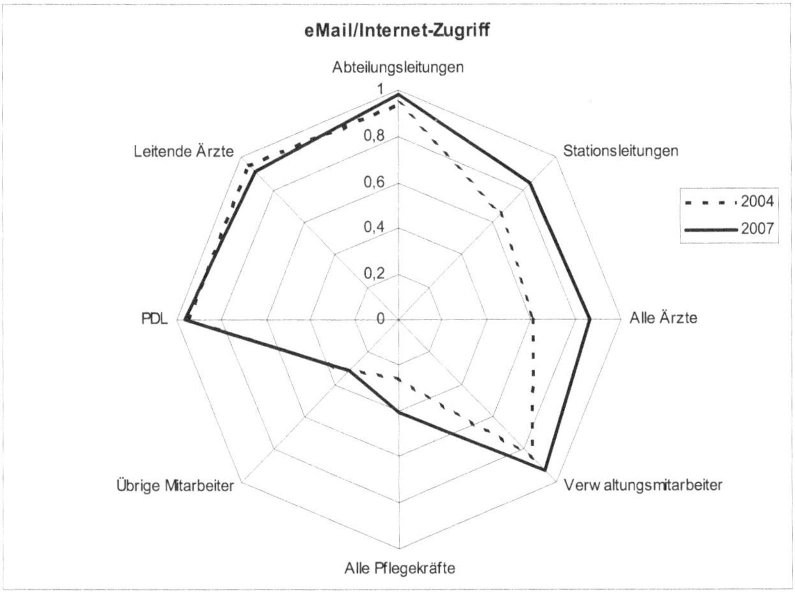

Abb. 8: Welche Mitarbeiter(-gruppen) haben einen eMail-Account bzw. Zugang zum Internet?

[17] Flintrop 2007, S. A913.

Die Aussparung dieser beiden Mitarbeitergruppen ist auf ihre Tätigkeiten zurückzuführen. Der Tagesablauf der Pflegekräfte ist in der Regel sehr stark durch ihre praktischen Tätigkeiten geprägt und lässt nur wenig Zeit für eine Nutzung des Internets bzw. eMail zu Fortbildungszwecken bzw. zur Information der Kollegen. Ähnlich sieht es bei den „übrigen Mitarbeitern" aus. Hierunter werden Berufsgruppen wie der Hausdienst, Putzpersonal etc. verstanden.

Erstaunlich ist hingegen das Ergebnis, das sich aus der Befragung zum Intranet-Zugriff ergibt. Grundsätzlich sollte doch davon ausgegangen werden, dass alle Mitarbeiter, sofern ein Intranet besteht, auch darauf zugreifen können. Hier sollten schließlich wichtige hausspezifische Fachinformationen hinterlegt werden, die wesentlichen Einfluss auf die Leistung der Mitarbeiter haben können.

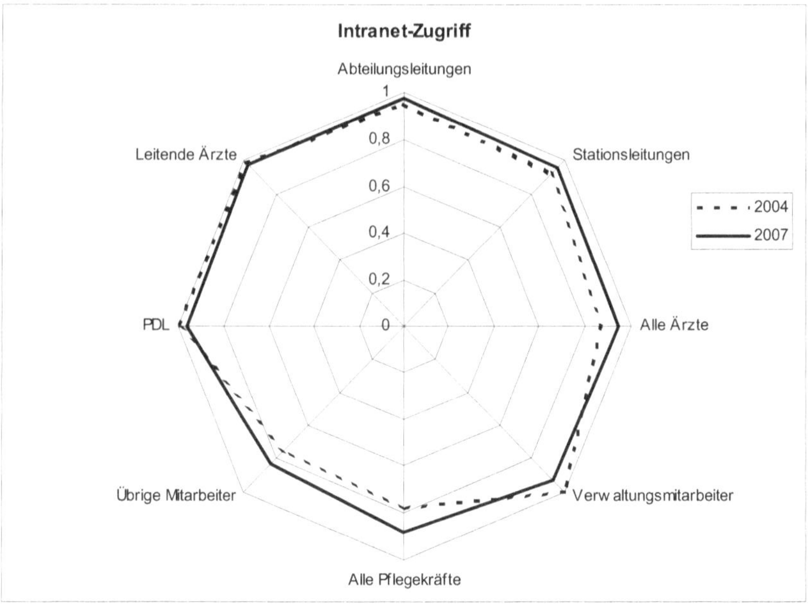

Abb. 9: Welche Mitarbeiter haben Zugang?

Die Ergebnisse zeigen hingegen, dass nur 80% der Häuser überhaupt über ein Intranet verfügen und die Nutzung des Intranets noch nicht so stark im Alltag der Mitarbeiter verankert ist, wie intuitiv angenommen werden sollte. Der Grund hierfür mag einerseits in einer geringen Computer-Affinität bestimmter Mitarbeitergruppen liegen, andererseits jedoch auch in den derzeit noch eingeschränkten Nutzungsfunktionen des

Intranets. Nur fünf Funktionen werden von über 60% der Intranetsysteme angeboten: Fachinformationen, Terminverwaltung (seit 2007), Formularwesen, Telefonbuch und Speiseplan. Hinzu kommt die Suchfunktion als verknüpfendes Element. Es zeigt sich damit, dass die eingesetzten Intranets zwar einige Funktionen anbieten, jedoch sind nur zwei Funktionen bei der Koordinierung des Tagesgeschehens von Bedeutung nämlich die Terminverwaltung und das Formularwesen. Andere Funktionen, wie beispielsweise der Speiseplan, führen zu einer erhöhten Akzeptanz des Mediums Intranet und sind damit ebenfalls wichtig.

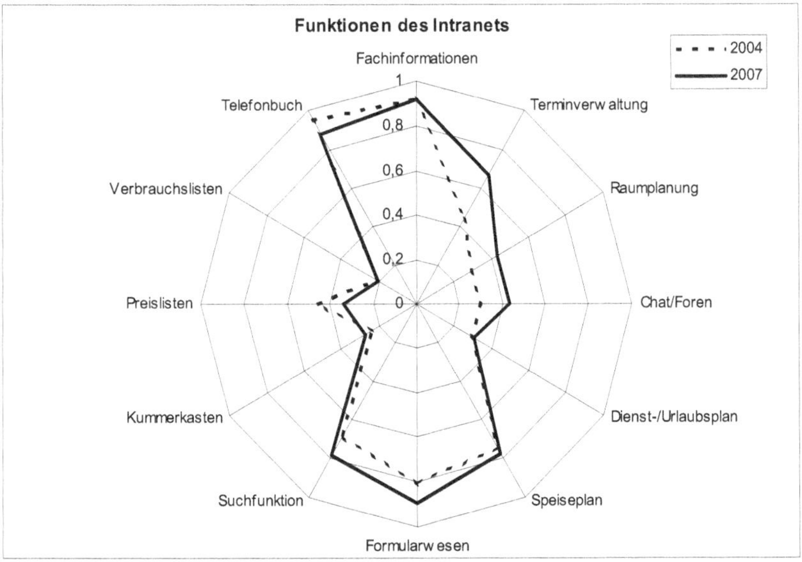

Abb. 10: Welche Funktionen bzw. welchen Inhalt bietet Ihr Intranet?

Die Ergebnisse vermitteln jedoch den Eindruck, dass die Nutzung von Intranetsystemen im Allgemeinen, aber auch hinsichtlich der Funktionen noch gesteigert werden könnte, um Effizienzen zu nutzen. Ähnlich wie beim Wissensmanagement ist es bedeutsam, dass Mitarbeiter von den Vorteilen, die ihnen direkt erwachsen, überzeugt und ihre Arbeitsabläufe vereinfacht werden.

Krankenhausspezifikum: Nutzung von Gruppenaccounts

Bei der Nutzung von Computern ist es in Krankenhäusern üblich, anstelle von Individualaccounts, bei denen jeder Mitarbeiter ein eigenes Login erhält, Gruppenaccounts für ganze Berufsgruppen oder Bereiche zu vergeben. Die Vorteile von Gruppenaccounts liegen auf der Hand, der administrative Aufwand ist gering und ein schneller Zugang zu der Software gewährleistet. Allerdings haben Gruppenaccounts auch einen klaren Nachteil: Der Datenschutz wird vernachlässigt. Während bei Individualaccounts die Möglichkeit besteht, jeden Arbeitsschritt der Mitarbeiter zu verfolgen und der Zugriff ganz klar reglementiert ist, kann dies bei Gruppenaccounts nicht vorausgesetzt werden.

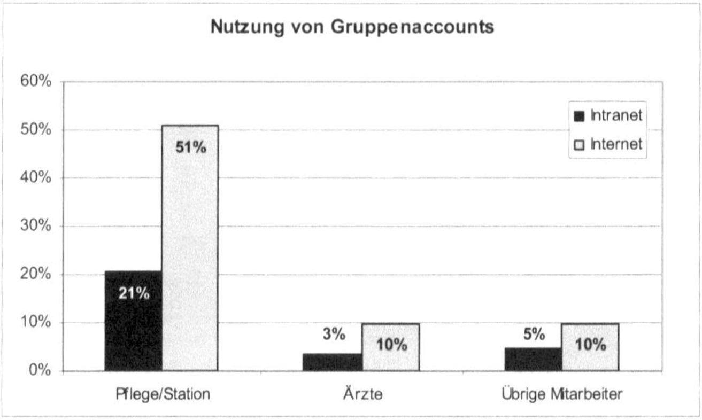

Abb. 11: Welche der genannten Mitarbeitergruppen erhält den Zugang über Gruppenaccounts?

Im Rahmen der Befragung wurde insbesondere bei zwei Kommunikationsmedien nach Gruppenaccounts gefragt, nämlich bei Internet und Intranet. Grundsätzlich zeigen die Ergebnisse, dass Gruppenaccounts insbesondere bei den Pflegenden bzw. auf den Stationen Einsatz finden. Dieses Ergebnis ist intuitiv nachvollziehbar, weil die Hauptaufgaben der Pflegenden in der Patientenversorgung liegen und dementsprechend die PC-Nutzung der Pflegenden häufig durch andere Tätigkeiten unterbrochen wird. Bei den Ärzten zeigt sich hingegen eine höhere Nutzungstiefe, da Dokumentation, Arztbriefe und weitere Aufgaben häufig am Computer zu erledigen sind. Eher überraschend ist der Befund, dass die Nutzung von Gruppenaccounts zwischen Internet und Intranet derartig stark abweichen (30 Prozentpunkte in der Pflege). Ein Grund dafür liegt darin, dass viele Krankenhäuser aufgrund des Datenschutzes internetfähige Rechner von

Rechnern getrennt halten, auf denen patientenbezogene Daten verarbeitet werden. Das Ergebnis spiegelt damit zwar einerseits Risiken bezüglich der Datenverwaltung wider, gleichzeitig muss jedoch davon ausgegangen werden, dass der typische Datendiebstahl über das Internet deutlich erschwert wird und die relevanteren Daten im Intranet durch den geringen Einsatz von Gruppenaccounts einen wichtigen Schutz erfahren.

Krankenhäuser mit Gewinn überwiegen beim Jahresabschluss

Im Jahre 2004 musste der überwiegende Teil der Krankenhäuser einen Fehlbetrag im Jahresabschluss verbuchen (46%), etwa 20% hatten ein ausgeglichenes Betriebsergebnis und 34% ein positives Betriebsergebnis.

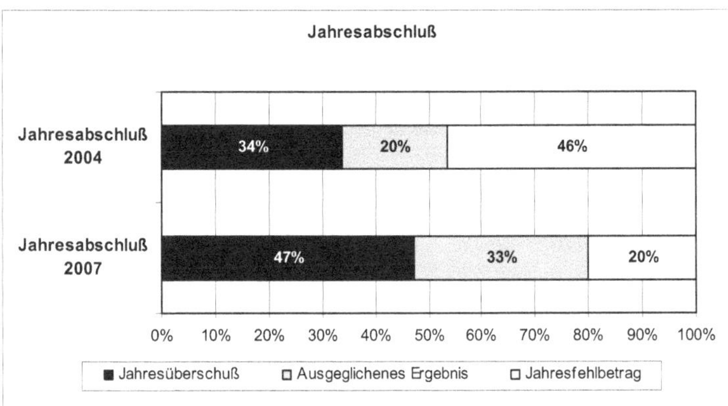

Abb. 12: Wie haben Sie das letzte Geschäftsjahr abgeschlossen? Mit einem Jahresüberschuss, mit einem Jahresfehlbetrag oder mit einem ausgeglichenen Betriebsergebnis?

Im Jahr 2007 hat sich die wirtschaftliche Situation der Krankenhäuser geradezu umgekehrt. 47% der Krankenhäuser geben an, einen Jahresüberschuss zu erzielen, 33% haben ein ausgeglichenes Betriebsergebnis und nur 20% weisen einen Jahresfehlbetrag auf.

Zusammenfassung und Ausblick

Die Ergebnisse drücken aus, dass sich der Transformationsprozess des Krankenhausmarktes in einem fortgeschrittenen Stadium befindet, der sich zunächst auf einen wirtschaftlichen Fokus konzentrierte, und der bereits in Teilen abgeschlossen ist. Die Ergebnisse der Studie zeigen eine Verbesserung der wirtschaftlichen Situation der Krankenhäuser. Ein Grund hierfür scheint in realisierten Effizienzreserven zu liegen, wie aus der Betrachtung der Frage zu Optimierungspotenzialen hervorgeht. [18]

Als altes Thema mit aktueller Brisanz stellt sich momentan der Bereich Qualitätsmanagement dar. Besonders auffällig zeichnet sich dies bei den Maßnahmen zur Optimierung ab. Aber auch beim Handlungsbedarf zur Verbesserung der wirtschaftlichen Situation lässt sich eine Steigerung der Dringlichkeit zur Handlung in den Bereichen Case-Management/Behandlungspfade und Risk-Management beobachten. Unter den internen Kommunikationsmitteln wird das Instrument der Qualitätszirkel deutlich stärker genutzt.

Auffällig ist jedoch, dass das Thema Qualitätssicherung bei den Weiterbildungsangeboten an Bedeutung verloren hat, während pflegerische und medizinische Themen im gleichen Zeitraum deutlich dazu gewonnen haben. Ein Vergleich der Ergebnisse lässt also vermuten, dass Qualitätssicherung nicht mehr als diffuses Vorhaben betrieben wird, sondern deutlich gezielter, insbesondere im pflegerischen Bereich, vorangetrieben werden soll. Weitere markante Steigerungen sind im Bereich der so genannten Softskills, nämlich Soziale Kompetenz und Leitungsfunktionen, zu verzeichnen.

Die Kommunikationsdichte und die Intensität der Nutzung externer Informationsquellen in den Krankenhäusern sind in dem untersuchten Zeitraum bei fast allen Instrumenten angestiegen. Die These, dass Wissensmanagement ein wichtiger unterstützender Faktor bei der Verbesserung der wirtschaftlichen Situation ist, lässt sich anhand der uns vorliegenden Daten zunächst bestätigen. Hier könnte ein Ansatzpunkt für weitere Studien gesehen werden.

---

[18] Diese Tendenz wird von einer zeitgleichen Studie des Rheinisch Westfälischen Instituts bestätigt, vgl. Augurzky et al. 2007, S. 123.

Zusammenfassend lassen sich die Ergebnisse durchaus als Indiz dafür verstehen, dass sich die Wogen der wirtschaftlichen Krisen gelegt haben und sich die weitgehenden Befürchtungen des Krankenhausabbaus in Deutschland nicht in vollem Ausmaße bewahrheiten werden.[19] Für viele Krankenhäuser ist die wirtschaftliche Krise abgewendet, Themen wie Qualität und Arbeitsklima kann ein größerer Raum gegeben werden.

[19] McKinsey (01.08.2006) lag mit einer Schätzung von 33% am höchsten, während Böhlke et al. (2005) von einer Reduktion von bis zu 25% bis 2020 ausgehen. Augurzky et al. (2004) (S. 27) schätzten eine etwas moderatere Verminderung von 15%, dieses Ergebnis stimmt mit Schätzungen der Deutschen Krankenhausgesellschaft überein (s. ebendort). Dem gegenüber stehen die Ergebnisse dieser Studie, die bei 20% der Krankenhäuser einen Fehlbetrag im Jahresabschluss aufzeigen.

Literatur

Augurzky, Boris; Krolop, Sebastian; Liehr-Griem, Andreas; Schmidt, Christoph M.; Terkatz, Stefan: Das Krankenhaus, Basel II und der Investitionsstau, RWI Materialien 13, Essen 2004.

Augurzky, Boris; Engel, Dirk; Krolop, Sebastian; Schmidt, Christoph; Schmitz, Hendrik; Schwierz, Christoph; Terkatz, Stefan: Krankenhaus Rating Report 2007 – Die Spreu trennt sich vom Weizen, RWI Materialien, Heft 32, 2007.

Böhlke, Rudolf; Söhnle, Nils; Viering, Stefan: Konzentriert. Marktorientiert. Saniert. Gesundheitsversorgung 2020, Ernst & Young, 2005.

Braun von Reinersdorff, Andrea: Strategische Krankenhausführung, Bern 2002.

Brixler, Stephan; Greulich, Andreas; Wiese, Dirk: Theoretische Betrachtung des Wissensmanagements, in: Greulich, Andreas (Hrsg.): Wissensmanagement im Gesundheitswesen, Economica, S. 1-36, 2005.

Bruckenberger, Ernst; Klaue, Siegfried; Schwintowski, Hans-Peter: Krankenhausmärkte zwischen Regulierung und Wettbewerb, Heidelberg 2006.

Bohnet-Joschko, Sabine; Dilling, Julian; Abrolat, Joachim: Krankenhäuser im Umbruch: Status und Perspektiven, Wittener Diskussionspapier, Heft Nr. 143, 2005.

Deutsche Krankenhausgesellschaft e.V.: http://www.dkgev.de/pdf/1399.pdf, Stand 08.05.2007.

Deutsches Netzwerk für Qualitätsentwicklung in der Pflege (DNQP), http://dnqp.de/, Stand 25.04.2007.

Drösler, Saskia: Qualitätsberichte gemäß §137 und ihre Darstellung im Internet – eine vergleichende Analyse, in: Klauber, Jürgen; Robra, Bernt-Peter; Schellschmidt, Henner (Hrsg.): Krankenhaus-Report 2006, S. 207-221.

Eichhorn, Siegfried: Integratives Qualitätsmanagement im Krankenhaus, Stuttgart 1997.

Eichhorn, Siegfried; Seelos, Hans-Jürgen; Schulenburg, J.-Matthias Graf von der: Krankenhausmanagement, München 2000.

Flintrop, Jens: Die Gesundheitsbranche als Hoffnungsträger, Deutsches Ärzteblatt, Jg. 104, Heft 14, 6. April, 2007.

Ewers, Michael; Schaeffer, Doris: Case Management in Theorie und Praxis, Bern 2000.

Krüger-Brand, Heike: Gesundheitstelematik: In kleinen Schritten, Deutsches Ärzteblatt, Jg. 104, Heft 13, 30.03.2007, S. A832/A833.

Lütticke, Jürgen; Schellschmidt, Henner: Qualitätsberichte nach §137 SGB V – Bewertung und Vorschläge zur Erweiterung, in: Klauber, Jürgen; Robra, Bernt-Peter; Schellschmidt, Henner (Hrsg.): Krankenhaus-Report 2004, S. 197-211, 2005.

McKinsey & Company: Krankenhausreform weitgehend ausgereizt, Neue Studie: Fallpauschalen bringen jede dritte Klinik in Bedrängnis – größte Herausforderung in der Nachkriegsgeschichte, http://www.mckinsey.de/presse/060502_business_breakfast.htm, Pressemitteilung vom 02.06.2006.

Mühlbauer, Bernd: Prozessorganisation im DRG-geführten Krankenhaus, Weinheim 2004.

Pawloswky, Peter: Wozu Wissensmanagement?, S. 113-129, in: Götz, Klaus (Hrsg.): Wissensmanagement – zwischen Wissen und Nichtwissen, Mering 1999.

Probst, Gilbert; Raub, Steffen; Romhardt, Kai: Wissen managen, Frankfurter Allgemeine, Wiesbaden 1997.

Schmidt, Christian; Möller, Johannes: Katalysatoren des Wandels, S. 3-19, in: Klauber, Jürgen; Robra, Bernt-Peter; Schellschmidt, Henner (Hrsg): Krankenhaus-Report 2006, Stuttgart 2007.

Schüppel, Jürgen: Wissensmanagement – Organisatorisches Lernen im Spannungsfeld von Wissens- und Lernbarrieren, Wiesbaden 1996.

Schütt, Peter: Wissensmanagement – Mehrwert durch Wissen, München 2000.

Schwarz, Reinhard: Zwischen Angst und Sorglosigkeit, Klinikarzt, Nr. 35, S. XVIII-XIX, 2006.

Stiller, Jeannine; Kulker, Kristin: Ernüchternder Arbeitseinstieg, Deutsches Ärzteblatt, Jg. 104, Heft 9, 02. März 2007, S. A530/A532.

Prozessmanagement im Krankenhaus durch Process Owner Communities

Ulrich Bretschneider, Sabine Bohnet-Joschko

Auf Grund der Forderung nach Kosteneinsparungen bei gleichbleibendem Qualitätsstandard sind Krankenhäuser gezwungen, ihre Prozessabläufe in der Leistungserstellung zu optimieren. Deshalb hält immer öfter ein Prozessmanagement Einzug in die operative Krankenhausführung. Prozessmanagement-Ansätze für Krankenhäuser scheitern jedoch häufig daran, dass sie die Krankenhausmitarbeiter zu wenig in die Prozessoptimierung involvieren. Der vorliegende Beitrag diskutiert die Möglichkeit, das Prozessmanagement gänzlich in die Selbstverantwortung der Krankenhausmitarbeiter zu geben, und zwar in die Obhut der an den Leistungsprozessen beteiligten Mitarbeiter, der so genannten Process Owner Community.

1. Ausgangssituation

1.1 Leistungserstellung im Krankenhaus aus einer prozessorientierten und organisationalen Perspektive

Der typische Behandlungspfad eines Patienten im Krankenhaus, der in der Regel durch die rudimentären Schritte Aufnahme, Diagnostik, Behandlung, Pflege und Entlassung gekennzeichnet ist, steht exemplarisch für die einzelnen Krankenhausleistungen. Diese Leistungen stellen aus einer wirtschaftlichen Perspektive Transformationsprozesse eines Input-Output-Modells dar, innerhalb dessen eine Wertschöpfung vollzogen wird: Durch die medizinischen, pflegerischen und administrativen Leistungen (Transformationsprozesse) werden aus behandlungsbedürftigen Patienten (Input) behandelte Patienten (Output). Die einzelnen Leistungsprozesse im Krankenhaus können wegen ihrer vielen Vertiefungsebenen und Heterogenität als hochgradig komplex eingestuft werden. Exemplarisch zeigt Abbildung 1 den Leistungsprozess einer Darmoperation und daraus abgeleitete Subprozesse.

An den Wertschöpfungsprozessen sind verschiedene Leistungserbringer beteiligt (vgl. Abb. 1). Diese rekrutieren sich aus unterschiedlichen Organisationseinheiten des Krankenhauses. Neben den einzelnen Stationen sind dies zentrale Funktionseinheiten, wie der Operationsbereich, die Röntgen- oder Endoskopieabteilung etc.

Darüber hinaus gehören die Prozessbeteiligten verschiedenen Berufsgruppen an. So kommen im Krankenhausbetrieb üblicherweise die drei Berufsfelder Pflege und Medizin sowie die kaufmännische Betriebsführung vor. In diesem Zusammenhang spricht man daher von einem trialen Organisationsmodell.[1] Kennzeichnend für dieses Organisationsmodell ist, dass die drei Einheiten weitestgehend ein Eigenleben mit ausgeprägten Partikular- und Eigeninteressen führen und in ihnen ein historisch gewachsenes und hierarchisches Standesdenken verbreitet ist.[2]

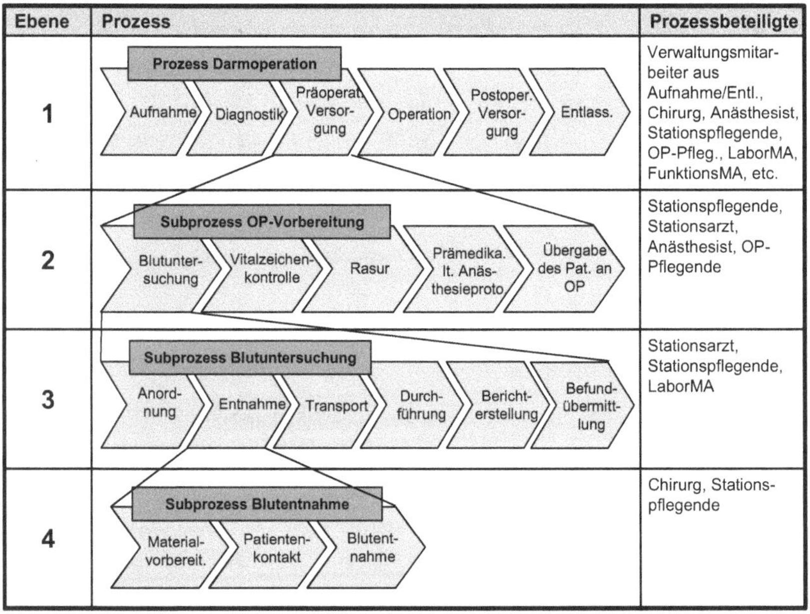

Abb. 1: Beispiel für einen Leistungsprozess im Krankenhaus, Quelle: Eigene Darstellung

1.2 Schnittstellen in der Leistungserstellung und daraus resultierende Probleme

Diese aus prozessualer Sicht besonders komplexe sowie aus organisationaler Sicht im hohen Maße multipersonale, abteilungsübergreifende und interdisziplinäre Leistungserbringung birgt Schnittstellen in sich, wie sie auch in anderen Formen organisationaler Zusammenarbeit auftreten. Allerdings sind Schnittstellen im Krankenhaus in einer

1 Eichhorn 1997, S. 139.

2 Eichhorn 1997, S. 139 sowie Bruksch 2004, S. 46.

überdurchschnittlich hohen Anzahl zu beobachten, was regelmäßig zu einer mangelnden Koordination und Integration sowie zu Informationsasymmetrien und -verlusten führt. Diese Defizite in der Zusammenarbeit manifestieren sich beispielsweise in Doppelarbeiten, Blindleistungen, Leerlaufzeiten kostenintensiver Geräte, mangelnden Terminabsprachen, Engpässen in den Bettenkapazitäten, hohem Verwaltungsaufwand und Wartezeiten für Patienten. Lange und dadurch ineffiziente Patienten- und Versorgungswege sind die unmittelbare Folge.

In indirekter Konsequenz beeinflussen diese Effizienzdefizite die Qualität der Krankenhausdienstleitungen negativ, insbesondere die Prozessqualität, welche in der wirtschaftswissenschaftlichen Dienstleistungsforschung eine messbare Dimension der Leistungsqualität darstellt und sich auf die Prozessabläufe bezieht.[3] Sie wird speziell im Krankenhausbereich mit Indikatoren wie „Wartezeiten für Patienten", „Abstimmung und Informationsverhalten verschiedener Krankenhausabteilungen untereinander" etc. operationalisiert.[4]

Da die Prozessqualität eine für den Patienten direkt wahrnehmbare Größe darstellt, wirkt sich diese unmittelbar auf die Patientenzufriedenheit aus. Eine signifikante Abhängigkeit dieser Konstrukte wiesen zum Beispiel Helmig/Dietrich (2001) in einer Untersuchung zur Qualität von Krankenhausleistungen nach.

Die oben aufgezeigten Defizite in den Prozessabläufen beeinflussen zudem die Kostensituation deutscher Krankenhäuser. So verursachen Doppelarbeiten, Blindleistungen etc. erhöhte Kosten und tragen auf diese Weise im erheblichen Maße zu dem in der Vergangenheit zu beobachtenden Kostenanstieg im Gesundheitswesen bei, dem der Gesetzgeber mit dem Erlass des GKV-Gesundheitsreformgesetzes aus dem Jahr 2000 durch Budgetkürzungen begegnete.[5]

---

3 Meffert/Bruhn 2006.
4 Helmig/Dietrich 2001, S. 320 und 323 ff.
5 Adam 1998, S. 30.

2. Prozessmanagement im Krankenhaus

2.1 Notwendigkeit eines Prozessmanagements im Krankenhaus

Die dargestellte Situation gibt Hinweise auf einen erhöhten Handlungsbedarf deutscher Kliniken. Einerseits muss auf Grund des eingeschränkten Budgets gespart werden. Andererseits sind Krankenhäuser gezwungen, einen hohen Qualitätsstandard aufrecht zu erhalten. So sind beispielsweise bestimmte Qualitätsanforderungen von Krankenhausleistungen im 5. Sozialgesetzbuch verankert. Zudem ist das kritische Qualitätsdenken der Patienten und damit verbunden die freie Krankenhauswahl in den letzten Jahren gestiegen.[6] Vor diesem Hintergrund können sich Kliniken nicht mehr als reaktive Versorgungsbetriebe verstehen, sondern müssen sich verstärkt als proaktive Wirtschaftsunternehmen begreifen. Die Richtung einer Neuorientierung wird dabei von den Parametern Kosten, Qualität und Patientenzufriedenheit vorgegeben, welche Einzug in das operative Zielsystem der Krankenhausführung gehalten haben. Die Leistungserbringung stellt den beeinflussbaren Gestaltungsparameter dar. So lassen sich durch effizient gestaltete Prozessabläufe einerseits Kosteneinsparungen und andererseits Qualitätssteigerungen und bedingt dadurch Patientenzufriedenheit realisieren.

Aus diesem Grund müssen die Aufdeckung der prozessablaufhemmenden Schnittstellen und die Behebung ihrer Ursachen Gegenstand gezielter Maßnahmen des Krankenhausmanagements sein. Ziel muss es sein, die Leistungserstellungsprozesse hinsichtlich ihrer effizienten Abläufe und damit einhergehend der Kosten, Qualität sowie der Patientenzufriedenheit kontinuierlich zu steuern, das heißt, mittels entsprechender Maßnahmen zu koordinieren, zu integrieren und zu optimieren. Entscheidend dabei ist, dass das Prozessmanagement nicht nur eine einmalige, sondern eine kontinuierliche Aufgabe darstellt.

Die Wissenschaft hat die Notwendigkeit eines Prozessmanagements im Krankenhaus längst erkannt: In der Literatur werden in diesem Zusammenhang verschiedene Ansätze diskutiert.[7] Speziell für das Krankenhausumfeld hat sich dafür der Begriff des Clinical Process Redesign (CPR) durchgesetzt.[8]

---

6 Pföhler 2004, S. 32.
7 zum Beispiel Brucksch 2004; Greiling und Hofstetter 2002; Zapp 2002; Ziegenbein 2001.
8 Strongwater/Pelote 1996.

Auch in der Praxis sind Umsetzungsversuche eines Prozessmanagements immer häufiger zu beobachten. Beispielsweise können die Bemühungen, die unter dem Stichwort „Clinical Pathways“ darauf abzielen, optimale Patientenversorgungspfade im Krankenhaus zu etablieren, hierzu gezählt werden.[9] Diese Versuche eines Prozessmanagements decken in der Regel aber nur einzelne Schritte im Gesamtprozess oder einzelne Funktionsbereiche des Krankenhauses ab, beispielsweise den OP-Bereich.[10] Ansätze für ein ganzheitliches Prozessmanagement im Krankenhaus sind dagegen sowohl in der Theorie als auch in der Praxis bislang noch selten zu beobachten.

2.2 Community-basiertes Prozessmanagement

2.2.1 Process Owner Communities als Prozessmanager

Projekte zur Optimierung von Prozessabläufen werden üblicherweise durch externe Beratungsunternehmen wahrgenommen. Als viel versprechende Ansätze haben sich insbesondere in der Krankenhauspraxis solche Projekte bewährt, die einen starken Einbezug der Prozessbeteiligten nicht nur während der Prozessanalyse- und Prozessaufnahmephase, sondern über den gesamten Prozessmanagementverlauf vorsehen.[11] Schließlich ist es das Krankenhauspersonal selbst, das die komplexen Prozessabläufe in allen Details am besten kennt. Bedingt durch ihre Arbeitserfahrung wissen die am Prozess beteiligten Krankenhausmitarbeiter, an welcher Stelle Optimierungsbedarfe existieren und wie diese am besten zu realisieren sind. Zudem stoßen umzusetzende Verbesserungsmaßnahmen in der Regel auf weniger Verweigerungshaltung sowie Ablehnung und werden weitaus weniger als Eingriff in den Kompetenzbereich der Betroffenen gewertet, wenn sie in gänzlicher Eigenverantwortung oder zumindest unter der Mitarbeit der Prozessbeteiligten entstanden sind.

Ein Ansatz wäre deshalb, das Management der Prozesse auf die Prozessbeteiligten soweit als möglich zu übertragen. Die Verantwortung für einen effizienten Prozessablauf sollte also in die Hände der Gemeinschaft aller an einem Prozess beteiligten Mitarbeiter gegeben werden, denen es obliegt, in Eigenregie einen möglichst effizienten Ablauf zu organisieren. Im Rahmen dieser Gruppenverantwortung wird dabei insbesondere an die Eigenverantwortung jedes einzelnen Community-Mitgliedes appelliert, beispielsweise Probleme, Kommunikationsbedarfe oder überflüssige Arbeitsschritte

[9] Krusch et al. 2006.
[10] Mühlbauer 2004, S. 117ff., Trummer 2006.
[11] Brucksch 2004; Ditzel 2007, S. 78.

aus dem persönlichen Arbeitsbereich aufzudecken und in der Gruppe zu kommunizieren. Auf Gruppenebene obliegt es dann der Gemeinschaft, optimierte Lösungsvorschläge zu erarbeiten.

Auf diese Weise entsteht eine Process Owner Community im Sinne einer Community of Practice. Eine Community of Practice ist eine „...group of people with a common interest who work together informally in a responsible, independent fashion to promote learning, solve problems, or develop new ideas.“[12] Die genaue fachliche und quantitative Zusammensetzung der Process Owner Community wird dabei von den zu erledigenden Aufgaben und Arbeitsschritten der zugrunde liegenden Prozesse vorgegeben.

2.2.2 Prozessmanagement auf der Basis eines community-internen Wissensmanagements

Die Community-Aktivitäten im Rahmen des Managements der eigenen Prozesse stellen typische Wissensmanagement-Prozesse dar. Gegenstand dieses Wissensmanagements ist das so genannte Prozesswissen im Sinne von Nägele/Schreiner (2002). Dabei handelt es sich um das Wissen über den Prozess(-ablauf), also einer Beschreibung der Funktionen und Zusammenhänge im Prozess. Welche einzelnen Inhalte dies sein können, ist in nachfolgender Tabelle beispielhaft aufgelistet:

Inhalte des Prozesswissens
– Beschreibung des Prozesses, seiner Teilprozesse, Aufgaben und Arbeitsschritte – Verknüpfungen und Abhängigkeiten der Prozesse, Teilprozesse, Aufgaben und Arbeitsschritte – Schnittstellen – Variationen der Prozesse und Teilprozesse – Hierarchie und Detailgrad/-ebenen des Prozesses – Für die Durchführung erforderliche Daten und Informationen – Am Prozess beteiligte Personen und eingebundene Organisationseinheiten – Beschreibung von Zuständigkeiten und Verantwortungen einzelner Prozessbeteiligter

Tabelle 1: Inhalte des Prozesswissens, Quelle: Eigene Darstellung

[12] Smith und McKeen 2003 in Anlehnung an Storck und Hill 2000, Wenger 1998 und Wenger/Snyder 2000.

Das Prozesswissen spielt eine umso bedeutendere Rolle, je komplexer und differenzierter der zu optimierende Prozess ist.

Der Ablauf des Community-basierten Wissensmanagements kann anhand des Wissensmanagement-Ansatzes von Nonaka/Takeuchi (1995) erklärt werden. Nonaka/Takeuchi (1995) machen die in ihrem Ansatz getroffene Unterscheidung zwischen implizitem und explizitem Wissen zum Ausgangspunkt ihrer einflussreichen Theorie der Wissensschaffung. Sie verorten die beiden Wissensarten auf Gruppen- und Individualebene. Demnach wird Wissen geschaffen, indem (Wissens-)Transformationen zwischen diesen Ebenen, also vom Individuum zum Kollektiv und umgekehrt, stattfinden. Vier Transformationen werden dabei unterschieden: (1) von implizitem Wissen zu implizitem Wissen (Sozialisation)[13], (2) von implizitem zu explizitem Wissen (Externalisierung), (3) von explizitem zu explizitem Wissen (Kombination) und (4) von explizitem zu implizitem Wissen (Internalisierung).

Parallelen zu diesem Ansatz können deshalb gezogen werden, da die charakteristischen Handlungen der einzelnen Community-Mitglieder als Internalisierung, Externalisierung und Kombination des so genannten Prozesswissens interpretierbar sind. So beteiligen sich die einzelnen Prozess-Community-Mitglieder in der Art an einem Wissensmanagement zur Prozessoptimierung, indem sie zunächst ihr Prozesswissen in der Form von persönlichen Ideen und Verbesserungsvorschlägen sowie gemachten Erfahrungen den anderen Community-Mitgliedern offenbaren. In der Begriffswelt von Nonaka/Takeuchi handelt es sich hierbei um die Transformation von implizitem Wissen in explizites Wissen (Externalisierung) (vgl. Abb. 2).[14] Prozesswissen wird zum Beispiel externalisiert, wenn ein Community-Mitglied ein Problem im Ablauf des zugrunde liegenden Prozesses erkennt und daraufhin einen Vorschlag zur Problemlösung entwickelt und unterbreitet.

Dieses eingebrachte Wissen wird dann im Rahmen von Diskussionen innerhalb der Prozess-Community in einem Forum auf fachlicher Basis thematisiert. Das heißt, es wird auf Gruppenebene sortiert, selektiert, geordnet und fallbezogen mit vorhandenem Prozesswissen kombiniert. Es geht also um eine Koordination des Prozesswissens so-

[13] Die „Sozialisation“ bei Nonaka und Takeuchi stellt für den vorliegenden Untersuchungskontext keine relevante Größe dar und soll daher keine weitere Berücksichtigung finden, sondern der Vollständigkeit halber nur erwähnt werden.
[14] Nonaka und Takeuchi 1995, S. 70ff.

wie um eine Konsensfindung über jenes Wissen. Als Ergebnis entsteht eine neu institutionalisierte Wissensbasis in der Form von neuen oder modifizierten Regeln, Arbeitsschritten und Vorgehensweisen, Leit- und Richtlinien, Hausstandards, Handlungs- und Bearbeitungsabläufen etc. In der Theorie der Wissensschaffung wird hierbei von der Transformation von explizitem in explizites Wissen, also einer *Kombination* von vorhandenem und neuem Wissen gesprochen (vgl. Abb. 2).[15] Die so entstandene neue (Prozess-)Wissensbasis versetzt in die Lage, die Prozessabläufe zu verbessern. Ein Beispiel für die Kombination ist, wenn die von dem oben erwähnten Mitarbeiter entwickelte Problemlösung mit den über die Jahre gewachsenen Gewohnheiten der Prozessbearbeitung abgeglichen und verknüpft wird.

Im Rahmen der späteren *Internalisierung* von explizitem Prozesswissen nehmen sich die Mitglieder der Prozess-Community des neuen Wissens an (vgl. Abb. 2). Sie fügen das neue explizite Prozesswissen in das persönliche implizite Wissen ein. Dieser Vorgang wird in der Theorie der Wissensschaffung als Transformation von explizitem Wissen in implizites Wissen verstanden.[16] Im Arbeitsalltag wird das neue Wissen in der Form von neuen Regeln, Richtlinien oder in der Form einer Umverteilung von Zuständigkeiten und Verantwortungen etc. von jedem Mitarbeiter umgesetzt bzw. gelebt. Durch die Anwendung wird das explizite Wissen Teil der mentalen Modelle jedes Community-Mitgliedes.[17]

---

15 Nonaka und Takeuchi 1995, S. 70ff.
16 Nonaka und Takeuchi 1995, S. 70ff.
17 Krcmar 2004, S. 484.

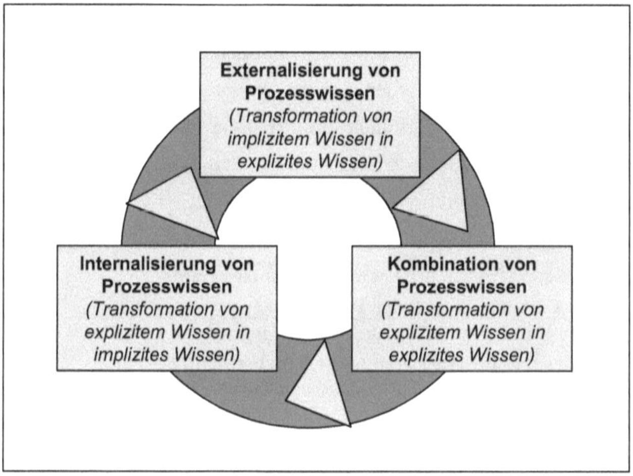

Abb. 2: Kreislauf der Wissenstransformation, eigene Darstellung

Das so betriebene Management des Prozesswissens ist als ein kontinuierlicher Prozess zu verstehen. Externalisierung, Kombination und Internalisierung von prozessspezifischem Wissen greifen kreislaufartig ineinander, wodurch die Leistungsprozesse im Krankenhaus ständig kontrolliert und aktualisiert werden. Auf diese Weise erfahren die Prozessabläufe eine sukzessive und kontinuierliche Optimierung bis hin zu einer kompletten Neugestaltung. Die angesprochene Schnittstellenproblematik oder Doppel- sowie Blindarbeiten können so bedingt durch den Systemcharakter des Community-basierten Prozessmanagements gelöst werden.

2.3 Welche Prozesse im Krankenhaus eigenen sich für ein Community-basiertes Prozessmanagement?

Gegenstand eines Community-basierten Prozessmanagements sind die oben beschriebenen Leistungsprozesse und die daraus abgeleiteten Teilprozesse. Es eignen sich aber nicht alle Prozesse für ein Selbstmanagement durch die Process Owner Communities. So weisen einige Behandlungspfade und/oder abgeleitete Subprozesse eine hohe Dynamik auf, beispielsweise bedingt durch eine Verschlechterung des Gesundheitszustandes des Patienten oder durch plötzlich eintretende Notfälle. Eine Vorhersehbarkeit und dadurch eine Standardisierbarkeit solcher Prozesse, so genannter Ad-hoc-Prozesse, sind wegen ihrer wenigen repetitiven und unvorhersehbaren Elemente, hoher Unstrukturiertheit und Unbestimmtheit sowie daraus folgend einer schlechten Modellierbarkeit nur begrenzt möglich.

Es gibt aber auch Behandlungspfade und Leistungsprozesse, die einen hohen Grad an Standardisierbarkeit aufweisen, beispielsweise Routineeingriffe oder planbare Operationen. Sie sind für den oben beschriebenen Prozessmanagementansatz deswegen prinzipiell besser geeignet. Weitere Merkmale, die Prozesse für eine Eignung zur Durchführung eines Community-basierten Prozessmanagements aufweisen sollten, sind in nachfolgender Tabelle aufgelistet.

Beschaffenheit der Prozesse im Rahmen eines Community-basierten Prozessmanagements
– Prozess weist einen hohen Standardisierungsgrad auf
– Prozess durchläuft verschiedene Abteilungen mit vielen Schnittstellen innerhalb und zwischen den Bereichen Medizin, Pflege und Verwaltung
– Prozess verfügt über mehrere Teil- und Verknüpfungsprozesse
– Prozess verfügt über viele Vertiefungsebenen
– Prozessablauf weist eine hohe Innovationsrate auf, d.h. er muss ständig aktualisiert werden
– Prozess verursacht hohe Kosten
– Prozess bedarf einer hohen (Prozess-)Qualität in Bezug auf seinen Ablauf

Tabelle 2: Beschaffenheit der Prozesse, die sich für ein Community-basiertes Prozessmanagement eignen, in Anlehnung an Güssow (2005), S. 133.

Im Umkehrschluss sind Prozesse mit wenigen Schnittstellen zwischen den Bereichen Medizin, Pflege und Verwaltung und wenigen Teilprozessen bzw. Vertiefungsebenen nur begrenzt ergiebig für ein Prozessmanagement durch die Beteiligten.

3. Institutionalisierung von Process Owner Communities im Krankenhaus

3.1 Organisatorische Aspekte

Die Gemeinschaft der an einem Prozess beteiligten Mitarbeiter im Krankenhaus nimmt sich im Arbeitsalltag für gewöhnlich nicht als solche wahr. Folglich besteht in der Regel auf Gruppenebene auch kein gemeinsames Verständnis bzw. Interesse dafür, den eigenen Prozess nach Effizienzgesichtspunkten zu optimieren. Um ein Community-basiertes Prozessmanagement umzusetzen, müssen sich die Prozessbeteiligten als eine Gemeinschaft mit einem gemeinsamen Zielverständnis begreifen. Ziel muss es daher sein, eine stabile und zielführende Prozess-Community, die eine gemeinsame Verantwortung für ein Teamergebnis entwickelt, zu institutionalisieren.

Zur Institutionalisierung der Prozess-Communities sind einige Gestaltungsprinzipien zu berücksichtigen, die im Folgenden vorgestellt werden sollen. So ist es unerlässlich, zu Beginn konkrete **Zielsetzungen** zu definieren, damit ein konsistentes und einheitliches Verständnis vom Ablauf und Management der Prozesse innerhalb der Gemeinschaft existiert.

Ein wichtiger Aspekt ist auch, einen Verantwortlichen, einen so genannten **Process Manager**, zu benennen.[18] Der Process Manager vertritt seine Community nach außen. Nach innen sollte er weniger eine Vorgesetztenrolle als eine Moderatoren- oder Coachingfunktion einnehmen. So obliegt es ihm beispielsweise, eingebrachtes Prozesswissen in entsprechenden Foren und im aufbereiteten Zustand (zum Beispiel in der Form von Dokumenten und Präsentationen) zur Verfügung zu stellen, Fachdiskussionen zu organisieren und zu moderieren, herbeigeführte Lösungen zu formalisieren und Maßnahmen ihrer Institutionalisierung zu ergreifen.

Ein wichtiger Aspekt ist zudem die Etablierung einer eigenen **Mikro-Kultur** in jeder Process Owner Community.[19] Sie bildet den Ausgangspunkt für den Umgang miteinander. So sollten sich im Laufe der Zeit gemeinsam geteilte Werte, Vorgehensweisen, Gepflogenheiten, Verhaltens- und Kommunikationsregeln sowie Rituale für die Prozessmanagementaktivitäten etablieren. Dies schafft Vertrauen unter den Prozess-Mitgliedern und fördert ein Wir-Gefühl. Die Bildung einer Vertrauensbasis ist in diesem Zusammenhang ein wesentlicher Aspekt, um den intensiven und vorbehaltlosen Wissenstausch in der Community zu ermöglichen.[20] So wird beispielsweise der Austausch von implizitem Wissen angeregt. Um die Bildung einer Mikro-Kultur zu fördern, sollten gewisse Etiketten innerhalb der Community durch den Process Manager durchgesetzt werden. Diese sollten aber nicht zu starr und restriktiv sein, sondern die Möglichkeit bieten, sich selbständig weiterzuentwickeln und zu verändern.

Damit sich eine Process Owner Community etablieren kann, ist es wichtig, entsprechende **Freiräume** zu schaffen. So sollte der Community beispielsweise ein Forum, welches sich in das tägliche Arbeitsumfeld des Krankenhauses einbinden lässt, für ihre Interaktionen eingeräumt werden.

---

18 Osterloh und Frost 2003.
19 Smith und McKeen 2003; Wilson 2001.
20 Winkler und Mandl 2002.

Darüber hinaus spielt der Aspekt der **Motivation** eine wichtige Rolle. Den Community-Mitgliedern muss kommuniziert werden, dass zur Erreichung der Ziele die Zusammenarbeit aller unerlässlich ist. Dadurch entsteht eine positive gegenseitige Abhängigkeit, die als Antrieb der Prozess-Community wichtig ist. Auch sollte der zu erwartende Nutzen für die Mitglieder in dieser Ansprache deutlich gemacht werden.[21] Zudem müssen den Community-Mitgliedern für eine aktive Beteiligung mögliche Anreize eingeräumt werden, beispielsweise durch die Zahlung einer Prämie für eingebrachte Prozessverbesserungsideen, wie es im betrieblichen Vorschlagswesen üblich ist.

Um **Kompetenzen und Zugehörigkeiten abzubilden**, ist es wichtig, die jeweiligen Process Owner Communities zu definieren, um sie somit von einander abgrenzbar zu machen. So ist es möglich, mehrere Process-Communities parallel zu organisieren.

3.2 Technische Aspekte

Für die Prozessmanagementaktivitäten benötigen die Mitglieder der Prozess-Community ein Forum. Allerdings lassen sich Workshops, Gruppenmeetings oder Treffen, auf denen sich die Community-Mitglieder austauschen könnten, im Arbeitsalltag des Krankenhauses schwerlich verankern. So sind die einzelnen Mitglieder der Community, bedingt durch die Zugehörigkeit zu verschiedenen Abteilungen innerhalb der Räumlichkeiten des Krankenhauses, unterschiedlich verortet. Nicht selten befinden sich die einzelnen Abteilungen sogar an verschiedenen Standorten. Neben dieser räumlichen Trennung der Community-Mitglieder spielt auch der Faktor Zeit eine Rolle. So fehlt es den Krankenhausmitarbeitern im oftmals hektischen und stressigen Arbeitsalltag häufig an Zeit für entsprechende Zusammenkünfte. Hinzu kommt, dass wegen des üblichen Schichtbetriebes im Krankenhaus die Mitarbeiter zu unterschiedlichen Tageszeiten am Arbeitsplatz anzutreffen sind. Auf Grund dieser Situation ist es wichtig, ein Forum zu schaffen, welches unabhängig von Raum und Zeit ein gemeinschaftliches Prozessmanagement ermöglicht.

In diesem Zusammenhang werden virtuelle Community-Räume diskutiert. So werden in den gängigen Definitionsansätzen zum Thema die Merkmale der Raum- und Zeitunabhängigkeit als Vorteile gegenüber Gemeinschaften in der realen Welt hervorgeho-

---

[21] Wilson 2001.

ben.[22] Dieser Sachverhalt lässt sich auf den vorliegenden Untersuchungsgegenstand übertragen. So stellt der virtuelle Raum des krankenhausinternen Intranets ein geeignetes Forum für die Process Owner Communities dar.

Entscheidend für das Community Engineering einer solchen Online-Plattform ist es, dass sich die realweltlichen Interaktionspraktiken ihrer Nutzer in sie einbetten lassen.[23] Diese stellen den Maßstab für die technische Entwicklung der Plattform dar. Als ein entsprechendes Vorbild für den vorliegenden Untersuchungsgegenstand kann der oben erläuterte dreiteilige Wissensmanagementrhythmus - bestehend aus Internalisierung, Externalisierung sowie Kombination von Prozesswissen - herangezogen werden. So kann ein Intranetportal mit integrierten Informations- und Kommunikationstechnologien, wie Datenbanken, Archiven, Suchmaschinen, Diskussionsforen etc. den Kommunikations- und Informationsbedarf der Community-Mitglieder sowohl nach dem Pull- als auch nach dem Push-Prinzip gerecht werden. Die nachfolgende Tabelle zeigt mögliche IuK-Technologien, die die verschiedenen Aktivitäten im Rahmen eines Community-basierten Prozessmanagements unterstützen können.

[22] Preece 2000, Brunhold et al. 2000; Hagel und Armstrong 1997.
[23] Orlikowski et al. 1995.

Prozessmanagement-Aktivitäten	**Unterstützung durch IuK-Technologien**
Externalisierung	– Texteingabemasken, um die Ideen, Verbesserungsvorschläge etc. zu explizieren – Konferenzdienste und synchrone und/oder asynchrone Kommunikationsmittel, um die Ideen, Verbesserungsvorschläge etc. zu explizieren (zum Beispiel Chats oder Forensysteme) – E-Mail-Client, um andere Prozessmitglieder gezielt zu Diskussionen, Workshops etc. einzuladen
Kombination	– Synchrone und/oder asynchrone Kommunikationsmittel sowie Konferenzdienste zur Unterstützung von Diskussionen, Gesprächen, Beratungen etc. (zum Beispiel Chats oder Forensysteme) – Datenbank- und Archivsysteme mit Unterstützung eines Versionsmanagements zur Ablage und Speicherung von kodifiziertem Prozesswissen – Prozessdesigner oder Workflowapplikationen zur unterstützenden, visualisierten Prozessbeschreibung und -darstellung – E-Mail-Client, um bestimmte oder alle Prozessmitglieder gezielt zu Diskussionen etc. einzuladen
Internalisierung	– E-Learning-Software zur Unterstützung beim „Erlernen" neuen Prozesswissens – Suchmaschinen und Ontologien zur Identifizierung relevanten Prozesswissens nach dem Pull-Prinzip – E-Mail-Clients, um über neues Prozesswissen nach dem Push-Prinzip zu informieren

Tabelle 3: Mögliche Informations- und Kommunikationstechnologien zur Unterstützung des Community-basierten Prozessmanagements, Quelle: Eigene Darstellung

Wichtige Erfolgsfaktoren für die Annahme und Nutzung des Intranetportals durch die Community-Mitglieder sind die Sicherstellung der Transparenz der Designentscheidungen, die Gewährleistung der Usability und Accessability sowie die Intuitivität der Bedienbarkeit.[24]

[24] Leimeister und Krcmar 2006.

4. Diskussion

Der hier vorgestellte Ansatz eines Community-basierten Prozessmanagements eröffnet einen gangbaren Weg zur Gestaltung effizienter Leistungsabläufe in Krankenhäusern. Eine Bewährungsprobe wird die Idee in der praktischen Anwendung überstehen müssen. Und gerade dies stellt den Ansatz vor dem Hintergrund des Arbeitsumfeldes eines Krankenhauses vor eine schwierige Hürde. So ist der Arbeitsalltag im Krankenhaus aus der Perspektive der Mitarbeiter vor allem aus dem stationären Bereich durch unregelmäßige Arbeitsschübe, Arbeit unter Zeitdruck, wechselnde Anforderungs- und Belastungssituationen sowie vielfältige Teilaufgaben charakterisiert.[25] In einem solchen Arbeitsumfeld muss die Aufforderung zum eigenständigen Prozessmanagement nicht auf Begeisterung stoßen. Vielen Klinikmitarbeitern fehlt schlicht die Zeit für die Übernahme eines zusätzlichen Verantwortungsbereiches, den ein Community-basiertes Prozessmanagement für jeden Einzelnen mit sich bringen würde.

Während das Prozessmanagement durch Communities als ein Bottom-Up-Ansatz zu betrachten ist, kann die Einführung und Etablierung von Process Owner Communities sowie alle Bedingungen für ihren Erfolg nur Top-Down erfolgen. Es bedarf hier zunächst einer Führung, die von den Chancen des Prozessmanagements durch die Process Owner selbst überzeugt ist, dieses auch kommuniziert und die entsprechenden Aufträge formuliert.

Dabei ist auch zu berücksichtigen, dass insbesondere das medizinisch-pflegerische Krankenhauspersonal seine Tätigkeit in erster Linie als Wahrnehmung einer Versorgungsaufgabe begreift. Kosten- und Effizienzaspekte spielen in dieser Wahrnehmung eine untergeordnete Rolle.

Ein Versuch, das Community-basierte Prozessmanagement im Krankenhaus zu etablieren, könnte daher schnell als fachfremder Eingriff in den Kompetenzbereich der Betroffenen gewertet und durch Verweigerungs- und Ablehnungsreaktionen beantwortet werden. Es bedarf hier also einer hohen und vor allem sensiblen Überzeugungskraft, insbesondere wegen der von den Betroffenen verlangten Umstellungsanforderungen und Einstellungsänderungen.

[25] Perrow 1965.

Ein weiterer Aspekt, der im Rahmen einer kritischen Diskussion dieses Ansatzes nicht unberücksichtigt bleiben darf, betrifft das systemimmanente Management des Prozesswissens, genauer gesagt die Externalisierung von Prozesswissen. Das implizite Prozesswissen der Community-Mitglieder, welches im Rahmen der Externalisierung offenbart werden soll, ist personengebunden und damit schwer formalisier- und kommunizierbar. Denn ein „...wesentlicher Teil dieses Wissens sind mentale Modelle, durch die Individuen ihre Welt subjektiv wahrnehmen und definieren.“[26] Zum impliziten Wissen gehören schwer vermittelbares Know-How sowie Fertigkeiten und Fähigkeiten eines Individuums, die sich durch Erfahrungen im praktischen Handeln herausgebildet haben.[27] Dieses zu externalisieren und in eine geeignete Form zum Nutzen der Organisation zu überführen, stellt wie bei jedem Wissensmanagementansatz die methodische Herausforderung an das vorgestellte Konzept dar.

[26] Krcmar 2004, S. 482.
[27] Nonaka und Takeuchi 1995, S. 59.

Literatur

Adam, D. (1998), Krankenhausmanagement im Wandel, in: Hentze, J., Huch, B., Kehres, E. (Hrsg.), Krankenhaus-Controlling: Konzepte, Methoden und Erfahrungen aus der Krankenhauspraxis, Stuttgart, S. 27-37.

Brucksch, M. (2004), Prozessmanagement im Gesundheitswesen, in: Zeitschrift für öffentliche und gemeinwirtschaftliche Unternehmen, 1. Jg., Beiheft 32, S. 44-63.

Brunold, J., Merz, H., Wagner, J. (2000), www.cyber-communities.de: Virtual Communities: Strategie, Umsetzung, Erfolgsfaktoren, Landsberg/Lech.

Ditzel, H. (2007), Prozessoptimierung und Servicefreundlichkeit: Was können Krankenhäuser von der Wirtschaft lernen? in: Hessisches Ärzteblatt, Nr. 2, S. 77-78.

Eichhorn, S. (1997), Integratives Qualitätsmanagement im Krankenhaus, Stuttgart.

Greiling, M., Hofstetter, J. (2002), Patientenbehandlungspfade optimieren: Prozessmanagement im Krankenhaus, Kulmbach.

Güssow, J. (2005), Potenzial und Aufbau eines (behandlungs-) prozessorientierten Wissensmanagements, in: Greulich, A. (Hrsg.), Wissensmanagement im Gesundheitswesen, Heidelberg, S. 117-149.

Hagel III, J., Armstrong, A. (1997), Net gain: Expanding markets through virtual communities, Boston.

Helmig, B., Dietrich, M. (2001), Qualität von Krankenhausleistungen und Kundenbeziehungen, in: Die Betriebswirtschaft, 61. Jg. Heft 3, S. 319-334.

Krcmar, H. (2004), Informationsmanagement, 4. Auflage, Berlin et al.

Krusch, A., Siegmund, T., Huber, P., Kircher, M., Schlumm-Draeger, P.M. (2006), Clinical Pathways und Case-Management als DRG-Managementinstrumente: Bericht über ein Pilotprojekt am Klinikum München-Bogenhausen, in: Das Krankenhaus, Nr. 2, S. 124-128.

Leimeister, J. M., Krcmar, H. (2006), Community-Engineering: Systematischer Aufbau und Betrieb Virtueller Communitys im Gesundheitswesen, in: Wirtschaftsinformatik, Jg. 48, Heft 6, S. 418-429.

Meffert, H., Bruhn, M. (2006), Dienstleistungsmarketing: Grundlagen, Konzepte, Methoden, 5. Auflage, Wiesbaden.

Mühlbauer, B.H. (2004), Prozessorganisation im DRG-geführten Krankenhaus, Weinheim.

Nonaka, I., Takeuchi, H. (1995), The knowledge-creating company: How japanese companies create the dynamics of innovation, Oxford et al.

Orlikowski, W., Yates, J., Okamura, K., Fujimoto, M. (1995), Shaping electronic communication: The metastructuring of technology in use, in: Organization Science, Nr. 4, S. 423-444.

Osterloh, M., Frost, J. (2003), Prozessmanagement als Kernkompetenz, 4. Aufl., Wiesbaden.

Perrow, C. (1965), Hospitals: Technology, structure and goals, in: March, J. (Hrsg.): The Handbook of Organizations, Chicago, S. 910-971.

Pföhler, W. (2004), Krankenhäuser im Wettbewerb: Zur Fundierung strategischer Entscheidungen, in: Zeitschrift für öffentliche und gemeinwirtschaftliche Unternehmen, 1. Jg., Beiheft 32, S. 32-43.

Preece, J. (2000), Online Communities: Designing usability, supporting sociability, Chichester.

Smith, H.A., McKeen, J. (2003), Creating and facilitating Communities of Practice, Working Paper Queen's University at Kingston, Ontario.

Storck, J., Hill, P. (2000), Knowledge diffusion through "strategic communities", in: Sloan Management Review, Vol. 41, No. 2.

Strongwater, S., Pelote, V. (1996), Clinical process redesign: A facilitator's guide, New York.

Trummer, G. (2006), Neuorganisation der Universitätsklinik Freiburg in Zusammenarbeit mit der Porsche AG, Vortrag auf der Fachkonferenz „Prozessoptimierung in Krankenhäusern" des Instituts für die Entwicklung personaler und interpersonaler Kompetenzen an der Universität zu Köln am 22. September, Köln.

Wenger, E. (1998), Communities of Practice: Learning, meaning, and identity, New York.

Wenger, E., Snyder, W. (2000), Communities of Practice: The organisational frontier, in: Harvard Business Review, Vol. 78, No. 1.

Wilson, B. (2001), Sense of Community as a valued outcome for electronic courses: Cohorts and programs, Paper presented at the VisionQuest PT3 Conference in July, Denver.

Winkler, K., Mandl, H. (2002), Learning Communities, in: Pawlowsky, P., Reinhardt, R. (Hrsg.), Wissensmanagement in der Praxis, Neuwied, S. 137-164.

Zapp, W. (2002), Prozessgestaltung im Krankenhaus, Heidelberg.

Ziegenbein, R. (2001), Klinisches Prozessmanagement: Implikationen, Konzepte und Instrumente einer ablauforientierten Krankenhausführung, Gütersloh.

Praxisbeispiel Implementierung des Nationalen Expertenstandards Schmerzmanagement

Joachim R. Abrolat, Sabine Bohnet-Joschko

Ausgehend von dem Befund, dass Schmerzpatienten in deutschen Krankenhäusern nicht die Behandlung erfahren, die notwendig und möglich wäre, zeigt der vorliegende Artikel anhand eines Praxisbeispiels, wie eine systematische Schmerzbehandlung in die Krankenhausprozesse integriert werden kann. Im ersten Teil gibt der Beitrag eine Übersicht der verschiedenen Schmerzarten und beleuchtet die Bedeutung der Schmerztherapie in der deutschen Medizinlandschaft. Anhand des Expertenstandards Schmerzmanagement in der Pflege[1] *wird im zweiten Teil gezeigt, wie eine standardisierte Schmerztherapie durch eine Knowledge-Community projektbezogen in bestehende Abläufe implementiert werden kann. Im dritten und letzten Teil erfolgt ein Ausblick auf die Perspektiven des Schmerzmanagements.*

1. Einleitung

Schmerzen gehören trotz medizinischen Fortschritts immer noch zu einem weit verbreiteten Phänomen, zählen bei vielen Patienten aufgrund der oft hohen Intensität zu den einschneidenden Problemen in der Heilbehandlung und gehören in der Allgemeinbevölkerung zu den häufigsten Beschwerden.[2] Verschiedene internationale und nationale Umfragen der letzten zehn bis 15 Jahre haben wiederholt gezeigt, dass dem Schmerz aus Sicht des Patienten eine hohe (>90%) Bedeutung zukommt. „Zu selten, zu spät, zu wenig, dies ist die häufigste Applikationsart der Analgetika" war pointiert die Kernaussage von Neugebauer et al. nach einer Befragung an chirurgischen Kliniken und führt den Mangel auf fachlich-organisatorische Inkompetenz zurück.[3] Eine unzureichende Schmerzbehandlung beeinträchtigt die Gesundheit und Lebensqualität der Betroffenen und Angehörigen, kann zusätzliche Kosten verursachen, die Mobilität der Patienten vermindern, die postoperative Wundheilung verzögern und Folgeerkrankungen provozieren.[4]

---

1 Im Folgenden wird die verkürzte Beschreibung „Schmerzstandard" verwendet.
2 Andersson 2004.
3 Simanski 2000; Neugebauer et al 1998.
4 Macintyre 2001; Abbott et al. 1992; Yates et al. 1998.

Bis heute werden jedoch nicht alle Patienten, die im Krankenhaus Schmerzen erleben, optimal versorgt[5] und aktuelle Untersuchungen weisen weiterhin auf Defizite in der Schmerztherapie in Deutschland hin.[6]

Die Ursachen hierfür sind vielfältig. Neben der Angst vor Komplikationen der Analgetikatherapie kommt die mangelhafte Ausbildung der Ärzte und des Pflegepersonals in der Schmerztherapie hinzu. Darüber hinaus stellen Zeitmangel und mangelndes Problembewusstsein oder sogar Desinteresse der beteiligten Personengruppen weitere Ursachen für eine suboptimale Schmerztherapie dar.[7]

Die International Association for the Study of Pain[8] veröffentlichte 1979 folgende Definition: „Schmerz ist eine unangenehme Sinnes- oder Gefühlserfahrung, die mit aktueller oder potentieller Gewebeschädigung einhergeht oder mit Begriffen einer solchen Schädigung beschrieben wird.“ Diese Schmerzdefinition ist mittlerweile weltweit verbreitet und hat sich als Diskussionsgrundlage bewährt. Da Schmerzempfindungen subjektive Wahrnehmungen sind, ist eine umfängliche Definition in der Literatur nicht erkennbar.[9] Als Meilensteine in der Schmerzdiskussion während der letzten drei Jahrzehnte können die Entdeckung zahlreicher Mechanismen der Schmerzentstehung und Schmerzmodulation gelten. Schmerz gilt seitdem nicht nur als Begleitsymptom, sondern als eigenständiger, krankmachender Faktor, der Morbidität und Letalität beeinflussen kann.[10]

Grundsätzlich unterscheidet man zwischen zwei Arten von Schmerz: dem akuten Schmerz und dem chronischen Schmerz. Akute Schmerzen warnen oder schützen den Körper vor einer Gefahr (Anfassen einer Kerzenflamme). Darüber hinaus hat der akute Schmerz heilende Funktionen, indem der Schmerzreiz bei der Bewegung eines verletzten Armes eine Ruhighaltung signalisiert. Wenn die schützende Funktion des Schmerzes verloren geht und er bestehen bleibt obwohl die Ursache beseitigt ist, spricht man von chronischen Schmerzen.[11]

---

5 Brack 2004.
6 Jage 2005.
7 Neugebauer et al. 1998.
8 http://www.iasp-pain.org.
9 Göbel 1988.
10 Angster et al. 2005.
11 Ostgathe et al. 2003.

Im Folgenden beziehen sich die Inhalte dieses Artikels ausschließlich auf akute und tumorbedingte chronische Schmerzen, da Betroffene mit nicht-tumorbedingten chronischen Schmerzen aufgrund der Unterschiede im Schmerzmanagement eine über die Standardaussagen hinausgehende Betrachtung erfordern.

2. Qualität der Schmerzbehandlung

Der deutsche Ärztetag akzeptierte 1996 verbindlich das Qualitätskonzept zur medizinischen Versorgung[12] von Donabedian, der für die Behandlung von Patienten die Qualitätsmerkmale Struktur-, Prozess- und Ergebnisqualität prägte. Donabedians ursprüngliche Ansatzpunkte für die Qualitätsbeurteilung waren die *Technische Ausführung*, welche die Anwendung des medizinischen Wissens unter Berücksichtigung der technischen Ausstattung umfasst, das *Arzt-Patienten-Verhältnis*, das in der medizinischen Behandlung die ethischen und sozialen Konventionen berücksichtigt, sowie der *Service-Umfang* im Sinne einer umfassenden Betreuung des Patienten zur Förderung seiner Genesung. Im Zuge weiterer Diskussionen dieser Systematik entstand schließlich in einer Revision die Einteilung der Qualität medizinischer Versorgung in Struktur-, Prozess- und Ergebnisqualität.[13] Diese drei Dimensionen wurden in den „Maßstäben und Grundsätzen zur Sicherung und Weiterentwicklung der Pflegequalität" in § 80 SGB XI gesetzlich verankert.

Unter Strukturqualität im Schmerzmanagement versteht man alle materiellen, sächlichen, personellen und finanziellen Voraussetzungen, die in einem bestimmten Bereich der Patientenversorgung für die Erfüllung der medizinischen Aufgabenstellung zur Verfügung stehen müssen. Sie bezieht sich auf die Qualität der eingesetzten Produktivfaktoren und die Qualität der Aufbau- und Ablauforganisation. Neben den genannten Kriterien beinhaltet die Strukturqualität auch räumliche und zeitliche Rahmenbedingungen, die die Behandlungsqualität beeinflussen. Dabei zählen nicht nur apparative Ausstattungen und andere physisch erfassbare Faktoren zu den Erfolgsfaktoren, sondern auch ablauforientierte Merkmale, die einzelne Prozesse ermöglichen.[14]

Eine gute Prozessqualität bedeutet im Bereich der medizinischen Versorgung, dass Umfang und Ablauf der diagnostischen und therapeutischen Maßnahmen den aner-

---

12 Gerbershagen et al. 2007.
13 Donabedian 1966, 1980, 1982a, 1982b, 1988.
14 Klein 2004, S. 101.

kannten Regeln der medizinischen Wissenschaft und den Erfahrungen der ärztlichen Berufspraxis entsprechen müssen. Die Kriterien umfassen u. a. die Arbeitsweise der Operateure, die Art und Weise der ärztlichen Entscheidungsfindung bei Diagnostik und Therapie oder den Umfang klinischer Untersuchungen und Laboruntersuchungen. In den 1992 von den Berufsverbänden der Anästhesisten und Chirurgen verabschiedeten Vereinbarungen heißt es: „Die Schmerzbehandlung verbessert die Lebensqualität des Patienten und kann die Heilungschancen erhöhen sowie die Behandlungsdauer verkürzen."[15] Im Hinblick auf die Prozessqualität kommt dem Expertenstandard Schmerzmanagement bei der Schmerzpatientenversorgung eine herausragende Rolle zu. Denn im Rahmen eines standardisierten Prozesses, wie ihn der Schmerzstandard vorsieht, erfolgt die Erstellung eines Behandlungsplans, die Durchführung einer multifaktoriellen Therapie sowie eine regelmäßige Kontrolle und Überprüfung der Therapie. Der Expertenstandard Schmerzmanagement ermöglicht somit eine Bestimmung der Prozessqualität der diagnostischen und therapeutischen Prozesse, die sonst häufig Schwierigkeiten bereitet.

Die Ergebnisqualität bezieht sich auf das Ausmaß der Erreichung des definierten Zieles. In diesem Fall ist das Ziel das Behandlungsergebnis bzw. die Schmerzfreiheit oder -linderung. Einflussfaktoren auf das Behandlungsergebnis bilden der Gesundheitszustand und die Zufriedenheit des Patienten. Die Zielvariablen für die Ergebnisqualität müssen zu Beginn der Patientenuntersuchung ermittelt werden, um den anschließenden Krankheitsverlauf und das Therapieergebnis messen zu können. In der gegenwärtigen Debatte um die Explosion der Kosten im Gesundheitssektor kann zur Ergebnisqualität auch die Wirtschaftlichkeit der Behandlung unter Berücksichtigung des erreichten Behandlungserfolges gezählt werden. Darauf soll im Rahmen dieses Artikels jedoch nicht näher eingegangen werden.

3. Expertenstandard Schmerzmanagement in der Pflege

Der Expertenstandard Schmerzmanagement in der Pflege wird vom Deutschen Netzwerk für Qualitätsentwicklung in der Pflege (DNQP) herausgegeben[16], er ist ein Expertenkonsens zum Schmerzmanagement bei akuten oder tumorbedingten chronischen Schmerzen und beschreibt den pflegerischen Beitrag zum Schmerzmanagement. Das Ziel ist eine Verbesserung der Schmerzwahrnehmung der Pflegefachkräfte, um die

15 Zinganell 1992.
16 DNQP 2005.

Zeit zwischen dem Auftreten von Schmerzen und deren Linderung deutlich zu verkürzen. Den Pflegefachkräften kommt auf Grund ihres häufigen Kontaktes zu den Patienten eine wichtige Rolle in der Umsetzung eines Schmerzmanagements zu; dies setzt eine personelle Kontinuität in der pflegerischen Betreuung sowie eine gute Kooperation mit den beteiligten Ärzten voraus.

Der Schmerzstandard trifft folgende Standardaussage: „Jeder Patient/Betroffene mit akuten oder tumorbedingten chronischen Schmerzen sowie zu erwartenden Schmerzen erhält ein angemessenes Schmerzmanagement, das dem Entstehen von Schmerzen vorbeugt, sie auf ein erträgliches Maß reduziert oder beseitigt." An diesem Leitsatz orientieren sich die Standardkriterien Struktur, Prozess und Ergebnis, die letztlich als Indikatoren für eine Qualitätsüberprüfung im Sinne von Donabedian dienen.

3.1 Strukturkriterien

Die Umsetzung des Schmerzstandards erfordert die Erfüllung gewisser Voraussetzungen, um eine gute Strukturqualität zu gewährleisten. Eine Pflegekraft kann ihre Aufgaben nur dann erfüllen, wenn sie über das notwendige Wissen bei der systematischen Schmerzeinschätzung und der medikamentösen Schmerzbehandlung verfügt. Dies erfordert zielgruppenspezifische Einschätzungs- und Dokumentationsinstrumente. Im klinischen Alltag haben sich visuelle Analogskalen (VAS), verbale Ratingskalen (VRS) und numerische Ratingskalen (NRS) bewährt. Welche Skala eingesetzt wird spielt eine untergeordnete Rolle, da alle Skalen miteinander eng korrelieren und in ihrem Informationsgehalt austauschbar sind. Bei Kindern kann man auch modifizierte Ordinalskalen, sog. „Smiley"-Skalen einsetzen. Es sollte in jedem Fall eine der genannten Skalen vor Beginn der Schmerztherapie, während der Dosisfindungsphase und zur Therapiekontrolle eingesetzt werden, denn alle genannten Messmethoden zeigen eine vergleichbare Validität, Reliabilität und klinische Praktikabilität.[17]

Interprofessionell geltende Verfahrensregelungen zur medikamentösen Schmerzbehandlung ordnen die Zuständigkeiten der jeweiligen Berufsgruppen und klären die Zusammenarbeit. Hierzu zählt beispielsweise die Benennung und Erreichbarkeit von für die Schmerztherapie zuständigen Ärzten oder die Benennung einer eingriffspezifischen Basis- und Bedarfsmedikation. Sind extern tätige Berufsgruppen wie Physiothe-

[17] Angster et al. 2005; Simanski et al. 2003.

rapeuten in die Prozesse eingebunden, kann die Verfahrensregelung im Sinne einer Vereinbarung erweitert werden.

Wissen ist Voraussetzung für die erfolgreiche Behandlung von Schmerzpatienten. Im Sinne der Strukturqualität sind nicht nur die beteiligten Berufsgruppen durch Schulungsmaßnahmen umfassend auf die erweiterten Aufgaben vorzubereiten. Auch die Patienten selber sowie deren Angehörige müssen im Umgang mit Schmerzen geschult und beraten werden, da falsche Grundannahmen häufig ein effektives Schmerzmanagement verhindern. Hierzu zählen etwa die Entwicklung und Umsetzung von Bewältigungsstrategien für den Alltag oder das Einüben von Atemtechniken sowie der Umgang mit Schmerzmedikamenten.

3.2 Prozesskriterien

Die Prozesskriterien beschreiben die wesentlichen Arbeitsabläufe zur Umsetzung des Schmerzstandards. Daher ist es sinnvoll, Ablaufalgorithmen für die Beteiligten zu erstellen, die eine erste Orientierung in der Anfangsphase der Umsetzung geben können. Das DNQP stellt im Schmerzstandard einen Algorithmus vor, der als Basis für eine Übertragung auf das eigene Krankenhaus dienen kann. Anpassungen können bspw. bei der Wahl der Medikation oder den Schwellenwerten, ab denen ein Arzt kontaktiert werden muss, notwendig sein. Aber auch jede andere Modifikation ist möglich und je nach Ausgangssituation kann auch eine Neugestaltung des Ablaufs angeraten sein.

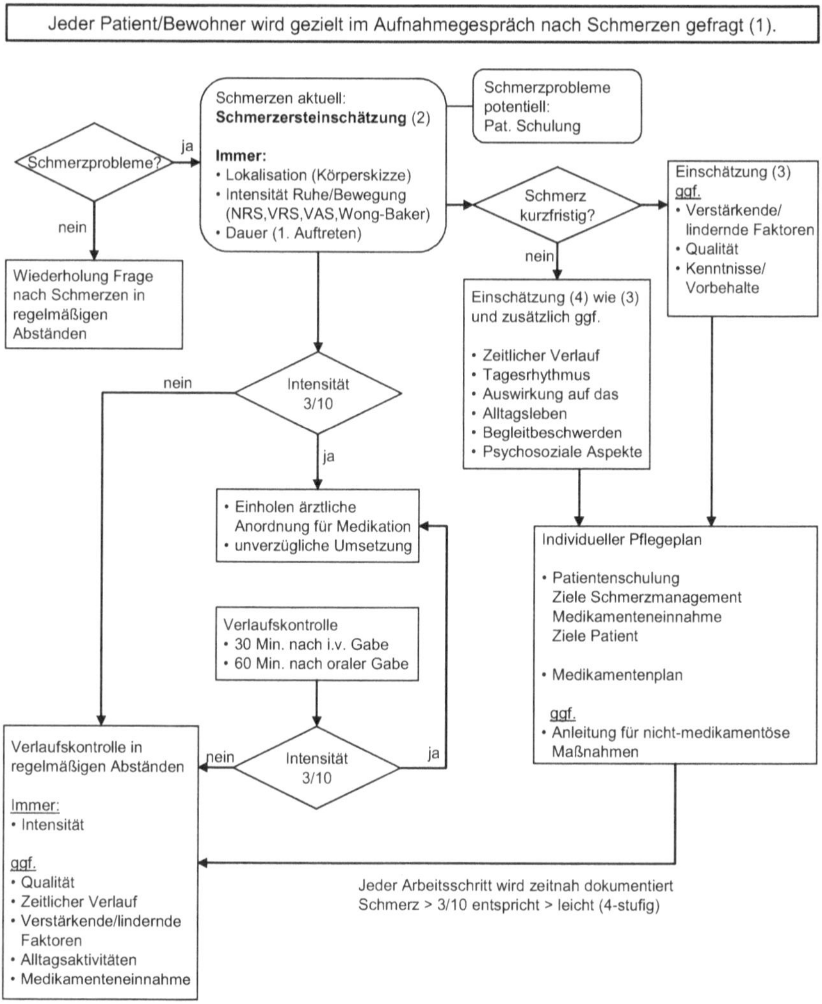

Abb. 1: Algorithmus pflegerisches Schmerzmanagement des DNQP (2005).

Die Zielparameter der Prozessqualität können prospektiv festgelegt werden (z.B. Häufigkeit der Schmerzevaluierung[18]) oder aus den im Projekt evaluierten Prozessmängeln abgeleitet werden.

Nach der Einführung des Schmerzstandards sollte eine kontinuierliche Qualitätskontrolle der Prozessparameter stattfinden. Dabei sollten Hinweise auf nicht durchgeführte Anordnungen oder allgemeine Organisationsmängel aufgegriffen und im Rahmen weiterer Prozessoptimierungsmaßnahmen beseitigt werden, denn die Prozessqualität korreliert eng mit der Ergebnisqualität.

3.3 Ergebniskriterien

Das Behandlungsergebnis in der Schmerztherapie ist die Schmerzfreiheit oder -linderung, die sich positiv auf die Eigenaktivität des Patienten auswirkt. Der Messparameter hierfür ist die Schmerzintensität. Je nach Bedarf kann zusätzlich zwischen verschiedenen Parametern differenziert werden. Neben der Veränderung des Parameters „Maximale Schmerzintensität“ (dabei handelt es sich in der Regel um Schmerzen, die z.B. im Zusammenhang mit Mobilisation oder Atemtherapie auftreten), können weitere Parameter wie „Schmerzen im Ruhezustand“ zur Ergebnismessung hinzugezogen werden.[19]

Im Vorfeld sollte jedoch eine systematische Schmerzeinschätzung und Verlaufskontrolle vorliegen und in der Patientenakte dokumentiert sein. Darüber hinaus kann eine erfolgreiche Therapie daran gemessen werden, ob schmerzmittelbedingte Nebenwirkungen verhindert bzw. erfolgreich behandelt werden konnten. Im Verlauf der Therapie sollte der Patient gezielt geschult worden sein, um zukünftig Schmerzen selber einschätzen, mitteilen und beeinflussen zu können.

---

18 Dietrick-Gallagher 1994.

19 Meissner et al. 2001.

4. Implementierung des Expertenstandards Schmerzmanagement

Die Implementierung des Schmerzstandards in den Kliniken Oberallgäu wurde in einer ausgewählten Station als Pilotprojekt gestartet und erfolgte im Rahmen des Forschungsprojektes Know-IT.[20] Die Projektierung der Einführung des Schmerzstandards sah eine Umsetzung in vier Phasen vor.

Phase I

In der Vorbereitungsphase wurde neben der Benennung einer Projektleitung eine Implementierungsprojektgruppe gebildet, um die Rahmenbedingung für die Umsetzung festzulegen. Initiiert wurde die Einführung des Schmerzstandards durch die Pflegedirektion und Geschäftsführung als oberste Projektleitungsebene. Die Projektleitung wurde der verantwortlichen Qualitätsmanagementbeauftragten übertragen, die die Koordination des Kernprojektteams übernommen hatte. Dieses bestand neben der Projektleitung aus Pflegemitarbeitern der Pilotstation und zwei Ärzten. Aufgabenspezifisch war die Ergänzung um weitere Mitarbeiter wie Physiotherapeuten vorgesehen. Die Phase eins wurde weiterhin dazu genutzt, einen abgestimmten Zeitplan zu verabschieden und die inhaltliche Planung der weiteren Projektphasen zu konkretisieren.

Phase II

Die zweite Phase wurde hinsichtlich des Fortbildungsbedarfs in eine Evaluierungs- und Planungsphase sowie eine Durchführungsphase unterteilt.

Die Koordination der für die zweite Phase geplanten und durchgeführten Fortbildungen erforderte die Einbindung sämtlicher Berufsgruppen, da die Referenten aus Ärzten, Pflegenden oder Physiotherapeuten bestanden. Von den Community-Mitgliedern konnten bereits die Kommunikationsinstrumente des neuen Wissensportals genutzt werden, da die Ansprechpartner über mehrere Häuser verteilt waren.

[20] Nähere Informationen zum Forschungsprojekt Kow-IT finden Sie am Anfang des Sammelbandes und im Internet unter www.uni-wh.de/know-it.

Expertenstandard Schmerzmanagement
Definition des Schmerzes
Medizinische Schmerztherapie
Nicht-Medizinische Schmerztherapie
Dokumentation
Begleitung von Angehörigen und Patienten

Abb. 2: Fortbildungsblöcke in den Kliniken Oberallgäu

Die Fortbildungsblöcke wurden durch eine betriebliche Bildungskommission festgelegt. Durch den Abgleich mit dem innerbetrieblichen Bildungsplan wurden die Fortbildungsveranstaltungen zum Schmerzmanagement für alle Mitarbeiter verbindlich in den Gesamtschulungsplan der Klinik integriert. Um den Patienten eine möglichst ganzheitliche Behandlung zu ermöglichen, wurden die Mitarbeiter der ortsansässigen Krankengymnastikpraxen in die Schulungen eingebunden. Dadurch konnte erreicht werden, dass das innerbetriebliche Wissen zur Optimierung der Behandlungs- und Therapiepläne im Hinblick auf die Schmerztherapie auf externe Leistungserbringer übertragen wurde.

Phase III

In der dritten Phase erfolgte die Integration von Assessmentinstrumenten und Dokumentationsbögen in das hauseigene Dokumentationssystem. Neben verschiedenen Schmerzskalen wurden Anleitungen und Hinweise zum Schmerzmanagement in das Wissensportal eingebunden und sind dadurch von jedem PC-Arbeitsplatz orts- und zeitunabhängig abrufbar. Die Push- und Pullfunktionen des Wissensportals ermöglichen es den Mitarbeitern zudem, gezielt informiert zu werden, wenn neue Dokumente eingestellt oder bestehende verändert wurden.

So wurde neben den bestehenden Dokumenten im Rahmen der medikamentösen Schmerztherapie eine hausinterne Richtlinie zur Verwendung von Medikamenten entwickelt. Diese enthielt neben den in der Therapie verwendeten Wirkstoffen auch die dazugehörigen Präparatenamen.

Phase IV

Die letzte und vierte Phase umfasst die tatsächliche Anwendung des Schmerzstandards durch die Mitarbeiter. Im Anschluss erfolgt die Evaluation der Implementierung und Nachbesserung einzelner Prozessschritte aufgrund von Verbesserungsvorschlägen aus den Reihen der Anwender. Die Einführung sollte von den Mitarbeitern der Pilotstation begleitet werden. Das Wissensportal kann dabei wichtige Informations- und Standarddokumente mit Erklärungen und Operationalisierungen verfügbar machen.

5. Fazit

Die hier vorgestellten Maßnahmen zur Qualitätsverbesserung können und sollen nicht unverändert auf andere Kliniken übertragen werden, da z.B. ein besonderes Operationsspektrum andere Anforderungen an die Organisationsformen der Schmerztherapie stellt. Dem Aufwand einer Einführung eines standardisierten Schmerzmanagements steht nicht nur ein vereinfachter Arbeitsprozess mit festgelegten Regeln gegenüber. Neben einer erhöhten Patientenzufriedenheit fällt die Pflege schmerzfreier Patienten auch deshalb leichter, da diese sich oftmals selbständig waschen können, die frühzeitige Mobilisierung einer natürlichen Prophylaxe entspricht und sich die Schmerzfreiheit insgesamt positiv auf den Behandlungsverlauf auswirkt.

Literatur

Abbott, F. et al.: The prevalence of pain in hospitalized patients and resolution over six months. Pain 50, S. 15-18.

Andersson H.I.: The course of non-malignant chronic pain: A 12-year follow-up of a cohort from the general population. European Journal of Pain 8: S. 47–53.

Angster, R., Hainsch-Müller, I.: Postoperatives Schmerzmanagement, Der Anaesthesist, Volume 54, Number 5, S. 505-533.

Brack A. et al.: Neue Erkenntnisse in der postoperativen Schmerztherapie, Anästhesiol Intensivmed Notfallmedizin und Schmerztherapie, 39, S. 157-164.

Dietrick-Gallagher M., Polomano R., Carrick L.: Pain as a quality management initiative, Journal of Nursing, Care and Quality, Vol 9, S. 30–42.

Deutsches Netzwerk für Qualitätsentwicklung in der Pflege (DNQP) [Hrsg.]: Expertenstandard Schmerzmanagement in der Pflege bei akuten und tumorbedingten chronischen Schmerzen. Entwicklung - Konsentierung - Implementierung. 2. Auflage, Osnabrück.

Donabedian A.: Evaluating the quality of medical care. Milbank Memorial Fund Quaterly 1966; 44:166-206.

Donabedian A.: Explorations in Quality Assessmant and Monitoring. The Definition of Quality and Approaches to its Assessment. Ann Arbor Vol I, 1980.

Donabedian A.: Explorations in Quality Assessment and Monitoring. The Criteria and Standards of Quality. Ann Arbor Vol II, 1982a.

Donabedian A.: An exploration of structure, process and outcome as approaches to quality assessment. Selbmann H-K, Überla, KK (Hrsg) Quality assessment of medical care. Gerlingen: Bleicher, S. 69-91, 1982b.

Donabedian, A.: The Quality of Care: How Can It Be Assessed? in: JAMA, Vol. 260, S. 1743-1748, 1988.

Gerbershagen K., Limmroth V.: Aspekte der Schmerzbehandlung, Der Nervenarzt, Vol. 78:3: (bisher nur Online publiziert 7. April 2007 siehe DOI), 2007.

Göbel, H.: Über die Schwierigkeit einer umfassenden Definition des Phänomens Schmerz, Der Schmerz, Vol. 2, S. 89-93, 1988.

Jage, J. et al.: Postoperative Schmerztherapie - eine interdisziplinäre Notwendigkeit, Deutsches Ärzteblatt, 102 (6), S. 361-366, 2005.

Klein et al.: Bewertungskriterien der Strukturqualität stationärer Rehabilitationseinrichtungen, Rehabilitation;43: S. 100-108, 2004.

Macintyre, P., Ready, B.: Acute pain management. A practical guide. 2nd edition, London, 2001.

Meissner W., Ullrich K., Zwacka S., Schreiber T., Reinhart K.: Qualitätsmanagement am Beispiel der postoperativen Schmerztherapie, Anästhesist, Vol 50, S. 661–670, 2001.

Neugebauer E., Hempel K., Sauerland S., Lempa M., Koch G.: Situation der perioperativen Schmerztherapie in Deutschland – Ergebnisse einer repräsentativen, anonymen Umfrage von 1000 chirurgischen Kliniken. Der Chirurg 51, S. 461–466, 1998.

Ostgathe et al.: Schmerztherapie heute. Stand der Schmerztherapie in Deutschland, Anästesiologie, Intensivmedizin Notfallmedizin und Schmerztherapie, Vol 38, S. 312-320, 2003.

Simanski C., Kolek S., Pilgram B., Koch-Epping G., Neugebauer E.: Zum Stellenwert der perioperativen Schmerztherapie für den Patienten. Ergebnisse einer anonymen Patientenumfrage an einer chirurgischen Klinik, Schmerz 14[Suppl 1], S. 73, 2000.

Simanski C., Neugebauer E.: Postoperative Schmerztherapie, Der Chirurg, Vol. 74, S. 254–275, 2003.

Yates et al.: The prevalence and perception of pain amongst hospital in-patients, Journal of Clinical Nursing 7. S. 521-530, 1998.

Zinganell K., Hempel K.: Vereinbarungen des Berufsverbandes Deutscher Anästhesisten und des Berufsverbandes Deutscher Chirurgen zur Organisation der postoperativen Schmerztherapie, Der Chirurg BDC 31, S. 232, 1992.

Integriertes E-Learning in Krankenhäusern

Julian T. Dilling, Sabine Bohnet-Joschko

Ziel des Beitrages ist es, am Beispiel eines anwendungsorientierten Forschungsprojektes die Möglichkeiten der Verschmelzung von Wissensmanagement und E-Learning darzustellen. Sowohl in der wissenschaftlichen Debatte als auch in der Praxis werden E-Learning und Wissensmanagement zwar durchaus als miteinander verbundene Themen verstanden, trotzdem werden die Diskussionen getrennt geführt. Der Grund dafür liegt sicherlich darin, dass E-Learning bisher als eigenständiges Fort- und Weiterbildungsinstrument mit aufwendigen Modulen gesehen wurde, während Wissensmanagement direkt in den Alltag einfließt und die routinierten Arbeitsabläufe unmittelbar unterstützt.

1. Relevanz der Branche

Aufgrund einer Reihe gesetzlicher Änderungen unterlag der deutsche Krankenhausmarkt in den letzten Jahren einer massiven Transformation, die zu einem Abbau von Krankenhäusern, Betten und Beschäftigten führte. Die Anzahl der Krankenhäuser ist in den letzten Jahren von anfänglich 2411 Häusern (1991) um 272 Häuser auf 2139 (2005) gesunken. Damit ging eine Reduktion der Betten um 142 000 auf 523 000 Betten (2005) einher. Die Anzahl der Beschäftigten in der stationären Versorgung stieg bis 1995 auf 1,16 Mio. Beschäftigte an, reduzierte sich jedoch bis 2005 um 91 000 auf 1,07 Mio. Beschäftigte. Im gleichen Zeitraum stiegen die Krankenhausausgaben kontinuierlich von 40,8 Milliarden (1991) auf knapp 63,9 Milliarden Euro (2005) an.[1]

[1] Statistisches Bundesamt 2005.

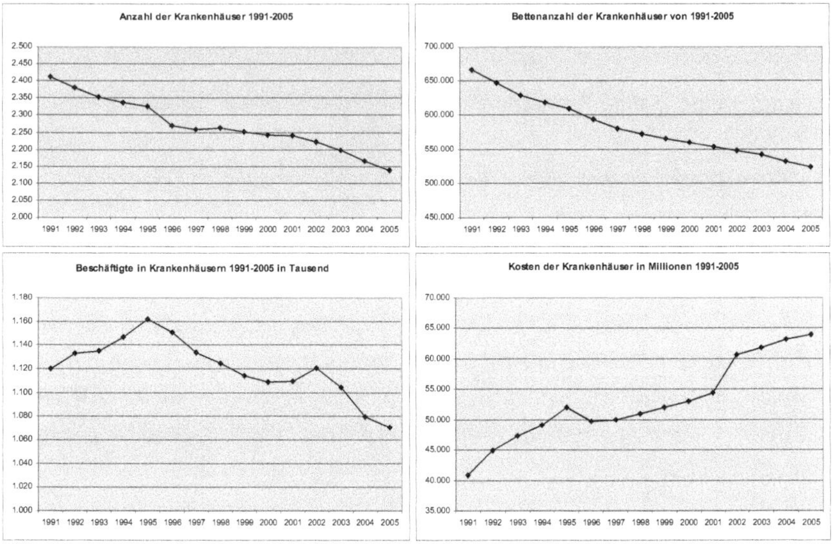

Abb. 1: Entwicklung der Krankenhäuser, Betten, Beschäftigten und Kosten im Krankenhauswesen, Quelle: Statistisches Bundesamt 2005.

Bezogen auf die Betten ergibt sich damit eine Verdoppelung der Ausgaben (1991 etwa 61 000 Euro pro Bett und 2005 knapp 122 000 Euro). Der Anstieg der Krankenhausausgaben pro Bett in dem Zeitraum war linear; als eine erste Erklärung hierfür kann eine effizientere Nutzung der Betten durch den starken Bettenabbau und die kürzeren Liegezeiten angenommen werden.

Die durch Änderung der gesetzlichen Rahmenbedingungen, zuletzt durch das Gesetz zur Modernisierung der gesetzlichen Krankenversicherung (GKV-Modernisierungsgesetz - GMG), eingeleiteten Reformen des Gesundheitswesens setzen die Krankenhäuser unter Wettbewerbsdruck. Dabei stehen die Anbieter von Gesundheitsdienstleistungen sowohl im ambulanten als auch im stationären Sektor in zunehmender Konkurrenz zueinander. Die Einführung des neuen, leistungsorientierten Vergütungssystems mittels diagnosebezogener Fallpauschalen (DRG) fordert eine qualitativ hochwertige Versorgung bei gleichzeitiger Kostensenkung von den deutschen Krankenhäusern.

Der bereits eingeleitete Transformationsprozess wird dadurch verstärkt und verlangt eine Reorganisation der deutschen Krankenhäuser als unternehmerische und lernende Organisationen.

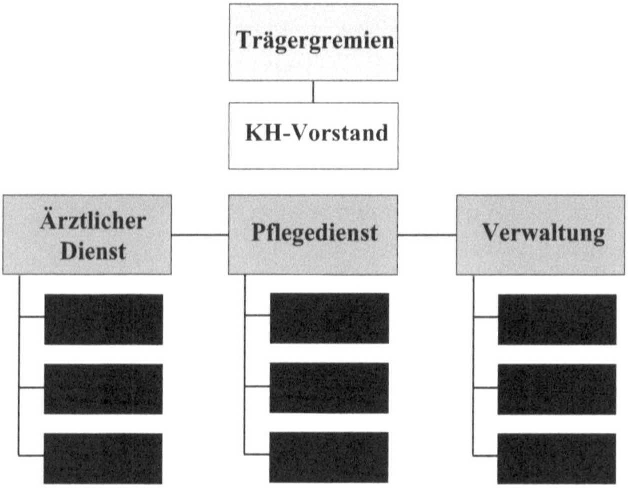

Abb. 2: Traditionelle Krankenhausorganisation

Die in Abbildung 2 dargestellte traditionelle Krankenhausorganisation stößt dabei an ihre Grenzen, da die interdisziplinären Prozesse derart nicht mehr bewältigt werden können. Gerade in diesem Kontext sind Neuerungen erforderlich, die moderne Wissensmanagement-Instrumente an die Stelle rigider Strukturen setzen.

2. Förderung von Wissensmanagement und E-Learning in deutschen Krankenhäusern

Das Krankenhauswesen in Deutschland unterliegt einer dualistischen Finanzierung. Einerseits gibt es eine Finanzierung der Betriebsmittel; dies erfolgt über die Krankenkassen, die den Krankenhäusern die Betriebsmittel erstatten und damit die Aufrechterhaltung des Betriebes gewährleisten.[2] Diese Finanzierungssäule ist seit Einführung der Pauschalen pro Krankheitsbild (DRGs) weitestgehend wettbewerblich geregelt. Die zweite Finanzierungssäule besteht aus der staatlichen Förderung der Investitionstätigkeit. Laut Gesetz haben damit alle Krankenhäuser unabhängig von ihrer Trägerschaft

2 Bruckenberger et al. 2006, S. 149.

das Recht auf eine Förderung der notwendigen Investitionen. Die Fördermittel werden durch zwei Verfahren vergeben, nämlich die Einzel- und Pauschalförderung. Die Einzelförderung zielt dabei insbesondere auf Baumaßnahmen, bzw. auf Investitionen ins Anlagevermögen mit einer durchschnittlichen Nutzungsdauer von mehr als 15 Jahren, während die Pauschalförderung für Investitionen ins Anlagevermögen mit einer durchschnittlichen Nutzungsdauer von drei bis 15 Jahren vorgesehen ist. Die beiden Bezeichnungen ergeben sich durch die unterschiedliche Zahlungsweise der Fördermittel: Einzelförderung wird auf Antrag für einzelne Investitionen in meist höherem Umfang gewährt, während die Pauschalförderung als Pauschale bezogen auf Betten und/oder Fallzahlen gezahlt wird. Diese Verfahrensweise bedeutet für die Krankenhäuser, dass sie nur die Pauschalfördermittel nach eigenen Prioritäten vergeben können.

Für eine Förderung von Wissensmanagement und E-Learning in Krankenhäusern hat das einen fatalen Effekt. Die Einzelförderung ist von 1995 bis 2005 um knapp 45% und die Pauschalförderung um knapp 23% gesunken, so dass sich die Frage stellt, aus welchen Mitteln die zusätzlichen Aufwendungen für die Entwicklung und Implementierung von Wissensmanagementsystemen und E-Learning durch die Krankenhäuser finanziert werden sollen.[3] Dies wird insbesondere bei der Betrachtung der Investitionssituation zur Einführung der Fallpauschalen deutlich. In einer repräsentativen Umfrage mit 928 Krankenhäusern gaben 67% der Krankenhäuser an, zusätzliche Investitionen (u.a. in Software) aufgrund der Einführung der DRG zu erwarten, jedoch war nur in jedem siebten Haus in den alten Bundesländern und jedem dritten Haus in den neuen Bundesländern dieser Investitionsbedarf bereits gesichert.[4] Berücksichtigt man die Dringlichkeit der Situation bei der DRG-Einführung, ist dieses Ergebnis umso beunruhigender bei einer Übertragung auf Investitionen in Wissensmanagement und E-Learning, denn weder Wissensmanagement noch E-Learning sind gesetzlich verordnet und die Verbindung der Themen mit dem gesetzlich verordneten Qualitätsmanagement wird kaum gezogen. Dementsprechend sind von staatlicher Seite keine Förderungen für Maßnahmen im Wissensmanagement und E-Learning zu erwarten, Ausnahmen bilden hierbei höchstens Modellprojekte wie das im Folgenden vorgestellte Forschungsprojekt „Know-IT".

[3] Mörsch 2006, S. 52.
[4] Buscher 2005, S. 67.

Status: Wissensmanagement in Krankenhäusern

Wissen im Krankenhaus existiert in diversen Erscheinungsformen und beschränkt sich nicht nur auf einzelne Wissensträger, respektive Mitarbeiter. Häufig sitzen Experten oder Wissensträger räumlich verteilt und unvernetzt an verschiedenen Stellen oder Funktionen im Krankenhaus. Durch die Personengebundenheit des Wissens wird Dritten der Zugang verwehrt bzw. erschwert. Teilweise basiert das Wissen noch dazu auf subjektiven Einsichten und Intuition, ist damit schwer vermittelbar und kaum übertragbar (implizites Wissen). In der Krankenhauspraxis handelt es sich bei den internen Wissensträgern in der Regel um langjährige Mitarbeiterinnen und Mitarbeiter mit detaillierten Funktionskenntnissen und Erfahrungen in der Krankenhausorganisation. Beim Ausscheiden geht das Wissen dieser Mitarbeiter verloren. Deshalb ist es wichtig, Strukturen aufzubauen, die zu einem aktiven Austausch von Wissen ermutigen und einen vereinfachten Arbeitsablauf ermöglichen. Wissensmanagement hat in diesem Sinne das Ziel, bessere Qualität und eine höher Effizienz zu erreichen und damit gleichzeitig Kosten einzusparen.

Dies ist auch vielen Krankenhäusern klar geworden und es kommt zu einer vermehrten Nutzung von Wissensmanagementinstrumenten, auch wenn die Aktivitäten selten mit dem Begriff des Wissensmanagements überschrieben werden.

Ein praktisches Beispiel von Wissensmanagement ist die zunehmende Einführung bzw. umfassende Nutzung von Krankenhausinformationssystemen (KIS), die die Patientendaten bündeln und damit eine digitale Ergänzung in den verschiedenen Abteilungen ermöglichen. Die Abrechnungsabteilung kann Angaben im System überprüfen (ggf. an die kodierenden Ärzte mit Rückfragen zurückgegeben) und schließlich an die Krankenkassen übermitteln. Neben der digitalen Vernetzung der Akteure durch ein KIS gibt es noch andere Bereiche, für die funktionierendes Wissensmanagement eine wesentliche Vorraussetzung ist: Prozess- und Qualitätsmanagement. Hierbei handelt es sich um zwei eng miteinander verknüpfte Bereiche, jedoch spielen beim Prozessmanagement weitere Gesichtspunkte wie Effizienz, Patientenzufriedenheit und Praktikabilität eine große Rolle. Diese Punkte sollten bei einem Qualitätsmanagement natürlich auch Berücksichtigung finden, jedoch ist das Ergebnis des Leistungsprozesses vordergründig.

Sowohl Prozess- als auch Qualitätsmanagement enthalten wesentliche Komponenten des Wissensmanagements. Der von Probst et al. entwickelte Wissensmanagement-Zyklus benennt einige dieser Komponenten.[5]

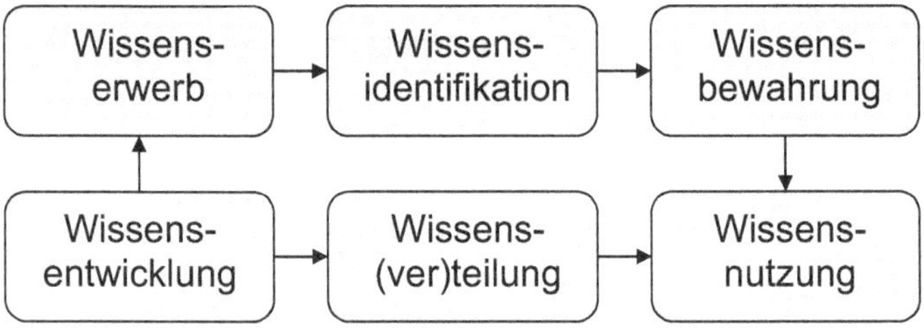

Abb. 3: Wissensmanagement-Zyklus nach Probst/Raub/Romhardt 1997.

Zunächst ist es sowohl beim Prozess- als auch beim Qualitätsmanagement sehr wichtig, das Wissen der Beteiligten zentral zu bündeln und damit eine Wissensbasis zu schaffen (Wissenserwerb/Wissensidentifikation), anhand derer die notwenigen Maßnahmen gezielt initiiert werden können (Wissensnutzung/Wissensverteilung). Begleitend erfolgt eine Dokumentation des Wissens (Wissensbewahrung), die mit einer Feedbackschleife gekoppelt werden sollte, so dass sich in der Einrichtung eine dynamisch, kontinuierliche Verbesserung ergibt (Wissensentwicklung). Es zeigt sich, dass Wissensmanagement die Grundlage sowohl für Prozess- und Qualitätsmanagement bildet, der Begriff Wissensmanagement jedoch keine Verwendung findet, da die vordergründige Zielsetzung andere Faktoren als wichtiger ansieht. Um die Komponente des Wissensmanagements beim Prozess- und Qualitätsmanagement zu betonen, könnte jedoch von einem wissensbasierten Prozess- und Qualitätsmanagement gesprochen werden.

5 Vgl. Probst/Raub/Romhardt 1997, S. 51.

Status: E-Learning in Krankenhäusern

Die Angebote für E-Learning im Gesundheitswesen sind verhältnismäßig umfangreich, jedoch gibt es bisher einen klaren Fokus auf die gesetzlich vorgeschriebene ärztliche Fortbildung und ermöglicht in vielen Fällen den Erwerb von Fortbildungspunkten, die den regulativen Ansprüchen der ärztlichen Fortbildung gerecht werden. Die Module basieren weitestgehend auf web-basierten Lösungen, viele davon sind kostenlos. Eines der größten kostenlosen E-Learning- bzw. web-learning-Angebote im Netz ist www.doctors.net.uk. Hier werden über 150 Fortbildungsmodule zu verschiedenen Themen (Stand März 2005) angeboten. Etwa 130.000 Ärzte nutzen das Angebot (85% der britischen Ärzte), davon knapp 40.000 Allgemeinmediziner, die 70% ihrer Fortbildungsmaßnahmen über E-Learning-Module wahrnehmen. Insgesamt wurden zwischen Juni 2001 und Juni 2004 etwa 136.000 Module abgearbeitet, dem entsprechen 272.000 Stunden akkreditierte Fortbildung.[6] Aber auch in Deutschland gibt es Anbieter wie beispielsweise evidence.de, die Richtlinien auf Grundlage der Evidence Based Medicine aufbauen und darüber hinaus Weiterbildungsmodule anbieten.

Eine Studie über 112 Unterrichtsportale von namhaften englischsprachigen medizinischen Colleges kam jedoch zu dem Ergebnis, dass nur 17% der Angebote im Internet allen Faktoren eines „learning paradigm" (Kritische Reflexion, Unabhängiges Lernen, Evidenz-basierte Lerninhalte, Feedback) entsprachen.[7]

Neben mangelnder Qualität der Angebote besteht in deutschen Krankenhäusern ein weiteres Problem: Laut einer Studie der Universität Witten/Herdecke haben nur gut 60% der Ärzte im Krankenhaus Zugriff auf das Internet.[8]

Während das Angebot für Ärzte mit der ärztlichen Fortbildung bereits einen wichtigen Teil abdeckt, gibt es für Pflegende und Verwaltungsmitarbeiter bisher kaum Angebote im E-Learning-Bereich. Eine Erklärung für das geringe Angebot für Pflegekräfte ist sicherlich, dass in Deutschland Fortbildungen für Pflegekräfte nicht gesetzlich vorgeschrieben sind und auch die freiwillige Registrierung der Pflegekräfte mit einer Fortbildungsverpflichtung erst langsam an Bedeutung gewinnt.

---

6 Bryant und Ringrose 2005, S. 131.
7 Alur et al. 2002, S. 423.
8 Bohnet-Joschko et al. 2005, S. 34.

Grundsätzlich gilt in den Krankenhäusern, dass der hohe Aufwand und die damit verbundenen Kosten, die bei der Erstellung von einzelnen E-Learning-Modulen entstehen, bzw. die hohen Anschaffungskosten bei einer eingekauften Lösung gescheut werden, weil die schwer quantifizierbaren Kosteneinsparungspotentiale nicht gesehen werden. Von dieser Perspektive ausgehend zeigt sich ein klassisches Dilemma: Aufgrund mangelnder wirtschaftlicher Ressourcen werden Effizienzpotentiale, die eine wirtschaftliche und qualitative Verbesserung mit sich bringen könnten, nicht ausgeschöpft.

3. E-Learning als Instrument des Wissensmanagements

Die Ausgestaltung eines E-Learning-Systems hat einige Stellgrößen, anhand derer eine Charakterisierung möglich ist, nämlich die Zielgruppe, den Vertiefungsgrad und das Instrument.

Im ersten Schritt sollte die Zielgruppe festgelegt werden. Zwei Berufsgruppen im Krankenhauswesen, bei denen eine Ansprache schon allein durch die Größe der Gruppe sinnvoll erscheint, sind die Ärzte (130.000 Beschäftigte) und die Pflegekräfte (504.000 Beschäftigte).[9] Allerdings sollte ein Wissensmanagement-System hier nicht für alle Ärzte oder alle Pflegekräfte geschaffen werden, sondern vielmehr für einzelne Untergruppen, wie z.B. Pädiater oder Intensivpflegekräfte.
Mit der Entscheidung über die Zielgruppe ist die Entscheidung über den Vertiefungsgrad bereits verknüpft, denn je genauer die Zielgruppe gefasst wird, desto spezifischer müssen auch die Lerninhalte des E-Learning-Systems darauf abgestimmt sein. Die dritte Stellgröße ist das gewählte Instrument. In den letzten Jahren wurden hauptsächlich Instrumente für E-Learning eingesetzt, die verhältnismäßig aufwendig und dementsprechend teuer waren oder wie insbesondere bei der ärztlichen Fortbildung einen Internetzugang voraussetzten.

9 Statistisches Bundesamt 2005.

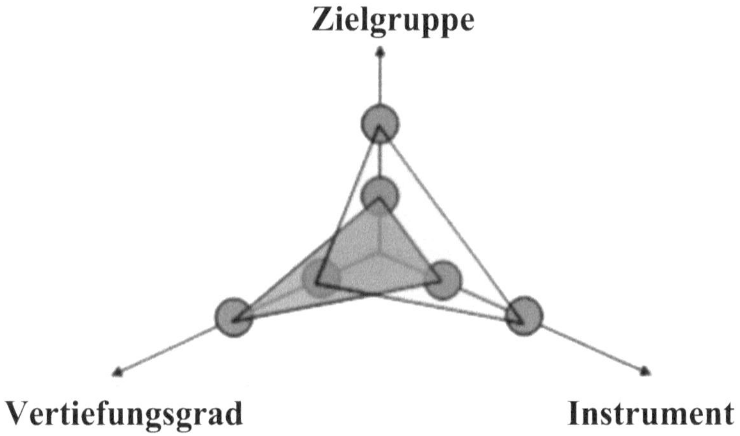

Abb. 4: Kombinationsmöglichkeiten bei E-Learning, in Anlehnung an BMBF 2004, S. 324.

Ein häufig eingesetztes Instrument ist beispielsweise das Computer Based Training (CBT), das anhand von Videosequenzen und anschließender Einspielung von Fragebögen Wissen vermittelt. Eine Weiterentwicklung des CBT ist das Web Based Training (WBT), das die Inhalte im Netz hinterlegt und zusätzliche Medien wie E-Mails, Communities etc. einbezieht.

Der bereits erwähnte Kostendruck und der eingeschränkte Zugang zum Internet der Krankenhäuser lässt derartige Instrumente nicht in jedem Fall sinnvoll erscheinen.

Die zentrale Frage bei der Nutzung von E-Learning im Krankenhaus ist dementsprechend, wie Krankenhäuser durch E-Learning Kosten einsparen können. Ein Vorteil des E-Learning sind die flexiblen Nutzungsmöglichkeiten. Dies spielt unter dem Aspekt des sogenannten „lifelong learning" eine wesentliche Rolle und wirkt sich auch wirtschaftlich aus, denn hohe Schulungsgebühren, Übernachtungs- und Reisekosten der Schulungsleiter und Teilnehmer fallen weg. Hinzu kommt, dass Ärzte oder Pflegekräfte aufgrund des hohen Arbeitsaufkommens nur in wenigen Fällen eine Freistellung erhalten können; E-Learning muß deshalb eine begleitende Funktion haben. Dem gegenüber stehen die bisher genutzen E-Learning-Systeme, die zwar die genannten Vorteile ermöglichen, jedoch aufgrund hoher Entwicklungkosten häufig nicht kostengünstig angeboten werden können.

Eine Lösung dieser Schwierigkeit könnte darin liegen, beim E-Learning neue Wege zu beschreiten und technische Möglichkeiten zu nutzen, die einen geringeren Aufwand erfordern und durch visuelle Darstellungen die Vorteile des E-Learnings einsetzen. Hilfsmittel für ein unkompliziertes E-Learning können Powerpoint-Präsentationen oder Viewlet-Module bilden. Hierbei können Vorteile des visuellen Lernens genutzt werden und einen schnellen Zugriff vom Arbeitsplatz ermöglichen. Die aufgebauten E-Learning-Module sollten in einer Wissensbibliothek gesammelt werden, die in ein prozessorientiertes Wissensmanagement eingebunden ist, so dass das Lernen über digitale Hilfsmittel direkt mit dem Wissensmanagementsystem gekoppelt ist und dadurch ein kontinuierlicher Lernprozess angestoßen wird.

4. Praxisbeispiel Projekt „Know-IT“

Das vom Bundesministerium für Wirtschaft und Forschung geförderte Forschungsprojekt Know-IT besteht aus drei Projektpartnern: der Universität Witten/Herdecke, den Kliniken Oberallgäu und der Agfa HealthCare. Ziel des Projektes war es, ein Wissensmanagementsystem zu entwickeln, das einerseits den alltäglichen Ansprüchen gerecht wird und Transparenz erzeugt, die der Leitungsebene Wissen und Informationen als Entscheidungsgrundlage bereitstellt, andererseits aber auch die Grundlage für eine dynamische lernende Organisation bildet.

Die üblichen Funktionen eines Wissensmanagementsystems wurden durch die Bündelung und die zentrale Bereitstellung von Hausinformationen, Haus-Standards und Checklisten abgedeckt. Hinzu kommen neben einem nach thematisch, hierarchisch und nach Standorten strukturierten Dokumentenmanagement und einem zentralen Mitteilungssystem Communites, die im Rahmen eines Prozessmanagementtools eine wesentliche Rolle spielen. Dieser Grundstock an Funktionen erleichtert bereits wesentlich die routinierten Abläufe im Krankenhaus und ermöglicht darüber hinaus einen Austausch der Mitarbeiter untereinander.

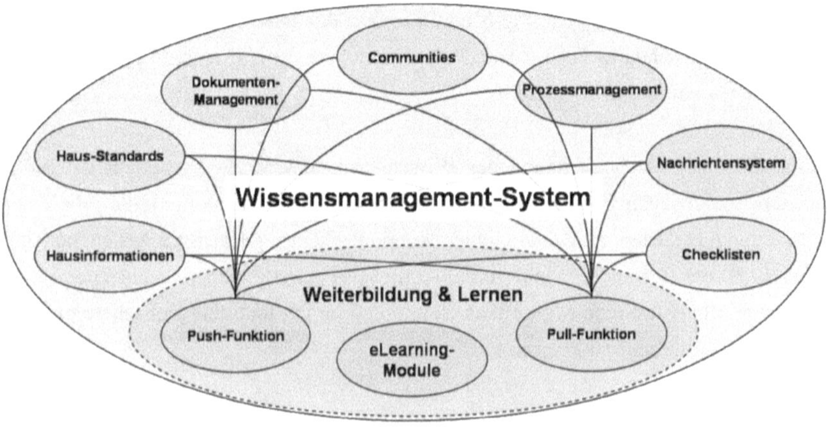

Abb. 5: Wissensmanagement mit integriertem E-Learning, eigene Darstellung.

Die Grundlagen für eine dynamisch lernende Organisation werden hingegen durch andere Instrumente geschaffen: Durch die Einbindung von E-Learning-Modulen besteht innerhalb des Systems die Möglichkeit, Lektionen abzuarbeiten. E-Learning-Module sind dabei nicht nur eingekaufte Lösungen (die natürlich auch eingebunden werden können), sondern Module, die mit wenig Aufwand hergestellt worden sind. Konkret kann es sich dabei um Powerpoint-Präsentationen handeln, die beispielsweise anhand von Screenshots Handlungsanweisungen geben oder Viewlet-Module, die mit einer ansprechenden Darstellung Funktionsweisen erklären. Für den Praxisalltag bedeutet dies zunächst einen geringen Mehraufwand, weil die Module entwickelt werden müssen, jedoch ist der Aufwand im Vergleich zu der Erstellung klassischer E-Learning-Module sehr überschaubar und das Ergebnis dafür zielgenau auf das Krankenhaus, ggf. sogar auf die entsprechende Station zugeschnitten. Neue Mitarbeiter können auf die zusammengestellten E-Learning-Module in der Wissensbibliothek zugreifen und sich bei Unsicherheiten rückversichern, wie die angestrebte Aktivität im Detail umgesetzt werden sollte. Das Füllen der Wissensbibliothek sollte von langjährigen, erfahrenen Mitarbeitern vorgenommen werden; dies kommt auch ihnen selbst zu Gute, denn sie ersparen sich damit, Erklärungen wiederholt abgeben zu müssen.

Dieses Vorgehen hat seine Vorteile also einerseits in der geringen Ressourcenbindung, da jeder Mitarbeiter mit einer gewissen Computeraffinität die Module erstellen kann, und andererseits in der hohen Flexibilität der Module, die schnell und unkompliziert angepasst werden können.

Doch nicht nur durch E-Learning-Module fordert das System auf zu lernen, denn es bestehen darüber hinaus Push- sowie Pull-Dienste, die den Anwendern eine langfristige Wissensorientierung erleichtern.

Aufgrund einer Personalisierung des Wissensmanagementsystems besteht die Möglichkeit, spezifischen Gruppen Nachrichten zu übersenden (Push-Funktion), die einer Bestätigung bedürfen und damit einen kontinuierlichen Lernanstoß geben können. Wichtig ist die Benennung einer verantwortlichen Person in den verschiedenen Fachbereichen, die damit eine Multiplikatorfunktion inne hat und eine zielsichere Weiterbildung der Mitarbeiter übernimmt.

Neben der dargestellten Push-Funktion gibt es die Pull-Funktion, die insbesondere dann zum Tragen kommt, wenn einzelne Mitarbeiter interdisziplinäre Querschnittsfunktionen übernehmen (und zu keiner Gruppe zusammengeschlossen sind) oder Mitarbeiter einzelne Themen als besonders interessant für ihre Arbeit erachten. In der Umsetzung müssen die Mitarbeiter die relevanten Themen in ihrem Wissensmanagementsystem markieren und werden dann auf die vorgenommenen Änderungen aufmerksam gemacht. Vorteil der Push- und Pull-Funktionen ist eine leichte und differenzierte Ansprache mit Lerninhalten, die bei der Push-Funktion sogar mit einer Rückmeldung verknüpft sein kann.

5. Ausblick: Anwendungsbereiche integrierter E-Learning-Module

Im Krankenhauswesen gibt es eine ganze Reihe Ansatzpunkte für ein im Wissensmanagement integriertes E-Learning. Drei Bereiche sind dabei besonders geeignet, da sie die typischen Krankenhaustätigkeiten maßgeblich gestalten und bisher kaum Beachtung erhalten haben: Computerbasierte Arbeitsabläufe, Prozesszusammenhänge und Nationale Pflegestandards.

Computerbasierte Arbeitsabläufe können leicht in E-Learning-Modulen dargestellt werden, so dass die Funktionalitäten der Module differenziert und übersichtlich aufgezeigt werden und ggf. Schwierigkeiten mit der Software über das E-Learning-Modul geklärt werden können. Hierbei könnte es sich beispielsweise um den Aufnahmeprozess am Empfang oder auf Station, Kodierung der Diagnosen, Materialbestellungen oder die Erstellung eines Arztbriefes im Krankenhausinformationssystem handeln.

Eine weitere Möglichkeit besteht in der Darstellung von Prozessabläufen. Die Darstellung ermöglicht einen strukturierten und systematischen Überblick über Prozesse und hat damit bereits bei der Erstellung des Moduls den Nebeneffekt, eine Prozessreflexion und ggf. Prozessmodellierung anzustoßen.

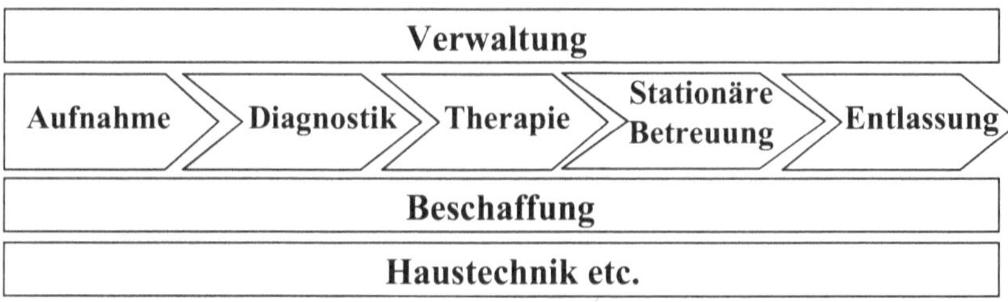

Abb. 6: Prozessabläufe in Krankenhäusern, in Anlehnung an Becker und Eckhardt 2006.

Der Vorteil bei der Visualisierung von Prozessabläufen liegt darin, dass Auszubildenden und neuen Mitarbeitern von Anfang an die vollständigen Prozesse vor Augen geführt werden und sich die einzelnen Teilprozesse dementsprechend für die Beteiligten zu einem Gesamtprozess zusammenfügen. Hinzu kommt, dass häufig standardisierte Vorgaben über bspw. benötigte Unterlagen bestehen, die jedoch nicht explizit gemacht, sondern informell weitergeben werden. Hier können Checklisten, die in das E-Learning-Modul eingebunden werden, das informelle Regelwerk bündeln, so dass es zentral für alle Beteiligten bereitgestellt werden kann.

Ein weiterer Bereich, der sich für den Einsatz von E-Learning anbieten würde, sind die Nationalen Pflegestandards (Expertenstandards). In den letzten Jahren sind fünf Nationale Expertenstandards vom Deutschen Netzwerk zur Qualitätsentwicklung in der Pflege (DNQP) erarbeitet worden, die insbesondere für die Akutpflege von Bedeutung und deshalb vom Gesetzgeber vorgeschrieben sind. Umgesetzt wurden die Nationalen Pflegestandards von den meisten Krankenhäusern nur in Teilen: Ein Grund dafür liegt in der bisherigen Präsentation der Standards, die sehr umfangreich und kompliziert ist. Bisher gibt es fünf Nationale Pflegestandards zu den Bereichen: Harnkontinenz, Dekubitusprophylaxe, Entlassungsmanagement, Schmerzmanagement und Sturzprophylaxe.

Eine umfassende und qualitätsgesicherte Umsetzung könnte durch den Einsatz von E-Learning-Modulen unter Nutzung von Checklisten und prozessualen Darstellungen der verschiedenen Arbeitsschritte deutlich erleichtert werden.

Insgesamt bietet sich der Einsatz von E-Learning-Modulen bei Einbindung in ein Wissensmanagement im Krankenhaus zur Einarbeitung neuer Mitarbeiter ebenso an, wie zur Verbesserung der Abläufe in sogenannten Process Owner Communities. Um jedoch eine breite Nutzung in Krankenhäusern zu erreichen, muss einerseits die Kostensituation der Krankenhäuser Berücksichtigung finden und andererseits eine hohe Flexibilität der Module gewährleistet sein. Die oben genannten Ansatzpunkte könnten in der deutschen Krankenhauslandschaft wesentliche Impulse für eine breite Nutzung der E-Learning-Module setzen und gleichzeitig ein aktives Wissensmanagement anstoßen.

Literatur

Alur, P., Fatima, K., Roy, J. (2002). Medical teaching websites: do they reflect the learning paradigm?, Medical Teacher, 24 (4), 422–424.

Becker, K., Eckardt, J. (2006). Grundlagen Integrierter Behandlungspfade, in: Eckardt, J., Sens, B. (Hrsg.): Praxishandbuch Integrierte Behandlungspfade, Heidelberg.

Bohnet-Joschko, S., Abrolat, J., Dilling, J., Bretschneider, U. (2005). Effizienzsteigerung durch Wissensmanagement – Prozessoptimierung im Krankenhaus durch vernetztes Projektmanagement, zfo Zeitschrift Führung + Organisation, 74 (5), 289-295.

Bohnet-Joschko, S., Dilling, J., Abrolat, J. (2005). Krankenhäuser im Umbruch: Status und Perspektiven Ergebnisse einer bundesweiten Erhebung zu Leistungs- und Kommunikationsprozessen in deutschen Krankenhäusern, Wittener Diskussionspapier 143.

Bryant, S., Ringrose, T. (2005). Evaluating the Doctors.net.uk model of electronic continuing medical education, Work Based Learning in Primary Care, 3, 129–42.

Bundesministerium für Bildung und Forschung (Hrsg.) (2004). Kursbuch eLearning 2004.

Buscher, F. (2005) Bericht zur Lage der Krankenhäuser in Deutschland bei der Einführung der Fallpauschalen, das krankenhaus, 3, S. 181-185.

Mörsch, M. (2006). Bestandsaufnahme zur Krankenhausplanung und Investitionsfinanzierung in den Bundesländern, Stand Januar 2006, Deutsche Krankenhausgesellschaft, http://www.dkgev.de/ (Stand 08.08.2006).

Probst, G., Raub, S., Romhardt, K. (1997). Wissen managen: wie Unternehmen Ihre wertvollste Ressource optimal nutzen, Wiesbaden.

Statistisches Bundesamt (2005). Grunddaten der Krankenhäuser, Fachserie 12/Reihe 6.1.1, Erschienen am 23.12.2005, www.destatis.de (Stand 08.08.2006).

E-Learning und Blended-Learning als Instrumente des Wissenstransfers

Horst Christian Vollmar

Ein effizienter Wissenstransfer in die Praxis ist eine Grundbedingung für ein modernes Gesundheitssystem. Bei der kurzen Halbwertszeit medizinischen Wissens ist lebenslanges Lernen für Ärzte, Pharmazeuten, Pflegende und andere Gesundheitsberufe sowie für die jeweiligen Institutionen und deren Mitarbeiter in Management und Verwaltung, zu einer Verpflichtung geworden. Dies hat zu vielfältigen Fortbildungsaktivitäten geführt, die bei Nichtbefolgen zum Teil mit Sanktionen verbunden sind. Bei den Lernangeboten gewinnen die neuen Medien („E-Learning") an Bedeutung, wobei deutlich wird, dass Online-Fortbildungen sowohl zu einem Wissenszuwachs als auch zu gewünschten Verhaltensänderungen führen können. Allerdings soll E-Learning vorhandene Lernarrangements nicht ersetzen, sondern sinnvoll ergänzen („Blended-Learning"). Eine Integration von neuem Wissen in den medizinischen Alltag kann gelingen, sofern sich die (Informations-) Technologie den Bedürfnissen der Versorgungsrealität anpasst. Dabei sind organisationales Lernen und individuelle Lernpräferenzen zukünftig stärker zu berücksichtigen. Es ist notwendig eine Lernkultur zu implementieren, die Mitarbeitern ein effektives und kontinuierliches Lernen ermöglicht, wobei sich die Unterschiede zwischen E-Learning und Wissensmanagement zunehmend verwischen werden. Innovative technologische Maßnahmen und neue Lernformen sind im Sinne einer evidenzbasierten Gesundheitsversorgung und eines Bildungscontrollings vor, während und nach der Einführung kritisch zu evaluieren.

Einführung

Der Umfang wissenschaftlicher Erkenntnisse in der Medizin hat in den vergangenen Jahren dramatisch zugenommen. Gleichzeitig hat sich die Verfügbarkeit und Zugänglichkeit durch neue Vermittlungswege wie z.B. das Internet rasch verändert. Es besteht jedoch weiterhin eine große Diskrepanz zwischen den verfügbaren wissenschaftlichen Erkenntnissen und dem, was in der täglichen Routine tatsächlich angewandt wird[1]. Eine wichtige Aufgabe für eine angestrebte Steigerung der medizinischen Versor-

[1] Bodenheimer 1999.

gungsqualität ist heute – neben den auch weiterhin essentiellen Innovationen im Bereich von diagnostischen Verfahren, Technologien und Pharmakotherapien – vor allem ein effizienter Wissenstransfer in die Praxis[2]. Wissen und Lernen werden zu zentralen Faktoren des Arbeitsprozesses im Krankenhaus und zukünftig über deren Wettbewerbsfähigkeit entscheiden: sowohl Leistungsempfänger als auch Kostenträger werden die Einrichtungen präferieren, in denen aktuelle und gesicherte (evidenzbasierte[3]) Erkenntnisse nachhaltig umgesetzt werden. Ebenfalls werden Mitarbeiter von Krankenhäusern – also die Leistungserbringer – bei der Wahl ihres Arbeitsplatzes das Aus- und Fortbildungsangebot stärker berücksichtigen.

Fortbildung

Weltweit gibt es Bemühungen, die Fortbildung von Ärzten und anderen Gesundheitsberufen zu verbessern. Untersuchungen zeigen, dass etwa ein Drittel aller Veränderungen der klinischen Praxis im Zusammenhang mit Schulungsmaßnahmen stehen[4]. Dabei ist bei Ärzten ein Trend von konventionellen Schulungsveranstaltungen mit Nachweispflicht – „continuing medical education" (CME) – zur professionellen Weiterentwicklung – „continuing professional development" (CPD) – erkennbar[5,6]. CPD zeichnet sich unter anderem durch eine Methodenvielfalt und ein breit gefächertes Lernangebot aus, welche unterschiedliche Lernpräferenzen und Lerntypen berücksichtigen. Zu den Methoden gehören u. a. eine „Bedarfsanalyse" („needs assessment") sowie eine formative oder summative Überprüfung der erworbenen Kompetenzen[7,8.] Mittlerweile wird auch die professionelle Weiterentwicklung selbst weiterentwickelt („knowledge translation") und schließt Aspekte wie organisationales Lernen mit ein[9]. Postuliert wird für Ärzte und andere Gesundheitsberufe ein lebenslanger Lernprozess der durch positive Anreize gestärkt werden sollte[10].

---

2 Butzlaff 2005.
3 Evidenzbasiert = Kombination aus den bestverfügbaren Ergebnisse systematischer Forschung und individueller klinischer Erfahrung bezogen auf ein Gesundheitsproblem, nach Sackett 1996.
4 Allery 1997.
5 Burrows 2003.
6 Davis 2003.
7 Davis 2003.
8 Norman 2005.
9 Burrows 2003.
10 Davis 2003.

Auch negative Anreize im Sinne von Sanktionen spielen eine Rolle, insbesondere in Ländern mit einem CME-System. In aller Regel muss hier innerhalb eines bestimmten Zeitraumes ein festgesetztes Punktekontingent erreicht werden. In Deutschland besteht seit 2004 solch eine Fortbildungspflicht für Vertragsärzte in der ambulanten Versorgung. Diese wurde zum 1. Januar 2006 auf Fachärzte in Krankenhäusern erweitert (§ 137 Abs. 1 S. 3 Nr. 2 SGB V). Im Gesetzestext heißt es u. a.: „Die fachärztliche Qualifikation dient dem Erhalt und der dauerhaften Aktualisierung der fachärztlichen Qualifikation für die qualitätsgesicherte Versorgung der Patienten im Krankenhaus". Und weiter: „Im Krankenhaus tätige Fachärzte müssen innerhalb von fünf Jahren an Fortbildungsmaßnahmen teilnehmen, die nach Anerkennung entsprechend dem Fortbildungszertifikat der Ärztekammern mit insgesamt 250 Fortbildungspunkten bewertet wurden". Weiterhin besteht eine Dokumentationspflicht für die Krankenhausleitung: „Die Krankenhausleitung belegt die Fortbildung der in ihrem Krankenhaus tätigen Fachärzte durch einen vom Ärztlichen Direktor erstellten Bericht".

Für andere Berufsgruppen (z.B. Pflegefachkräfte, Pharmazeuten) sind Fortbildungen noch freiwillig. Hochspezialisierte Bereiche in Krankenhauseinrichtungen (z.B. Intensivstationen, Dialyseabteilungen) werden aber bereits heute in der Regel nur durch besonders qualifizierte Mitarbeiter besetzt.

Informations- und Kommunikationstechnologien (IuK-Technologien)

IuK-Technologien stellen die Infrastruktur bereit, mit der versorgungs- und leistungsrelevante Daten erhoben, weitergeleitet und gespeichert werden[11]. Häufig wird in diesem Zusammenhang der Begriff (Gesundheits-) Telematik verwendet[12]. Zu den IuK-Technologien zählen z.B. Krankenhausinformationssysteme (KIS) und Programme zur Leistungsabrechung, aber auch Applikationen für das lebenslange Lernen sowie für das Wissensmanagement[13].

11 de Lusignan 2003.
12 von Grätz 2004.
13 Vollmar 2005.

E-Learning

Es existiert keine allgemeingültige Definition für den Begriff E-Learning[14]. In der Internet-Enzyklopädie Wikipedia wird E-Lernen bzw. E-Learning (engl. electronic learning – elektronisch unterstütztes Lernen) als „Lernen unter Einbezug elektronischer Kommunikationsmitteln und verschiedener Publikationsformen, in dem PC, CD-ROM oder das Internet eingesetzt werden" verstanden[15]. Anders formuliert: Hinter E-Learning verbirgt sich eine Vielzahl unterschiedlichster Lehr- und Lernformen, die elektronische Medien einsetzen. Der Begriff E-Learning „ist aber keineswegs auf diese Ebenen beschränkt, sondern vermag ebenso auf ganz unterschiedliche Aspekte und Phänomene auf der Prozess- und Strategieebene sowie auf der Ebene des Management der Veränderung abzuzielen"[16]. Er „umfasst vielfältige konzeptionelle Elemente des Lernens mit dem Ziel, selbstgesteuerte Lernformen zu fördern[17]. Im Folgenden werden einige wesentliche Begrifflichkeiten von E-Learning erläutert.

Computer-based training (CBT)

Bei Computer-basiertem Training (CBT) oder Lernen (CBL) – eine auch in der Medizin seit mehr als 30 Jahren bekannte Lehrmethode – handelt es sich um Lernmaterialien, die am Computer bearbeitet werden und in der Regel instruktional strukturiert sind. CBTs sind heute meist auf CD-ROM oder DVD gespeichert bzw. können von einem Server im Intra- oder Internet auf den Arbeitsplatzrechner oder mobile Geräte wie Pocket-PCs oder PDAs herunter geladen und dort ausgeführt werden[18, 19]). Dies macht es im Gegensatz zum web-basiertem Training nicht erforderlich, während der Lernsession eine Verbindung zum Intra- oder Internet aufzubauen, und das Training enthält meistens keine Links zu Lernressourcen, die außerhalb des CBT-Produktes gespeichert sind [20, 21].

14 Bischoff 2005.
15 Wikipedia 2007.
16 Back 2002.
17 Sauter 2004.
18 Back 2002.
19 Oppermann 2002.
20 Back 2002.
21 Chumley-Jones 2002.

Web-based Training (WBT)

Unter web-basiertem Training (WBT) oder Lernen[22, (19)] wird allgemein die Weiterentwicklung von CBT verstanden [23, 24, 25, 26, (18, 20-22)]. Es stellt den grundlegenden Baustein netzbasierter Lernangebote dar [27, (13)]. Der technische Fortschritt zeigt sich in

- universellem Zugriff (Access)
- einfacher Aktualisierung der Inhalte (Content)
- Hyperlinks, welche kontextbezogen auf andere Inhalte referenzieren können [28, 29].

Lerneinheiten werden nicht auf einem Datenträger verbreitet, sondern von einem Webserver via Internet oder Intranet abgerufen. Die Einbettung ins Netz bietet vielfältige weiterführende Möglichkeiten der Kommunikation und Interaktion des Lernenden mit dem Dozenten/Tutor bzw. seinen Mitlernern. So können Mail, News, Chats und Diskussionsforen mit dem WBT verknüpft und Audio- und Videosignale live gestreamt werden. Weiterhin ermöglicht es, Änderungen am Lerninhalt "on the fly" durchzuführen[30]. WBT und Online-Lernen werden meist synonym verwendet. Als Beispiel sei hier auf die Plattform www.leitlinien-wissen.de der medizinischen Fakultät der Universität Witten/Herdecke verwiesen, die in Zusammenarbeit mit u.a. der Bundesärztekammer betrieben wird (Abb.en 1, 2, 3). Auf der Plattform werden (CME-) Fortbildungsmodule und interaktive Fallgeschichten präsentiert, die sich auf nationale Versorgungsleitlinien (www.versorgungsleitlinien.de) beziehen. Sie eignen sich also sowohl für den stationären wie den ambulanten Sektor, da die Versorgungsleitlinien explizit Schnittstellen zwischen den Sektoren definieren.

---

22 Newble 1999.
23 Chumley-Jones 2002.
24 McKimm 2003.
25 Haag 1999.
26 Frahne 2005.
27 Wikipedia 2007.
28 Chumley-Jones 2002.
29 Cook 2004.
30 Wikipedia 2007.

Abb. 1: www.leitlinien-wissen.de

Abb. 2: Auswahlmenü (Lernen vs. Überprüfen)

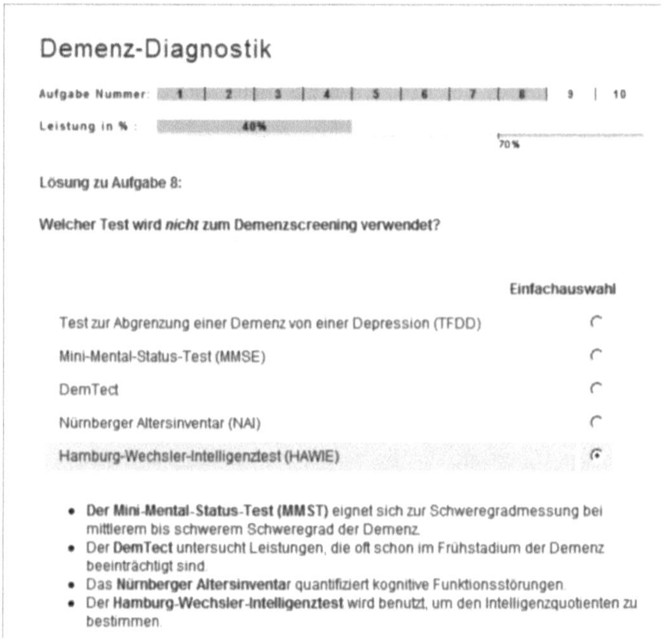

Abb. 3: Beispielfrage aus dem CME-Modul Demenz

Learning Management Systeme

Als LMS (Learning Management Systeme) werden Systeme bezeichnet, die für das Online- und Präsenz-Kursangebot den kompletten Workflow des Veranstaltungsmanagements von Buchungsprozessen, Lehr- und Lernprozessen bis zur Ressourcenadministration unterstützen. LMS sind somit strategische Planungs- und Managementsysteme für E-Learning in Unternehmen[31, 32].

Learning Content Management Systeme

Während Learning Mangement Systeme vor allem Werkzeuge für die Lernorganisation darstellen, haben Content Management Systeme (CMS) die Erstellung und Organisation von Inhalten als zentrale Aufgabe[33]. Die Kombination aus CMS und LMS wird

---

31 Wikipedia 2007.
32 Rienhoff 2003.
33 Baumgartner 2004.

als Learning Content Management System (LCMS) bezeichnet. Die Aufgabe eines LCMS ist das Erstellen, Wiederverwenden, Auffinden, Nachbearbeiten und Ausliefern von Lerninhalten (Content). Objekte können aus mehreren verschiedenen Kursen referenziert werden, so dass im Falle einer Anpassung nur eine einmalige Änderung notwendig ist, um sämtliche Inkarnationen auf den aktuellen Stand zu bringen. Das LCMS verfügt (im Gegensatz zu Autorentools) über eine Userverwaltung, die es ermöglicht, verschiedenen Personen und Personengruppen bestimmte Rechte zuzuweisen, so dass z.B. für fachspezifische Experten, Mediengestalter, Projektadministratoren jeweils unterschiedliche Zugriffsfunktionen definiert/realisiert werden können.

Weiterhin verfügen LCMS in der Regel über eine Versionskontrolle, die es ermöglicht, vorgenommene Änderungen nachzuvollziehen. Eine der wichtigsten Aufgaben eines LCMS ist die Unterstützung von wieder verwertbaren Lernobjekten. Ziel ist es, ungewollte Redundanzen und widersprüchliche Informationen weitgehend zu verhindern[34, 35].

Integrierte Wissens- und Lernsysteme (IWLS)

Im Zuge der Konvergenz von Wissensmanagement und E-Learning wird heute an integrierten Wissens- und Lernsystemen gearbeitet, um eine einheitliche Systemlandschaft bereitzustellen[36]. Dies ist ein wichtiger Schritt, wird alleine jedoch nicht ausreichen; für eine nahtlose Integration in den Arbeitsalltag müssen auch Strukturen und Prozessen innerhalb der (Krankenhaus-) Organisationen angepasst werden.

Vor- und Nachteile von E-Learning

Noch vor wenigen Jahren galt E-Learning als die Bildungsform des 21. Jahrhunderts. Mittlerweile ist klar, dass E-Learning die traditionellen Bildungsformen nicht ersetzen kann, sondern als eine zusätzliche Lernoption zu betrachten ist [37]. Für die Diskussion um E-Learning ist es wichtig, die potentiellen bzw. postulierten Vor- und Nachteile zu kennen.

---

[34] Wikipedia 2007.
[35] Rienhoff 2003.
[36] Bick 2004.
[37] Wikipedia 2007.

Folgende Vorteile werden E-Learning-Angeboten zugeschrieben[38, 39]:

- Zeitunabhängig und "just in time"
- Ortsunabhängig – also dezentral
- Schnell – die Inhalte sind laufend aktualisierbar
- Gezielt – Wissen on demand auch für diversifizierte Inhalte gestaltbar
- Individuell – Lerntempo je nach Zeit und Fähigkeit
- Kurse können an bestimmte Bedürfnisse adaptiert werden
- Praxisnah – Simulationen ermöglichen „Learning by doing“
- Gefahrlos – bei Simulation teurer oder gefährlicher Maschinen/Prozesse (OP-Simulatoren sind fortgeschrittene E-Learning-Tools)
- Ansprechend – Lernen durch multimediale Anschaulichkeit
- Integriert in Arbeitsprozesse – Lernen kann mit betrieblichem Wissensmanagement verbunden werden
- Asynchrones Zusammenarbeiten ist möglich
- Audio-, Videodokumente und weitere Medien sind leicht einzubinden
- Verteilung größerer Informationsaspekte wird erleichtert
- Dokumentation und Wiederholungen sind einfacher zu realisieren
- Lernobjekte sind wieder verwendbar
- „Preiswert“

[38] Wikipedia 2007.
[39] Wimmer 2002.

Als Nachteile von E-Learning werden gesehen[40, 41]:

- Fehlenden Medienkompetenz („Computer Literacy“) – Lerner müssen erst lernen, mit den verschiedenen Publikationsformen umzugehen
- Fehlende Akzeptanz bei Lernenden
- Nur wenige qualitativ hochwertige Produkte am Markt verfügbar
- Zu wenig didaktische / pädagogische Kompetenz im E-Learning-Bereich
- Technik und Techniker bestimmen den Markt
- „Teuer“

Blended Learning

Auf Grund der oben beschriebenen Nachteile kombinieren aktuelle Ansätze E-Learning mit der Präsenzlehre, also der personalen Vermittlung. Diese Ansätze firmieren unter dem Begriff "Hybride Lernarrangements" oder „Blended-Learning“, auch als „hybrides Lernen“ oder „multi-method learning“ bezeichnet. Darunter ist eine Kombination von E-Learning-Methoden mit Präsenzveranstaltungen zu verstehen[42]. „Die Kursinhalte werden sowohl in Präsenzveranstaltungen als auch über WBT, CD-Rom oder Printmedien geschult. Der Lernende ist nicht an ein spezifisches Trainingsmedium gebunden, sondern es wird ihm die Möglichkeit geboten, sich seinen individuellen Präferenzen anzupassen. Blended Learning entsteht somit, wenn E-Learning mit klassischen Lernformen zu einem sinnvollen Gesamtkonzept verknüpft wird“[43]. Die zentralen Aspekt von Blended Learning sind die Vor- bzw. Nachbereitung von Präsenzveranstaltungen und die Kombination verschiedener medialer Vermittlungsformen, um ein optimales Lernen zu ermöglichen[44]. Es eignet sich in besonderer Weise, um Lernende schrittweise an neue Möglichkeiten heranzuführen, d.h. bereits bestehende Fortbildungsmaßnahmen (z.B. klinische Fallkonferenzen) können sukzessive um E-Learning-Elemente (z.B. den „Patientenfall der Woche“ im Intranet) ergänzt werden. Neben einer besseren Gewöhnungsphase für die lernenden Mitarbeiter fällt das Investitionsvolumen für die Kliniken und Unternehmen geringer aus, als bei „reinen“ E-

---

[40] Wikipedia 2007.
[41] Institut für Medien- und Kompetenzforschung 2004.
[42] Back 2002.
[43] Sauter 2004.
[44] Wikipedia 2007.

Learning-Lösungen. Statt technischen Spielereien sind eher didaktisch sinnvolle Elemente gefragt. Während traditionelle Lernkonzepte eher Kenntnisse als Kompetenzen vermitteln, steht bei Blended-Konzepten das handlungsorientierte Lernen im Vordergrund.

Effektivität von E-Learning und Blended-Learning

Alle neuen Technologien und Verfahren sollten vor ihrer Einführung in die Routineversorgung wissenschaftlich evaluiert werden, entsprechend den Forderungen nach einer evidenzbasierten Gesundheitsversorgung („evidence based healthcare“)[45, 46]. Dies gilt auch die neuen Medien (E-learning und Blended-Learning Konzepte), die zunehmend an Bedeutung als Lerninstrumente gewinnen.

Evaluation

Die Effektivität von E-Learning und Blended-Learning Konzeptionen konnte in etlichen Studien belegt werden, sie führten sowohl zu einem Wissenszuwachs als auch zu (gewünschten) Verhaltensänderungen führen[47, 48, 49]. Die meisten Nutzer waren mit ihren Lernerfahrungen zufrieden; technische Schwierigkeiten und fehlende „Computer Literacy“ erwiesen sich als die größten Barrieren[50]. Insgesamt sind viele Studien jedoch rein deskriptiv, hochwertige Evaluations- bzw. Interventionsstudien sind rar, so dass hier ein hoher Forschungsbedarf besteht[51]. Entscheidend für den Erfolg bzw. Misserfolg von E-Learning Angeboten sind in erster Linie organisatorische Barrieren, weniger technische Hürden[52].

Bildungscontrolling

Bildungscontrolling fokussiert oft nur auf die Kostenebene und berücksichtigt nicht eine hinreichende Integration von Lern- und Arbeitsprozessen sowie einen ausreichenden Praxistransfer. Bildungscontrolling im E-Learning sollte jedoch über den klassischen „return of invest (ROI)“-Begriff hinausgehen, um die Effektivität von Maßnah-

---

45 Muir Gray 2001.
46 Fennessy 2001.
47 Fordis 2005.
48 Wall 2005.
49 Vollmar 2004.
50 Cobb 2005.
51 Cook 2005.
52 Frey 2005.

men – quasi eine Lernbilanz – darstellen zu können[53]. Hierzu bieten sich eine Reihe von Methoden an (z.B. Marktwert-Buchwert-Relation, Balanced Scorecard, EFQM-Modell, „Wissensbilanzen" etc.), wobei je nach Zweck die richtige Methode oder der beste Methodenmix zu finden ist[54].

Aktuelle und zukünftige Entwicklungen

Web 2.0

Verlinkungen durch Hypertext, Newsgroups, Chat-Rooms, Mailing-Listen etc. sind etablierte Webtechnologien, die bereits seit Mitte der 90er Jahre im Internet und teilweise auch in Intranets eingesetzt werden. Unter dem Begriff Web 2.0 firmieren nun neuere technische Entwicklungen, wie z.B. Blogs, Wikis, RSS-Feeds und Podcasts. Gemeinsam ist ihnen die Interaktion unterschiedlicher Nutzer(gruppen), weshalb sie auch als „Social Software" bezeichnet werden[55]. Sie eröffnen neue Möglichkeiten der Zusammenarbeit und können z.B. in Unternehmen zu einem Wissensaustausch führen. Es jedoch noch nicht klar erkennbar, welche Technologien den aktuellen Hype überdauern und E-Learning Konzeptionen nachhaltig bereichern werden. Auch haben einzelne Anwendungen systeminhärente Nachteile: Wikis benötigen beispielsweise eine kritische Masse an Teilnehmern, um einen Mehrwert für die Nutzer zu generieren. Um eine solches Wissens- und Lernmedium zu etablieren, muss einerseits die Leitungsebene diesen Prozess aktiv befördern, andererseits eignet es sich eher für Klinikverbünde als für einzelne lokale Hospitäler.

Mobile Computing

Ein weiterer aktueller Trend ist der Einsatz von mobilen Computern; so nimmt der Einsatz von digitalen Assistenten (Personal Digital Assistants = PDAs) und ultramobilen Computern (Ultra Mobile Personal Computers = UMPCs) im Gesundheitswesen zu. In den USA werden sie bereits von mehr als 50 Prozent der Ärzte genutzt[56, 57, 58]. Neben der Bereitstellung von (Medikamenten-) Datenbanken, Hilfen zur Diagnoseverschlüsselung (ICD-Codierung) und Abrechnung im DRG-System (Grouper) bieten sie

53 Ehlers 2004.
54 Ehlers 2004.
55 Giustini 2006.
56 Held 2005.
57 Baumgart 2005.
58 Barret 2004.

sich als Lernmedium an[59]. E-Learning-Programme aus dem Internet können entweder für PDAs adaptiert oder über einen integrierten Webzugang direkt angesteuert werden.

„Es wächst zusammen, was zusammen gehört" – Konvergenz von E-Learning und Wissensmanagement

In vielen Organisationen obliegt die Fort- und Weiterbildung der Personalabteilung, während das Thema Wissensmanagement klassischerweise bei der Abteilung angesiedelt ist, die für die IuK-Technologien verantwortlich ist. Zwar ist für E-Learning und Blended-Learning meist ebenfalls das technische Know-how der EDV-Abteilung gefragt, die Inhalte werden jedoch in der Regel durch die Personalentwickler oder die Führung einer Institution bestimmt. Zukünftig wird jedoch neben der technischen Konvergenz unterschiedlicher Systeme weitaus wichtiger werden, die Wissens- und Lerninhalte zu bündeln und aufeinander ab zu stimmen[60]. Dieser Prozess wird von Sauter et al. als Blended Knowledge Process bezeichnet[61]. Untersuchungen konnten zeigen, dass eine erfolgreiche Disseminierung und Implementierung von Wissen am Besten gelingen kann, wenn dieses direkt am Arbeitsplatz zur Verfügung gestellt wird[62]. Diese Entwicklung hin zur Integration organisationalen Lernens bildet die „vierte Stufe des E-Learning" (Abb. 4)[63].

59 Torre 2005.
60 Bick 2004.
61 Sauter 2004.
62 Stefanelli 2002.
63 Sauter 2004.

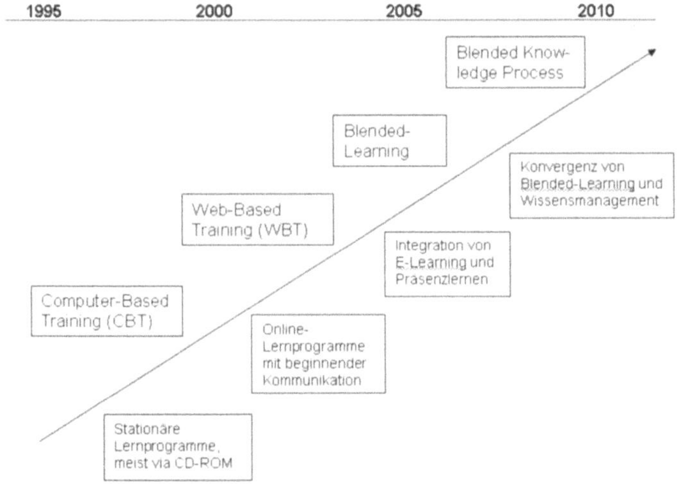

Abb. 4: Evolution von E-Learning, modifiziert nach Sauter [64]

Hier sei angemerkt, dass die zunehmende Arbeitsverdichtung im klinischen Alltag ein effektives Lernen erschwert. Es ist also eine Organisationsstruktur zu schaffen, die den Mitarbeitern genügend Freiräume zum Selbstlernen zur Verfügung stellt.

Ein weiteres Problem stellt die oftmals fehlende Bereitschaft der Mitarbeiter dar, ihr Wissen mit anderen zu teilen. Hier können kooperative Lernszenarien in E-Learning-Modulen eingesetzt werden, um die Wissensteilung zu üben[65].

Letztlich muss die Organisation eine eigene Lernkultur entwickeln, d.h. sowohl die Führung einer Institution als auch die Mitarbeiter müssen die Sinnhaftigkeit des kontinuierlichen Lernens und die Bereitschaft dazu verinnerlichen.

---

64 Sauter 2004.
65 Bönninghausen 2005.

Blended Knowledge Process im Krankenhaus - ein Szenario

Ein oft beschriebenes Problem bei E-Learning oder Blended-Learning Aktivitäten ist die aufwändige Erstellung von praxisnahen Inhalten. Hier drängt sich das Krankenhaus förmlich als Ressource auf, so sind doch Tausende von Patientenfällen bereits dokumentiert und vielfach digital verfügbar. Warum sollen nicht Bilder aus dem hauseigenen PACS-System – versehen mit den Kommentaren des Radiologen – als elektronisches Lernmedium für Mitarbeiter und ggf. Studierende dienen (natürlich unter der Berücksichtung der Auflagen des strengen deutschen Datenschutzgesetzes)? In der Kombination mit der klassischen Röntgenbesprechung könnte ein Krankenhaus (-konzern) auf diese Weise rasch einen eigenen Blended-Learning-Prozess initiieren. Klinische Fallkonferenzen und interdisziplinäre Teambesprechungen könnten durch E-Learning-Module vorbereitet werden, in denen EKGs, histologische Befunde, Filme von Koronarangiographien etc. helfen, Fallgeschichten von Patienten exemplarisch zu illustrieren. Dies kann kombiniert werden mit Leitlinien und Clinical Pathways, um die Spezifika der jeweiligen Institution zu vermitteln. Damit sich dieses Szenario erfüllen kann, sind organisationale Veränderungen notwendig: Strukturen und Prozesse in Krankenhäusern sind so zu optimieren, dass ein offenes Klima des Wissensaustauschs und des Lernens implementiert wird.

Literatur

Allery LA, Owen PA, Robling MR. Why general practitioners and consultants change their clinical practice: a critical incident study. British Medical Journal 1997; 314(7084):870-4.

Back A, Bendel O, Stoller-Schai D. E-Learning. Ein Wörterbuch. Kappelrodeck 2002.

Barrett JR, Strayer SM, Schubart JR. Assessing medical residents' usage and perceived needs for personal digital assistants International Journal of Medical Informatics 2004 Feb; 73(1):25-34.

Baumgart DC. Personal digital assistants in health care: experienced clinicians in the palm of your hand? Lancet. 2005 Oct 1; 366(9492): 1210-22.

Baumgartner P, Häfele H, Meier-Häfele K. Content Managment Systeme in e-Education. Auswahl, Potenziale und Einsatzmöglichkeit. Innsbruck 2004.

Bick M. Knowledge Management Support System. Nachhaltige Einführung organisationsspezifischen Wissensmanagements [Dissertation]. Essen: Universität Duisburg-Essen, Essen 2004.

Bischoff M. Was ist E-Learning? GMS Zeitschrift für Medizinische Ausbildung 2005; 22(3).

Bodenheimer, T. The American health care system - the movement for improved quality in health care. New England Journal of Medicine 1999; 340(6): 488-92.

Bönninghausen M., Wilkesmann U. E-Learning meets Wissensmanagement. Wie Qualifikations- und Kompetenzentwicklung in Betrieben zugleich erfolgen. DIE Zeitschrift für Erwachsenenbildung; 2005.

Burrows P. Continuing professional development: filling the gap between learning needs and learning experience. Education for Primary Care. 2003; 14: 411 - 13.

Butzlaff, M. Wissen auf dem Weg in die Praxis – zur Implementierung evidenzbasierter Leitlinien in der Medizin [Habilitationsschrift zur Erlangung der Venia Legendi für das Fach Gesundheitswissenschaften]. Witten: Universität Witten/Herdecke; 2005.

Chumley-Jones HS, Dobbie A, Alford CL. Web-based learning: sound educational method or hype? A review of the evaluation literature. Academic Medicine 2002 Oct; 77 (10 Suppl):S86-93.

Cobb SC. Internet continuing education for health care professionals: an integrative review. Journal of Continuing Education in the Health Professions 2004 Summer; 24(3):171-80.

Cook DA, Dupras DM. A practical guide to developing effective web-based learning. Journal of General Internal Medicine 2004 Jun; 19(6):698-707.

Cook DA. The research we still are not doing: an agenda for the study of computer-based learning. Academic Medicine. 2005 Jun; 80(6):541-8.

Davis D, Evans M, Jadad A, Perrier L, Rath D, Ryan D, et al. The case for knowledge translation: shortening the journey from evidence to effect. British Medical Journal 2003 Jul 5; 327(7405):33-5.

de Lusignan S, Lakhani M, Chan T. The role of informatics in continuing professional development and quality improvement in primary care. Journal of Postgraduate Medicine 2003; 49:163-5.

Donner-Banzhoff N. Zu neuen Ufern. Leitfaden der ärztlichen Fortbildung. Bern 2005.

Ehlers U-D, Schenkel P, editors. Bildungscontrolling im E-Learning. Erfolgreiche Strategien und Erfahrungen jenseits des ROI. Berlin Heidelberg New York 2005.

Fennessy G. Knowledge management in evidence-based healthcare: issues raised when specialist information services search for the evidence. Health Informatics Journal. 2001; 7(1):4-7.

Fordis M, King JE, Ballantyne CM, Jones PH, Schneider KH, Spann SJ, et al. Comparison of the instructional efficacy of Internet-based CME with live interactive CME workshops: a randomized controlled trial. JAMA. 2005 Sep 7; 294(9):1043-51.

Frahne J. Wissensvermittlung mit E-Learning Techniken [Bachelor]. Dortmund 2005.

Frey P. E-Learning für die Praxis – Wunsch und Wirklichkeit. GMS Zeitschrift für Medizinische Ausbildung 2005; 22(3).

Giustini D. How Web 2.0 is changing medicine. British Medical Journal 2006; 333:1283-84.

Haag M, Maylein L, Leven FJ, Tönshoff B, Haux R. Web-based training: a new paradigm in computer-assisted instruction in medicine. International Journal of Medical Informatics 1999; 53:70-90.

Held J, Manser T. A PDA-based system for online recording and analysis of concurrent events in complex behavioral processes. Behavior Research Methods 2005 Feb; 37(1):155-64.

Institut für Medien- und Kompetenzforschung (MMB). e-Learning - Anwendungspotentiale bei Beschäftigten. 2004 [10.08.05]; http://www.mmb-michel.de/nordmedia_bericht.pdf

McKimm J, Jollie C, Cantillon P. ABC of learning and teaching: Web based learning. British Medical Journal 2003 Apr 19; 326(7394):870-3.

Muir Gray JA. Evidence-Based Healthcare. 2 Auflage. New York 2001.

Newble D, Paget N, McLaren B. Revalidation in Australia and New Zealand: approach of Royal Australasian College of Physicians. British Medical Journal 1999 October 30, 1999; 319(7218):1185-8.

Norman GR, Shannon SI, Marrin ML. The need for needs assessment in continuing medical education. British Medical Journal 2004 Apr 24;328(7446):999-1001.

Oppermann R, Novak DC. Medizinische Lehr- und Lernsysteme. In: Lehmann TM, Meyer zu Bexten E. Handbuch der Medizinischen Informatik. München 2002. p. 607-49.

Rienhoff O, Kleinoeder T. Qualitätsmanagement. In: Schwartz FW, Badura B, Busse R, Leidl R, Raspe H, Siegrist J. Das Public Health Buch Gesundheit und Gesundheitswesen. München; 2003. p. 725-38.

Sackett DL, Rosenberg WM, Gray JA, Haynes RB, Richardson WS. Evidence based medicine: what it is and what it isn't. British Medical Journal 1996; 312(7023):71-2.

Sauter AM, Sauter W, Bender H. Blended Learning. Effiziente Integration von E-Learning und Präsenztraining. Unterschleißheim/München 2004.

Stefanelli M. Knowledge management to support performance-based medicine. Methods of Information in Medicine 2002;41(1):36-43.

Torre DM, Sebastian JL, Simpson DE. A PDA-based instructional tool to monitor students' cardiac auscultation during a medicine clerkship. Medical Teacher 2005 Sep; 27(6):559-66.

von Grätz PG. Vernetzte Medizin. Patienten-Empowerment und Netzinfrastrukturen in der Medizin des 21. Jahrhunderts. Hannover 2004.

Vollmar HC, Hanna Kirchner, Nik Koneczny, Engelbrecht J, Wilfried Kunstmann, Schürer-Maly C-C, et al. Realitätsnah lernen. Die Fortbildungsplattform Leitlinien-Wissen.de soll dazu beitragen, evidenz- und leitlinienbasiertes Wissen in die Praxis zu tragen und das lebenslange Lernen zu fördern. Deutsches Ärzteblatt. 2004 20.Dez.2004;51-52:3480-2.

Vollmar HC. Implementierung webbasierter Fortbildung zur Qualitätsförderung im Gesundheitswesen [Magisterarbeit im Zusatzstudiengang „Public Health"]. Düsseldorf: Heinrich-Heine Universität; 2005.

Wall TC, Huq Mian MA, Ray MN, Casebeer L, Collins BC, Kiefe CI, et al. Improving Physician Performance Through Internet-Based Interventions: Who Will Participate? Journal of medical Internet research. 2005; 7(4):13.

Wikipedia. E-Learning. 2007 [Zugriff: 03.04.2007]; www.wikipedia.de

Wikipedia. Blended Learning. 2007 [04.04.2007]; www.wikipedia.de

Wimmer A. Das virtuelle Klassenzimmer. PC Professionell. 2002(3):172-6.

Auf dem Weg zur integrierten Versorgung im Gesundheitswesen am Beispiel Krankenhaus: Industrie-Parallelen aus Sicht der Wirtschaftsinformatik

Andreas Schweiger, Jan Marco Leimeister, Helmut Krcmar

Die integrierte Versorgung im Gesundheitswesen stellt an die IT-Architektur der jeweiligen Einrichtungen neue Anforderungen. Erfolgsfaktoren für Computer Integrated Healthcare können am Beispiel Krankenhaus demonstriert werden, da in solchen Institutionen oftmals eine umfangreiche Anzahl heterogener Informationssysteme identifiziert werden kann. Die darin enthaltenen Informationen sind so zu verknüpfen, dass sie entsprechend dem informationslogistischen Prinzip den Leistungserbringern zur Verfügung stehen. Dabei sind jedoch die besonderen Charakteristika von Krankenhäusern zu berücksichtigen. Neue Impulse für die Bestimmung der Erfolgsfaktoren für CIH liefert dabei der Vergleich von IT in Industriebetrieben und in Krankenhäusern. Abschließend werden Implikationen für die im Entstehen befindliche Telematik-Infrastruktur beschrieben.

Einleitung

Seit Jahren wird in Deutschland wie auch international an telemedizinischen und telematischen Lösungskonzepten[1] gearbeitet, die mit Hilfe moderner Kommunikationstechnologien helfen sollen, die Versorgungsqualität zu verbessern und die Kostensteigerung im Gesundheitswesen zu bremsen. Obgleich sich die Experten seit Jahren über die zu erzielenden Effekte einig sind, konnte in Deutschland bislang – trotz erheblicher Aufwendungen und Bemühungen – keine flächendeckende interoperable Infrastruktur im Sinne einer Telematikplattform geschaffen werden. Aktuell drehen sich die öffentliche Diskussion und der politische Streit um die elektronische Gesundheitskarte um scheinbar rein technische Details, organisatorische Probleme und finanzielle Auswirkungen. Welche Anforderungen an die entsprechende IT-Architektur für die angestrebte integrierte Versorgung im Gesundheitswesen zu stellen sind und welche Konsequenzen unterschiedliche Konzepte auf die beteiligten Akteure haben, wird oftmals nicht hinreichend berücksichtigt, obwohl diese bereits aus den Anforderungen von

[1] für eine Übersicht siehe Schweiger et al. 2007; Sunyaev et al. 2008, im Erscheinen.

Krankenhäusern abgeleitet werden können. Eine geeignete Gesamtarchitektur muss dabei die Beschreibung aller notwendigen Infrastrukturmaßnahmen bezüglich der Sicherheitsinfrastruktur, Transportlogistik, Inhalte und Geschäftsvorfälle auf dem Weg zu einer den Patienten lebenslang begleitenden, real verfügbaren Gesundheitsakte umfassen.

Sicherlich hat das Gesundheitswesen im Allgemeinen und in Deutschland im Besonderen viele Einzigartigkeiten, die eine 1:1-Übertragung von Lösungswegen in anderen Domänen oder anderen Ländern ausschließt. Bei näherer Betrachtung zeigt sich, dass diese Eigenschaften auch in Krankenhäusern vorgefunden werden können. Die aktuellen Herausforderungen lassen jedoch einige Parallelen zur Situation in Industriebetrieben der 1980er Jahre erkennen. Dementsprechend wirft dieser Beitrag aus Sicht der Wirtschaftsinformatik einen Blick auf die damals entwickelten Lösungsansätze für die integrierte Fabrik und das Computer Integrated Manufacturing, um Erfolgsfaktoren zu identifizieren, die im Krankenhaus ebenfalls hilfreich sein können.

Der Beitrag beginnt mit einer Schilderung der Problemsituation in der Industrie zu Beginn der 1980er Jahre und dem daraufhin entwickelten Ansatz des Computer Integrated Manufacturing (CIM). Hieran anschließend wird auf Besonderheiten des Gesundheitswesens bzw. von Krankenhäusern im Vergleich zur Industrie eingegangen. Es folgt die Übertragung von zentralen Erkenntnissen des CIM auf Krankenhäuser und die Darstellung von Erfolgsfaktoren für eine Computer unterstützte, integrierte Versorgung (Computer Integrated Healthcare, CIH) in einem Krankenhaus. Abschließend werden die Anknüpfungspunkte zu bestehenden Aktivitäten und der Initiative des Bundes zur Erarbeitung einer Telematik-Infrastruktur für das Gesundheitswesen erläutert.

Die Situation der fertigenden Industrie in den 1980er Jahren und entwickelte Lösungen

Anfang der 1980er Jahre standen viele fertigende Unternehmen in Deutschland vor großen Herausforderungen: Wachsender Kostendruck durch Konkurrenz aus dem Ausland, sinkende Zahlungsbereitschaften bei gleichzeitig steigenden Erwartungen der Kunden sowie mangelnde Flexibilität der Produkte und Produktion gegenüber Veränderungen der Umwelt.

Als Reaktion hierauf wurde das Konzept des Computer Integrated Manufacturing (CIM) entwickelt, durch das sämtliche operativen Informationssysteme eines Industriebetriebes miteinander verknüpft werden sollen. Es zielt auf die Verbindung von Informationstechnik mit Produktionstechnik und insbesondere den betriebswirtschaftlichen Abläufen[2].

Geprägt wurde diese Idee von Joseph Harrington (1973). Das verfolgte Ziel ist die Integration der Tätigkeiten in einem Produktionsbetrieb von der Entwicklung bis zum Versand[3]. Dabei werden die jeweils durchzuführenden Teilprozesse integriert und gestrafft. Zu erwartende Resultate sind Kostenvorteile und eine höhere Flexibilität in der Fertigung[4]. Durch CIM werden folgende Rationalisierungsmöglichkeiten eröffnet:

- Datenintegration
- Vermeidung der Mehrfacherfassung von Informationen und Datenredundanz
- Reduktion von Medienbrüchen bei Informationsflüssen
- Vorgangsintegration
- Integration aller Informationsströme in einem Gesamtsystem

Die ursprünglich in getrennten Datenbeständen in Form von Akten, Informationssystemen etc. verfügbaren und für die Bearbeitung von Teilvorgängen benötigten Daten werden organisationsweit konsolidiert, um sie so über die Grenzen von Organisationseinheiten nutzen zu können. Damit werden über mehrere Speicherorte verteilte Daten in einem zentralen System integriert. Ergo entfällt in den am Prozess beteiligten Orga-

[2] Scheer 1990, 1.
[3] Kern/Schröder/Weber 1997, 292.
[4] Scheer 1990, 1.

nisationseinheiten die mit Aufwand und Fehlern behaftete Mehrfacherfassung von Daten. Um Informationsflüsse für die Koordination und Kooperation zwischen den Teilabläufen von Organisationseinheiten zu optimieren, wird angestrebt, Medienbrüche zu reduzieren, wie sie bisher bspw. zwischen digitalen Dokumenten und Papierformularen existieren.

Häufig anzutreffende Ansätze zerlegen Abläufe in spezialisierte Teilprozesse, um daraus Effizienzvorteile bei der Bearbeitung von Teilaufträgen zu erzielen. Analogien hierzu finden sich heute in der aktuellen Diskussion in vielen Krankenhäusern. Bspw. werden in einer radiologischen Abteilung eines Krankenhaus die mammographischen Daten so in den lokalen Informationssystemen abgelegt, dass ihr Format den Anforderungen des medizinischen Personals am besten genügt, um eine optimale Informationsbereitstellung zu erzielen. Berücksichtigt werden meist nur lokal optimale Eigenschaften. Sollen diese Daten auch anderen Abteilungen zur Verfügung gestellt werden, sind diese zunächst zu übertragen und ggf. in ein passendes Format zu konvertieren, das für die Nutzer relevant ist. Dabei entsteht jedoch zusätzlicher Aufwand für die Anpassung der Daten. Die Integration von Teilvorgängen über die Grenzen von Abteilungen hinweg eröffnet Rationalisierungspotenziale, wenn nicht nur lokal optimale Lösungen, sondern globale Anforderungen berücksichtigt werden. Werden bspw. mammographische Daten in einem solchen Format gespeichert, dass sie von mehreren Institutionen gleichermaßen eingesetzt werden können, entfällt der zusätzliche Aufwand für die Anpassung von Datenformaten.

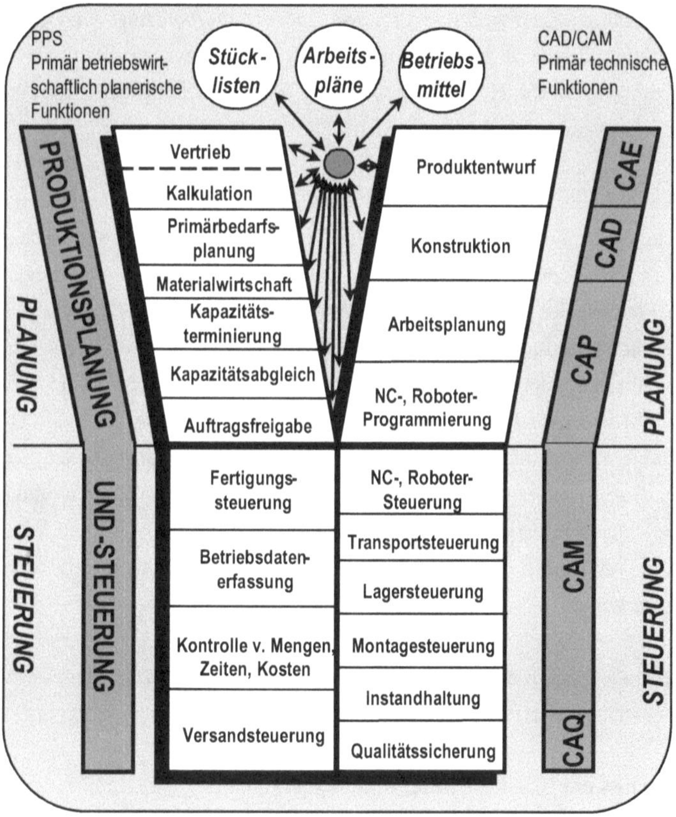

Abb. 1: Informationssysteme im Produktionsbereich. Quelle: Scheer 1990, 2.

Die dargestellten Potenziale möchte das CIM für Industriebetriebe umsetzen. Abb. 1 beschreibt typische Informationssysteme im Produktionsbereich eines Industrieunternehmens. Auf dem linken Schenkel des Y werden betriebswirtschaftliche planerische Funktionen dargestellt, während primär technische Funktionen auf dem rechten Schenkel angeordnet sind. So werden bspw. Konstruktionsdaten, die in einem CAD-Programmsystem gespeichert sind, aus dem zentralen Datenspeicher entnommen, um die Programmierung von NC-Maschinen vorzunehmen. Daten werden nicht nur über technische Organisationseinheiten hinweg zentral abgelegt, sondern auch von Organisationseinheiten der beiden Y-Schenkel gemeinsam genutzt. So stehen bspw. Lagerinformationen dem System zur Betriebsdatenerfassung zur Verfügung.

Nicht nur die Integration einzelner Prozesse, sondern die Nutzung von Daten aus einem zentralen und eine Organisation umfassenden Informationssystem wird mit dem CIM-Konzept angestrebt. Nach Kern et al. ist CIM in Fertigungsbetrieben „in diesem Sinne zur Selbstverständlichkeit geworden“[5].

Als Kritikpunkt kann festgestellt werden, dass der Faktor Mensch zugunsten der Automatisierung oft unterbewertet wurde[6]. Als Folge entwickelten sich Ansätze, bei denen die Integration durch den Menschen erfolgt. Organisationen unterliegen einem ständigen Wandel, der sich z.B. in angepassten Produkten und veränderten Datenmodellen ausdrückt. Sind alle Prozesse einer Organisation integriert und liegen die Daten in einem zentralen Repositorium, entsteht bei Änderungen ein Aufwand zur Anpassung der CIM-Prozesse. Vor allem die Anpassung der zugrunde liegenden Datenmodelle ist dabei maßgeblich. Im ungünstigsten Fall übersteigt der Aufwand zur Datenanpassung die durch die Umsetzung der CIM-Konzepte erzielten Kosten- und Zeitvorteile. Neuere Ansätze vergrößern deshalb die Granularität der Daten- und Vorgangsintegration, um die Kosten für den Anpassungsaufwand geringer als die erzielbaren Einsparungen zu halten.

Im Folgenden werden die Besonderheiten von Krankenhäusern im Gegensatz zur Industrie herausgearbeitet, die sich aus Sicht der Wirtschaftsinformatik ergeben.

Besonderheiten der Situation in Krankenhäusern heute

Im Gegensatz zum Industriebetrieb und dem darauf aufbauenden Y-CIM-Modell, das die beiden Bereiche Betriebswirtschaft und Produktionstechnik umfasst, existieren in Krankenhäusern drei relevante Akteure: Patient, Leistungserbringer und Kostenträger. Darüber hinaus sind bei der Interaktion zwischen den beteiligten Akteuren besondere rechtliche Restriktionen für den Austausch von medizinischen Daten zu berücksichtigen. Diese Aspekte der Informationsversorgung werden u.a. durch den Arztvertrag, das Strafgesetzbuch, die Berufsordnungen der Ärztekammern und das Bundesdatenschutzgesetz geregelt. Weiterhin ist mit einer hohen Komplexität der Vernetzung zu rechnen, da bspw. unterschiedliche Leistungserbringer parallel am gleichen Patienten wirken können.

---

5 Kern/Schröder/Weber 1997, 310.
6 Kern/Schröder/Weber 1997, 309.

Der Patient nimmt mit seinem Anspruch auf informationelle Selbstbestimmung im Behandlungsprozess eine Sonderstellung ein, die dem Patienten die Verfügungsgewalt über die über ihn gespeicherten Daten einräumt.

Weiterhin zeichnet sich das Gesundheitswesen in Deutschland durch eine meist strikte Verteilung der Zuständigkeiten der im Gesundheitswesen beteiligten Berufsgruppen aus, die auch auf Krankenhäuser übertragen werden kann. Erschwerend kommen sich dynamisch ändernde Bedingungen wie neue Forschungsergebnisse oder neue Behandlungsprozesse hinzu. Diese Aspekte erschweren eine Integration von Daten und Prozessen.

Obwohl eine durchgängige Informationsversorgung der am Behandlungsprozess Beteiligten anzustreben ist, konnte bislang keine einheitliche Plattform bzw. ein CIM-Konzept für die Krankenhäuser umgesetzt werden. Nach Warda/Noelle (2002) liegen die Gründe in Analogie zu einer umfassenden Telematik-Plattform im Wesentlichen

- in vorhandenen rechtlichen Rahmenbedingungen, die bestehende Geschäftsabläufe in der vorhandenen Form zwingend vorschreiben (Rezepte, Papierformulare) und weder durch die Industrie noch durch die Selbstverwaltung geändert werden konnten,
- an zum Teil fehlenden rechtlichen Rahmenbedingungen bzw. deren konkreter Umsetzung im Rahmen einer Sicherheitsinfrastruktur,
- an fehlenden Standards für Datensatzformate, Kommunikationsschnittstellen und Verschlüsselungsverfahren sowie
- an fehlenden ökonomischen Rahmenbedingungen, die eine ausgewogene Verteilung von Investitionen und Gewinn in Aussicht stellen (zum Beispiel im Rahmen der Vergütung telemedizinischer Leistungen).

Übertragung auf das Gesundheitswesen

Problemstellungen aus Industriebetrieben finden sich in ähnlicher Form in Krankenhäusern wieder. Bei der Koordination und Kooperation zwischen Akteuren aus unterschiedlichen Organisationseinheiten werden Medienbrüche beobachtet[7]. Neben dem Mehraufwand zur Übertragung der Daten in andere Medien entstehen dabei im ungünstigsten Fall Übertragungsfehler. Außerdem besitzen dabei ggf. verloren gegangene Daten ein hohes Fehlerpotenzial für die weitere Versorgung des Patienten[8].

Damit werden die Erfolgsfaktoren für eine Computer unterstützte, integrierte Versorgung innerhalb der Institution Krankenhaus wie folgt identifiziert:

- Reduktion der verteilen Datenhaltung in Insellösungen
- Vermeidung der Mehrfacherfassung von Informationen und Datenredundanz
- Reduktion von Medienbrüchen bei Informationsflüssen
- Vorgangsintegration
- Zugang zu relevanten Information in einem dezentralen System

Eine Integration aller Prozesse und Daten in einem zentralen Informationssystem, wie es im CIM-Ansatz vorgeschlagen wird, erscheint unter Berücksichtigung der genannten Besonderheiten in einem Krankenhaus als ein nicht angemessener Weg. Ändern sich beispielsweise Behandlungsprozesse aufgrund neuer Forschungsergebnisse, sind diese Änderungen in das zentrale System zu integrieren. Der dabei anfallende Wartungsaufwand übersteigt möglicherweise die angestrebten Kosten- und Zeitvorteile. Alternativ werden deshalb dezentrale Systeme vorgeschlagen[9], welche die Spezialanwendungen in Krankenhäusern durch geeignete Integrationskomponenten verknüpfen und so Teilprozesse integrieren.

Es gilt sich auf Anwendungen und Komponenten zu konzentrieren, die elementare Basisbausteine einer Gesamtarchitektur sind und gleichzeitig möglichst kurzfristig ein hohes Einsparpotenzial darstellen können, um die hohen Investitionskosten zu rechtfertigen.

---

7 Schweiger et al. 2006.
8 Mikkelsen und Aasly 2001.
9 Hasselbring 1997; Ferrara 1997; Scherrer und Spahni 1999; Grimson et al. 2002.

Im Folgenden werden Erfolgsfaktoren für ein an den CIM-Ansatz angepasstes Modell für die Prozess- und Datenintegration im Gesundheitswesen aufgezeigt.

Erfolgsfaktoren für Computer Integrated Healthcare (CIH)

Um Einsparpotenziale bspw. durch die Reduktion von Medienbrüchen umzusetzen, ist zweifelsohne eine Integration der Daten und Prozesse auf einer grob granularen Ebene zu fordern. Für die erfolgreiche Umsetzung einer umfassenden Infrastruktur werden als Erfolgsfaktoren die Aspekte offene Standards, Integration von Anwendungen[10] und Kosten-Nutzen-Relationen für alle beteiligten Akteure identifiziert:

Die Infrastruktur sollte sich auf international etablierten und offenen Standards[11] abstützen. Damit wird der Aufbau einer interoperablen Architektur gewährleistet.

Die Integration von Anwendungen unterschiedlicher Hersteller ist zu gewährleisten. Damit wird die Austauschbarkeit von Daten für die medizinische Versorgung ermöglicht, die aus heterogenen Anwendungen exportiert und für die Weiterverarbeitung in andere Systeme importiert werden können.

Für alle beteiligten Akteure ergeben sich Kosten-Nutzen-Relationen aus der Umsetzung eines CIH-Ansatzes: Für Patienten schafft eine durchgängige Informationsversorgung einen Mehrwert, da die informationelle Selbstbestimmung des Patienten unterstützt wird. Patienten erhalten einen Einblick in den Behandlungsprozess, indem medizinische Informationen einsehbar werden. Damit beteiligen sie sich aktiv am Behandlungsprozess und können diesen letztendlich hinsichtlich Qualität verbessern[12]. Die Abstimmung des Behandlungsprozesses z.B. vor, während und nach einem Krankenhausaufenthalt erhöht die Qualität in der Versorgung.

Für Leistungserbringer liegen Vorteile in der Informationslogistik: Die erforderlichen Informationen werden zum richtigen Zeitpunkt und in einem passenden Umfang bereitgestellt. Damit werden bspw. Mehrfachuntersuchungen vermieden und somit Untersuchungszeiten reduziert. Insgesamt wird die Versorgungsqualität verbessert.

---

10 Sunyaev et al. 2006.
11 Sunyaev et al. 2008, im Erscheinen.
12 Cimino/Patel/Kushniruk 2001; Ball und Lillis 2001; Schwarze et al. 2005, 193.

Mit der genannten Berücksichtigung der Informationsintegration und der Patientenzentrierung wird die bei Waegemann (1999) beschriebene zunehmende Integration und Orientierung am Patienten (vgl. Abb. 2) erfüllt. Dabei werden oftmals mehrere Stufen der Digitalisierung durchlaufen:

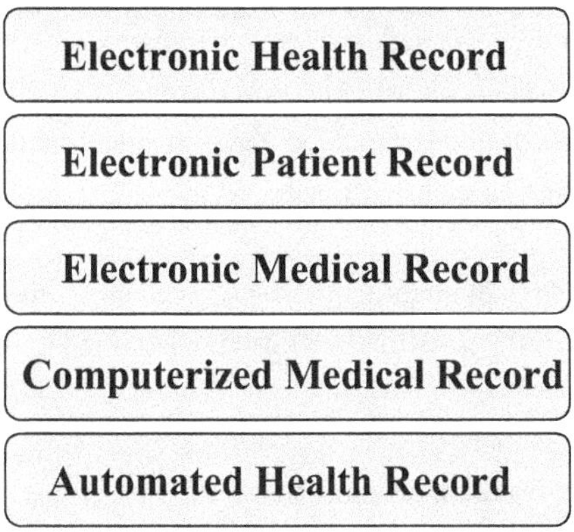

Abb. 2: Zunehmende Informationsintegration und Patientenzentrierung, Quelle: Waegemann (1999)

1. Automated Medical Record: Vereinzelte Abteilungen arbeiten mit EDV-Systemen.
2. Computerized Medical Record: Die eingesetzten IT-Systeme werden durch digitale Archive ergänzt.
3. Provider-based Electronic Medical Record: Das System erlaubt eine vollständige, elektronische medizinische Dokumentation innerhalb einer Institution.
4. Electronic Patient Record: Medizinische Daten werden über Institutionsgrenzen hinweg zusammengeführt.
5. Electronic Health Record: Der Zugang zu den medizinischen Daten wird durch den mündigen Bürger kontrolliert, mit der Möglichkeit, selbstständig Daten zu seiner Gesundheitsakte hinzuzufügen.

Mit dieser Darstellung wird ersichtlich, dass die Informationsintegration im Krankenhaus eine wesentliche Voraussetzung für die angestrebte lebenslange Patientenakte bildet.

Für Kostenträger ergeben sich daraus die gewünschten Kostenvorteile. Diese resultieren bspw. aus dem gezielten Einsatz von Behandlungsmethoden, die durch die Integration von neuen Forschungsergebnissen erreicht werden.

Die Integration unterschiedlicher Stufen des Behandlungsprozesses sollte nicht auf der Ebene einer gemeinsamen und zentralen Datenhaltung erfolgen, wie sie im CIM-Modell vorgeschlagen wird, sondern auf der Ebene des Datenaustausches. Dazu ist auch eine Konsolidierung der Daten auf semantischer Ebene erforderlich, um eine einheitliche Terminologie und damit die Grundlage für einen gemeinsamen Wortschatz zu ermöglichen.

Um die technische Umsetzbarkeit und die durch die Integration erzielbaren Kosten- und Zeitvorteile zu gewährleisten, ist die Integration auf einer abstrakteren Ebene vorzunehmen, als es das CIM-Modell vorschlägt. Damit wird der Anforderung nach Anpassbarkeit bei sich dynamisch ändernden Bedingungen des Behandlungsprozesses Rechnung getragen.

Als Integrationsmedium für verteilt vorgehaltene Daten dient die elektronische Gesundheitskarte, die mit auf ihr gespeicherten Verweisen auf Datenquellen die Verknüpfung von komplexen Behandlungsdaten des verteilten Systems ermöglichen kann. Die elektronische Gesundheitskarte mit ihrer zugrunde liegenden Infrastruktur wird daher als eine Voraussetzung für die Einführung einer umfassenden und lebenslangen elektronischen Patientenakte betrachtet.

Perspektive für die Telematik-Infrastruktur

In dem Beitrag wurden – ausgehend von der Problemsituation in Industriebetrieben in den 1980er Jahren – Einsparpotenziale durch die Rationalisierungsmöglichkeiten der Prozess- und Datenintegration aufgezeigt. Die Umsetzungsansätze wurden anhand des CIM-Konzeptes dargestellt. Dabei wird Informationstechnik mit Produktionstechnik und insbesondere den betriebswirtschaftlichen Abläufe verbunden, um den Anforderungen des Wettbewerbs Rechnung tragen zu können.

Aus Sicht der Wirtschaftsinformatik lassen sich in Industriebetrieben und in Krankenhäusern ähnliche Problemstellungen identifizieren:

- Unvollständige Datenintegration
- Mehrfacherfassung von Informationen und Datenredundanz
- Medienbrüche bei Informationsflüssen
- Unvollständige Vorgangsintegration

Besonderheiten in Krankenhäusern erfordern jedoch eine Anpassung des vorgeschlagenen CIM-Modells zur Lösung der genannten Effizienzhindernisse. Insbesondere die inhärente Verteilung der Leistungsträger, die sich dynamisch ändernden Behandlungsbedingungen, besondere rechtliche Restriktionen, die den Informationsversand regeln, sowie die informationelle Selbstbestimmung des Patienten verlangen nach einer anders gearteten Integration als im CIM-Ansatz für Industriebetriebe. Die Daten- und Prozessintegration erfolgt einerseits bzgl. des Datenaustausches zwischen den eingesetzten Informationssystemen. Andererseits werden komplexe Behandlungsdaten über auf der elektronischen Gesundheitskarte gespeicherte Verweise für den Zugang der Leistungsträger durch den Patienten freigegeben. Damit wird der Forderung nach der informationellen Selbstbestimmung des Patienten Rechnung getragen.

Entscheidend bei der Übertragung der Erkenntnisse des CIM-Ansatzes auf Krankenhäuser ist die Wahl der Granularität der Daten- und Prozessintegration. Mit einer abstrakter gewählten Perspektive, als es das CIM-Modell vorschlägt, erscheint eine dezentrale Lösung mit loser Integration adäquat. Weiterhin sind die identifizierten Erfolgsfaktoren offene Standards, Integration von Anwendungen und Kosten-Nutzen-Relationen für alle beteiligten Akteure bei der Umsetzung einer Integrationsarchitektur zu beachten. Die elektronische Gesundheitskarte wird dabei als Voraussetzung für die Realisierung einer elektronischen Patientenakte betrachtet.

Literatur

Ball, M.J.; Lillis, J. (2001): E-health: Transforming the Physician/Patient Relationship. In: International Journal of Medical Informatics, Vol. 61 (2001) Nr. 1, S. 1-10.

Cimino, J.J.; Patel, V.L.; Kushniruk, A.W. (2001): What Do Patients Do with Access to Their Medical Records? Paper presented at the Medinfo 2001, London, S. 1440-1444.

Ferrara, F.M. (1997): Healthcare Information Systems Architecture. In: New Technologies in Hospital Information Systems (Vol. 45). Hrsg.: Dudeck, J.; Blobel, B.; Lordieck, W.; Bürkle, T. Amsterdam, Berlin, Oxford, Tokyo, Washington, DC 1997, S. 1-10.

Grimson, W.; Jung, B.; van Mulligen, E.M.; van Ginneken, A.; Pardon, S.; Sottile, P.A. (2002): Extensions to the HISA Standard – the SynEx Computing Environment. In: Methods of Information in Medicine, Vol. 41 (2002) Nr. 5, S. 401-410.

Harrington, J. (1973): Computer Integrated Manufacturing, Industrial Press, New York, N.Y., USA 1973.

Hasselbring, W. (1997): Federated Integration of Replicated Information Within Hospitals. In: International Journal on Digital Libraries, Vol. 1 (1997) Nr. 3, S. 192-208.

Kern, W.; Schröder, H.-H.; Weber, J. (1997): Handwörterbuch der Produktionswirtschaft (Vol. 7). (2., völlig neu gestaltete Aufl.), Stuttgart 1997.

Mikkelsen, G.; Aasly, J. (2001): Concordance of Information in Parallel Electronic and Paper Based Patient Records. In: International Journal of Medical Informatics, Vol. 63 (2001) Nr. 3, S. 123-131.

Scheer, A.-W. (1990): CIM, Computer integrated manufacturing: der computergesteuerte Industriebetrieb. (Vierte, neu bearbeitete und erweiterte Aufl.), Berlin, Heidelberg, New York, London, Paris, Tokyo, Hong Kong 1990.

Scherrer, J.-R.; Spahni, S. (1999): Healthcare Information System Architecture (HISA) and its Middleware Models. Paper presented at the AMIA Annual Symposium, S. 935-939.

Schwarze, J.-C.; Tessmann, S.; Sassenberg, C.; Müller, M.; Prokosch, H.-U.; Ückert, F. (2005): Eine modulare Gesundheitsakte als Antwort auf Kommunikationsprobleme im Gesundheitswesen. In: Wirtschaftsinformatik, Vol. 47 (2005) Nr. 3, S. 187-195.

Schweiger, A.; Leimeister, J.M.; Niggemann, J.; Feußner, H.; Krcmar, H. (2006): Softwareagenten für die Überwindung von Medienbrüchen bei der Patientenversorgung – ein Fallbeispiel aus dem Klinikum rechts der Isar der Technischen Universität München. In: HMD, Praxis der Wirtschaftsinformatik, Vol. 251 (2006) Nr. Oktober 2006, S. 88-100.

Schweiger, A.; Sunyaev, A.; Leimeister, J.M.; Krcmar, H. (2007): Information Systems and Healthcare XX: Toward Seamless Healthcare with Software Agents. In: Communications of the Association for Information Systems, Vol. 19 (2007) Nr. Article 33, S. 692-709.

Sunyaev, A.; Leimeister, J.M.; Schweiger, A.; Krcmar, H. (2006): Integrationsarchitekturen für das Krankenhaus – Status quo und Zukunftsperspektiven. In: Information Management & Consulting, Vol. 21 (2006) Nr. 1, S. 28-35.

Sunyaev, A.; Leimeister, J.M.; Schweiger, A.; Krcmar, H. (2008, im Erscheinen): IT-Standards and Standardization Approaches in Healthcare. In: Encyclopedia of Healthcare Information Systems. Hrsg.: Wickramasinghe, N.; Geisler, E. Idea Group Reference, 2008, im Erscheinen.

Waegemann, C.P. (1999): Current Status of EPR Development in the US. Paper presented at the Toward An Electronic Health Record Europe, London, S. 116-118.

Warda, F.; Noelle, G. (2002): Telemedizin und eHealth in Deutschland: Materialien und Empfehlungen für eine nationale Telematikplattform, Köln 2003.

Inwieweit unterstützen die Faktoren Motivation und Organisationskultur technikorientiertes Wissensmanagement in Krankenhäusern?

Maximiliane Wilkesmann, Uwe Wilkesmann, Alfredo Virgillito

Der Artikel diskutiert die Wirksamkeit der Faktoren Organisationskultur, Motivation Gruppengröße auf IT-gestütztes Wissensmanagement. Hierbei wird getrennt nach den beiden Berufsgruppen der Pflegekräfte und Ärzte untersucht, wie ein Wissenstransfer sinnvoll gestaltet werden kann. Im Rahmen einer Faktorenanalyse wird evaluiert, auf welchen verschiedenen Ebenen Wissensmanagement in Krankenhäusern stattfindet.

Wissen ist eine der wichtigsten Ressourcen in modernen Unternehmen, d.h. ein guter Umgang mit dem vorhandenen Wissen sollte daher – auch in Krankenhäusern - selbstverständlich sein. „Guter Umgang" bedeutet dabei, dass Wissen[1] weitergegeben, aber auch neues Wissen generiert wird. Dies sind fundamentale Voraussetzungen für komplexe, wissensintensive Dienstleistungen. Prozesse im Krankenhaus sind vor allem dadurch gekennzeichnet, dass Personen verschiedener Berufsgruppen gezielt miteinander Informationen austauschen, um eine optimale Versorgung der Patienten zu gewährleisten. Somit hat der Prozess der Wissensweitergabe mit Hilfe von elektronischer Unterstützung einen wesentlichen Einfluss auf die Leistungsfähigkeit eines Krankenhauses. Zwar scheint Wissen keine knappe Ressource zu sein, die sich wie andere Ressourcen verbraucht, dennoch ist die Weitergabe von Informationen alles andere als selbstverständlich oder einfach[2].

In der Vergangenheit hat sich gezeigt, dass allein die technische Unterstützung keinen Selbstläufer zur Wissensweitergabe darstellt: In der Praxis ist zu beobachten, dass es nicht ausreicht, ein technisches Tool in der Organisation zu implementieren und dann darauf zu hoffen, dass der einzelne Mitarbeiter sich mit seinen Informationen in das Tool einbringt[3]. Daher sind neben der technischen Möglichkeit noch weitere Faktoren nötig, damit Wissensmanagement auch den erwünschten Erfolg erzielt.

---

1 Der Begriff Wissen wird in diesem Kontext nur metaphorisch gebraucht, da Wissen an sich nicht weitergegeben werden kann, sondern nur Daten oder Informationen, die dann im persönlichen Wissenskontext wieder zu Wissen transferiert werden (vgl. Wilkesmann 2005).

2 Vgl. Wilkesmann 2005.

3 Wilkesmann/ Rascher 2005.

In diesem Beitrag werden zunächst die Grundlagen und Möglichkeiten eines technikorientierten Wissensmanagements beschrieben. Daran anschließend werden die Begriffe „Motivation" und „Organisationskultur", welche in der Literatur häufig als fördernde Faktoren zum technikorientierten Wissensaustausch zitiert werden, definiert und auf den Faktor der Gruppengröße als wichtiges organisatorisches Gestaltungsmerkmal bei der Wissensweitergabe eingegangen. Im Rahmen eines aktuellen Forschungsprojekts in elf Krankenhäusern in NRW werden von den Autoren derzeit die Voraussetzungen zur elektronischen Weitergabe von Informationen in wissensintensiven Arbeitsprozessen zwischen den Pflegekräften und der Ärzteschaft untersucht. Inwieweit die oben genannten Faktoren technikorientiertes Wissensmanagement tatsächlich fördern, wird mit Hilfe dieser empirischen Untersuchung geprüft.

1. Wissensmanagement im Krankenhaus

Die Krankenhauslandschaft in Deutschland ist äußerst heterogen, d.h. je nach Trägerschaft stehen Krankenhäuser im Spannungsfeld zwischen Profit- und Non-Profit-Organisationen. Unabhängig vom Organisationstyp haben in der Vergangenheit verschiedene exogene Einflüsse, wie die Einführung von Diagnosis Related Groups (DRG), demografisch bedingte Veränderungen und vor allem der Rückgang öffentlicher Fördermittel dazu geführt, dass Krankenhäuser dazu gezwungen sind, eine Optimierung der Aufbau- und Ablauforganisation anzustreben[4].

Wissensmanagementansätze haben zu Beginn der 1990er Jahre einen regelrechten Boom ausgelöst. Probst et al. (1998) entwickelten in dieser Zeit den wohl bekanntesten Ansatz zur Systematisierung der einzelnen Funktionen des Wissensmanagements, welcher seitdem weit verbreitet und weiterentwickelt wurde[5]. Wissensmanagement wird dabei als Herausforderung für Organisationen betrachtet, da Wissen die einzige Ressource ist, die sich durch Gebrauch vermehrt[6]. Als die beiden wichtigsten Funktionen des Wissensmanagements lassen sich aus dem oben zitierten Ansatz die folgenden zusammenfassen:

---

[4] Vgl. Augurzky et al. 2007.
[5] Lehner 2000, S. 242.
[6] Probst et al. 1998, S. 17.

- Generierung von neuem Wissen und
- Speicherung und Nutzung von neuem Wissen[7].

Wissensmanagement kann in Krankenhäusern auf verschiedenen Ebenen stattfinden, nämlich auf der strategischen sowie operativen Ebene. In der Organisation Krankenhaus gibt es drei wissensintensive Bereiche auf der strategischen Ebene:

- Kaufmännische Leitung
- Ärztliche Leitung
- Pflegedienstleitung.

Die eigentliche optimierbare Outputgröße eines Krankenhauses liegt allerdings im Zeitalter von DRGs in der Verbesserung des Gesundheitszustandes der Patienten bei möglichst kurzer Verweildauer. In diesem Beitrag wird daher der Fokus auf die Ebene des operativen Geschehens, d.h. der Arbeit am Patienten gelegt, die maßgeblich von den beiden Berufsgruppen Ärzteschaft und den Pflegekräften geleistet wird. Wissensweitergabe weitab von technischer Unterstützung findet in Krankenhäusern tagtäglich in ritualisierten und weitestgehend standardisierten Formen, wie Übergaben, Dienstbesprechungen und in Form von papierförmigen Patientenakten statt. Ziel des Wissensmanagements ist es aber, Wissen – oder besser: Informationen – möglichst unabhängig von Personen zu speichern. Technologische (Weiter-) Entwicklungen haben in der Vergangenheit einen Impuls zu einem veränderten Umgang mit Wissen geführt, da sie neue Möglichkeiten der einfachen und kostengünstigen Kommunikation bei gleichzeitiger räumlicher und zeitlicher Entkoppelung schaffen. Informationen können somit in nahezu beliebiger Komplexität in kürzester Zeit und mit geringen Kosten übertragen werden[8]. Daten bzw. Informationen lassen sich dabei mit Hilfe von IT-Tools auf verschiedenste Art und Weise im Krankenhaus bereitstellen. Das Projekt „Know-IT" hat einiger dieser IT-Tools aufgegriffen und weiterentwickelt:

- KIS (Krankenhaus Informationssysteme),
- Newsgroups, Mailinglisten, Newsletter,

---

7 Vgl. Wilkesmann 2003.
8 Zimmer 2003, S. 226.

- Datenbanken (z.B. Gelbe Seiten, Prozessdatenbank, Dienstleistungsdatenbank etc.), in denen Dokumente unterschiedlicher Formate gespeichert werden können sowie
- Wikis.

Im Krankenhausalltag haben Pflegekräfte größtenteils einen eingeschränkten Zugang zu IT-gestützten Möglichkeiten des Wissensaustauschs[9]. Die Computernutzung ist in Krankenhäusern insgesamt wenig individualisiert, d.h. das Krankenhauspersonal arbeitet zwar mit dem Computer, besitzt aber beispielsweise keinen eigenen Internet- und E-Mailaccount. In der Regel werden eher Gruppenzugänge genutzt (z.B. Stationsnutzung). Diese Zugangsrestriktion stellt sicherlich eine Barriere bei der Nutzung dar, die aber für Pflegekräfte und Ärzte unterschiedlich ausgeprägt ist. Ebenso sind die Arbeitsgestaltung und der Arbeitsauftrag beider Berufsgruppen im Prozess der Dienstleistung am Patienten unterschiedlich. Aus den genannten Gründen sind in der Auswertung der Untersuchung sowohl die beiden Berufsgruppen der Ärzteschaft und Pflegekräfte gesondert analysiert worden, da unterschiedliche Einflüsse von Organisationskultur zu vermuten sind, als auch die verschiedenen Möglichkeiten des Zugangs zu Computern erfasst worden. Der letzte Faktor muss kontrolliert werden, damit sich keine Artefakte ergeben.

Wenn das Teilen von Wissen (genauer von Information) kein Selbstläufer ist, muss gefragt werden, wie dies unterstützt werden kann, also unter welchen Bedingungen Mitarbeiter doch bereit sind, ihr Wissen weiterzugeben. Im Folgenden werden die zentralen Bedingungen der Organisationskultur, der Motivation und der Gruppengröße diskutiert.

1.1 Faktor Organisationskultur

Das Teilen von Wissen kann nicht von außen verordnet werden. Weder kann ein Vorgesetzter dies befehlen, noch können externe Anreize wie Prämien dies belohnen[10]. Es können von außen höchstens Strukturen und kulturelle Voraussetzungen geschaffen werden, die die Entwicklung und das Funktionieren einer Wissensgemeinschaft unter-

[9] Vgl. Bohnet-Joschko et al. 2005.
[10] Vgl. Frey und Osterloh 2002; Wilkesmann 2005, 2007.

stützen[11]. In den 1980er Jahren wurde der Kulturgedanke auf die Organisation übertragen[12]. Populär wurde das Thema Organisationskultur vor allem in der angelsächsischen Beraterbranche vor dem Hintergrund, dass durch die gezielte Gestaltung der Organisationskultur in Firmen bessere Unternehmenserfolge zu erzielen seien[13]. Ouchi (1981) argumentiert, dass Organisationen mit einem hohen Maß an Beteiligung auch eine hohe Übereinstimmung kultureller Werte besitzen und bei Entscheidungen somit geringere Transaktionskosten haben als Organisationen die hauptsächlich nach bürokratischen Regeln funktionieren. Den meisten Definitionen von Organisationskultur bzw. Unternehmenskultur gemeinsam sind die Konstrukte ‚Werte', ‚Normen' sowie ‚grundlegende Annahmen'[14]. Schein definiert Organisationskultur als „... ein Muster gemeinsamer Grundprämissen, das die Gruppe bei der Bewältigung ihrer Probleme externer Anpassung und interner Integration erlernt hat, das sich bewährt hat und somit als bindend gilt..."[15]. Die Anpassungsfunktion von Organisationskultur spielt beim Wissensmanagement eine große Rolle: Wenn in einer Organisation beispielsweise die Norm vorherrscht, anderen zu helfen und zu kooperieren, dann ist Wissensaustausch eher möglich als in einer Organisation, wo jedermann darauf bedacht ist, die Gunst des Vorgesetzten zu erlangen. Je mehr Informationen geteilt werden, desto selbstverständlicher wird es in der Organisation auch, so fortzufahren[16]. Es bildet sich als Folge dieser Entwicklung eine Organisationskultur, in deren Klima der Wissensaustausch stattfindet und verankert wird. Neue Mitarbeiter lernen direkt diese Kultur kennen und passen sich diesen Verhaltenweisen an.

In der einschlägigen Literatur zum Wissensmanagement werden zwar verschiedene Kulturfaktoren aufgeführt, die für IT-unterstütztes Wissensmanagement förderlich sind. Allerdings gibt es bislang keine empirische Untersuchung, die den Einfluss der Organisationskultur auf IT-gestütztes Wissensmanagement erforscht hat. Diese Forschungslücke wird mit der hier vorgestellten empirischen Untersuchung geschlossen.

Grob kategorisieren kann man Ansätze mit objektivistischer Ausrichtung (Organisationen haben eine Kultur), subjektivistische Ausrichtungen (Organisationen sind Kultur)

11 North/ Romhardt/ Probst 2000, S. 55.
12 Vgl. Schein 1985; Allaire und Firsiritu 1984.
13 Ouchi 1981; Peters und Waterman 1982; Deal und Kennedy 1982.
14 Gontard 2002, S. 9.
15 Schein 1995, S. 25.
16 Charan 1992, S. 113.

und integrativer Ausrichtung (Organisationen sind Kultur und haben gleichzeitig kulturelle Aspekte) unterscheiden[17]. Im Rahmen der theoretischen Vorüberlegungen wurden jeweils die Stärken und Schwächen der drei Forschungsrichtungen analysiert, wobei sich das methodische und theoretische Verständnis der integrativen Perspektive am besten für die hier angestrebte empirische Analyse eignet. Die abgefragten Dimensionen wurden in Anlehnung an Fey und Denison (2000) gewählt, der den Zusammenhang zwischen der Organisationskultur und der Effizienz von Unternehmen empirisch untersuchte. Unterstellt wird, dass Organisationen, die eine hohe Übereinstimmung von Werten und Normen (consistency), eine hohe Beteiligung an Entscheidungen und Ergebnissen (involvement), eine klare Vision (mission) und eine hohe Anpassungsfähigkeit (adaptability) besitzen und besonders effektiv beim technikorientierten Wissensmanagement sind. Die hohe Beteiligung an Entscheidungen und Ergebnissen führt zu folgendem Effekt: "Executives, managers, and employees are committed to their work and feel that they own a piece of the organization. People at all levels felt that they have at least some input into decisions that will affect their work and that their work is directly connected to the goals of the organization"[18]. Die Übereinstimmung von Werten und Normen ist wichtig, weil "(B)behavior is rooted in a set of core values, and leaders and followers are skilled at reaching agreement even when there are diverse points of view. This type of consistency, is a powerful source of stability and internal integration that results from a common mindset and a high degree of conformity"[19]. Eine hohe Anpassungsfähigkeit ist ebenso nach Fey and Denison ein wichtiger Faktor der Organisationskultur: "Adaptable organizations are driven by their customers, take risks and learn from their mistakes, and have capability and experience at creating change. They are continuously changing the system so that they are improving the organizations' collective abilities to provide value for their customers" [20]. Auch eine klare Vision ist wichtig für die Organisationskultur, weil dadurch eine Kopplung von individuellen Zielen mit den organisationalen Zielen unterstützt wird. Für die hier vorliegende Untersuchung haben wir uns auf die Aspekte der Beteiligung an Entscheidungen und Ergebnissen (involvement) sowie der Übereinstimmung von Werten und Normen (consistency) fokussiert, weil sie die relevanten Faktoren der Kooperation und der Wissensweitergabe in Organisationen darstellen. Die Faktoren einer klaren Vision (mission) und einer hohen Anpassungsfähigkeit (adaptability) sind aus Gründen der

[17] Gontard 2002, S. 11.
[18] Fey und Denison 2000, S. 7.
[19] Ebd.
[20] Fey und Denison 2000, S. 7f.

Fragebogenökonomie vernachlässigt worden. Es ist zu vermuten, dass sie aber auch für den hier behandelten Zusammenhang nicht relevant sind, da sie eine top down Orientierung widerspiegeln, die wenig Einfluss auf den Wissenstransfer hat. Wie oben schon ausgeführt, kann der Wissenstransfer nicht top down verordnet werden. Involvment wird in den Dimensionen Empowerment, Teamorientierung und Kompetenzentwicklung unterteilt. Für die hier vorliegende Befragung ist der Faktor Organisationskultur in der gerade geschilderten Unterteilungung mit Hilfe der Items aus dem Fragebogen von Fey und Denison (2002) übernommen worden (vgl. Anhang). Eine Organisationskultur, die hohe Übereinstimmung von Werten und Normen sowie eine hohe Beteiligung bei Entscheidungen ermöglicht, sollte die Mitarbeiter im Krankenhaus dazu ermutigen, ihr Wissen mit Hilfe von IT-Instrumenten zu teilen. Dies führt zu der ersten Hypothese:

(H 1) Eine Organisationskultur, die in den Dimensionen involvment und consistency hohe Ausprägungen hat, verstärkt die Handlungsoption der IT-gestützen Wissensweitergabe von Pflegekräften und Ärzten.

Eine Organisationskultur kann jedoch nur dann handlungswirksam für die Mitarbeiter werden, wenn sie lange genug in die jeweilige Unternehmenskultur sozialisiert worden sind. Ein Neuling kann sich z.B. überhaupt nicht im Sinne der Unternehmenskultur verhalten, weil er sie noch nicht richtig kennt, geschweige denn sie internalisiert hat. Aus diesem Grunde wird der Faktor der zeitlichen Zugehörigkeit zum jetzigen Krankenhaus in der Analyse kontrolliert.

1.2 Faktor Motivation

North, Romhardt und Probst (2000) gehen davon aus, dass jeder Mensch sein Wissen teilen möchte. Es sei für jeden ein befriedigendes Gefühl, eigene Erfahrungen weiterzugeben und zu sehen, dass diese Personen vom eigenen Wissen einen Nutzen haben. In der Praxis hat sich allerdings gezeigt, dass es nicht ausreicht, ein technisches Tool in der Organisation zu implementieren und dann darauf zu hoffen, dass sich der einzelne Mitarbeiter mit seinen Informationen in das IT-Tool einbringt. Die Bereitstellung von Informationen ist notwendig, da beispielsweise eine Datenbank nur dann für die Nutzer interessant ist, wenn diese eine kritische Masse an Informationen bereithält. Je mehr Informationen geteilt werden, desto selbstverständlicher wird es im Krankenhaus auch, so fortzufahren. Allerdings ist das nur möglich, wenn Anreize und Strukturen geschaffen werden, damit Pflegekräfte und Ärzte ihr Wissen z. B. innerhalb einer

Datenbank oder in Form des persönlichen Austausches weitergeben. Daher sind neben der technischen Möglichkeit und einer wissensfördernden Organisationskultur motivationale Faktoren nötig, damit das Managen von Wissen auch den erwünschten Erfolg erzielt.

Grundsätzlich sind zwei Formen der Motivation denkbar: *intrinsische Motivation* (von innen heraus; die Arbeit macht z.B. einfach Spaß) und *extrinsische Anreize* (von außen; es wird für Geld gearbeitet). Beide Formen sind im Fall der Wissensweitergabe denkbar. Extrinsische Anreize sind bei der Arbeit in Krankenhausteams jedoch eher sekundär. Von außen ist z.B. der Beitrag einer einzelnen Pflegekraft zum Genesungsergebnis des Patienten nicht beobachtbar. Aus diesem Grunde kann die Arbeit auch nicht von außen mit extrinsischen Anreizen direkt unterstützt werden. Die Belohnung ist schließlich an ein beobachtbares Kriterium gebunden. Außerdem ist nicht nur der individuelle Input in den Pflegeprozess für das Ergebnis entscheidend, sondern auch die Kommunikation innerhalb des Pflegeteams von Pflegekräften. Die Interaktion und das „Zusammenspiel" im Pflegeteam sind ebenso wichtig und nicht in Form von selektiven Anreizen quantifizierbar. Aus diesen Gründen steht die intrinsische Motivation im Vordergrund. Heckhausen versteht unter intrinsischer Motivation „wenn Mittel und Zweck thematisch übereinstimmen; mit anderen Worten, wenn das Ziel gleichthematisch mit dem Handeln ist, so dass dieses in seiner eigenen Thematik willen erfolgt"[21]. Wenn einer Person eine bestimmte Tätigkeit z.B. Spaß macht, ist sie intrinsisch motiviert. Die intrinsische Motivation kann dabei durchaus durch den (diffusen) extrinsischen Anreiz einer Karriereerwartung unterstützt werden, ohne dass die Motivation dadurch zerstört wird[22].

Die Besonderheit im Krankenhaus ist, dass die intrinsische Motivation bei Menschen in pflegerischen Berufen durch ein hohes Maß an karitativer Motivation verstärkt wird, d.h. dass Menschen des Helfenswillens und aus Nächstenliebe geholfen wird.

---

[21] Heckhausen 1989, S. 459.
[22] Vgl. Frey und Osterloh 2002.

Mitarbeiter im Krankenhaus, die hoch intrinsisch motiviert sind, müssten ebenso eher bereit sein, ihr Wissen zu teilen, da sie dies aus einer grundsätzlichen intrinsischen Motivation heraus unternehmen, die keinen extrinsischen Anreiz in ihr Kalkül bewusst aufnimmt. Man hilft den Kolleginnen und Kollegen gerne, weil es z.B. Spaß macht und man grundsätzlich gerne Kollegen hilft. Dies führt zur zweiten Hypothese:

(H 2) Je höher die intrinsische Motivation der Mitarbeiter, desto eher sind sie zur IT-gestützten Wissensweitergabe bereit.

1.3 Faktor Gruppengröße

Die Wissensweitergabe ist neben den beiden genannten Faktoren auch noch von einem aus der Organisationsforschung weithin bekannten dritten Faktor abhängig: der Gruppengröße. Wissensweitergabe beruht auf dem Prinzip der Reziprozität. Gibt Ego sein Wissen an Alter weiter, erwartet Ego auch von Alter, dass er ebenso handelt. Im Enttäuschungsfall wird Ego nicht ein zweites Mal so handeln und im Wiederholungsfall Alter sein Wissen vorenthalten. Ob dies so ist, kann Ego aber nur beobachten, wenn eine Beobachtung von Alters Reaktion durch Ego möglich ist. Dies gilt nicht nur für die face-to-face Interaktion, sondern auch für die IT-gestütze Interaktion, wie Creß et al. in Laborexperimenten feststellen konnten[23]. Eine Beobachtung von Alters Reaktion ist aber nur dann möglich, wenn die Gruppe nicht zu groß ist. Bei großen Gruppen kann Ego nicht mehr beobachten oder sonst wie feststellen, wie Alter sich verhält, deshalb wird in großen Gruppen auch bei der Wissensweitergabe ein Trittbrettfahrer-Verhalten wahrscheinlich[24]. Gemeint ist damit, dass Alter zwar das Wissen von Ego „anzapft", aber sein Wissen für sich behält. Dies führt zur dritten Hypothese:
(H 3) Je kleiner die Gruppe oder das Netzwerk ist, desto wahrscheinlicher ist IT-gestützte Wissensweitergabe.

---

[23] Vgl. Cress et al. 2003; Cress 2006.
[24] Vgl. Olosn 1965.

2. Empirie

2.1 Datenbasis

Die Befragung wurde von Februar bis Mai 2006 in 11 Krankenhäuser in NRW durchgeführt. Fünf Krankenhäuser aus dem Sample fallen in die Kategorie kleiner Krankenhäuser (bis 250 Betten), weitere fünf Krankenhäuser fallen in die Kategorie mittlerer Krankenhausgröße (251-500 Betten) und ein Krankenhaus fällt in die Kategorie große Krankenhäuser (mehr als 500 Betten). Es wurden 3024 Fragebögen in allen Krankenhäusern verteilt und 1047 zurückgesendet. Der Rücklauf von 34,6% ist eine gute Rücklaufquote für eine schriftliche Befragung. Die Rücklaufquote bei den Ärzten beträgt 30,3%, bei den Pflegekräften 36,0%. Im Datensatz sind 19,4% Ärzte und 80,6% Pflegekräfte enthalten. 975 von den 1047 Fragebögen waren für die vorliegende Auswertung im vollen Umfang verwendbar und sind damit in die Analyse eingeflossen. Die durchschnittliche Betriebszugehörigkeit zum jetzigen Krankenhaus beträgt bei den Ärzten 6,8 Jahre und 14,4 Jahren bei den Pflegekräften. Das durchschnittliche Alter der Ärzte beträgt 40,8 Jahre und 39,2 Jahre bei den Pflegekräften. 55% der antwortenden Ärzte sowie 24,9% der Pflegekräfte sind männlich.

2.2 Methode

Mit Hilfe dieses Datensatzes werden die oben ausgearbeiteten Hypothesen überprüft. In einem ersten Schritt wenden wir zur Operationalisierung unserer theoretischen Konzepte eine Faktorenanalyse[25] an. Danach werden die so gefundenen Konstrukte in einem Regressionsmodell zur eigentlichen Hypothesenprüfung herangezogen.
In Anlehnung an Nonaka und Takeuchi (1995) werden die Ärzte und Pflegekräfte nach Weitergabe und Empfang von 'Wissen' befragt. Jedes Item wird über eine fünf-stufige Likert Skala gemessen (1=trifft gar nicht zu, 5= trifft genau zu). Eine Faktorenanalyse (siehe Anhang) zeigt, dass technikorientiertes Wissensmanagement ein eigenständiger Faktor der von uns in Krankenhäusern untersuchten Dimensionen des Wissensmanagements ist. Dieser Faktor erweist sich als reliabel (Crombach's alpha = 0.738).

---

[25] Alle hier referierten Faktorenanalysen sind Hauptkomponentenanalysen. Extrahiert wurden nach dem Kaiserkriterium alle Faktoren mit einem Eigenwert größer eins. Zur einfachen Interpretation der Faktoren wurde eine Varimax Rotation benutzt.

Die Items, auf denen diese Skala beruht, sind:

- Mein Fachwissen teile ich durch Einträge, die über die Pflichtangaben hinausgehen, in das Krankenhaus-Informations-Sytem (KIS) mit.
- Mein Fachwissen teile ich durch Einträge in andere elektronische Medien (z.B. Diskussionsforum, Chat) mit.
- Ich lerne viel mit Hilfe von Informationen durch das Krankenhaus-Informations-System (KIS) bzw. andere arbeitsrelevante Software.
- Ich lerne viel mit Hilfe von Informationen durch andere elektronische Medien (z.B. Internet, Intranet, Chat, Diskussionsforen etc.).

Um die Dimensionen der Organisationsstruktur zu operationalisieren, verwenden wir Items von Denison und Mishra (1995). Die Faktorenanalyse differenziert die Involvement Dimension in drei Faktoren: Strategische Ausrichtung, intradisziplinäre Teamorientierung und interdisziplinäre Teamorientierung. Die drei Skalen sind reliabel (alpha > 0.7). Da wir davon ausgehen, dass Organisationskultur im Sinne von organisationellen Regeln gelernt werden muss, vermuten wir zudem einen positiven Zusammenhang von der Betriebszugehörigkeitsdauer gemessen in Jahren und dem medialen Wissenstransfer.

Auch die Dimension Consistency wird in drei Faktoren zerlegt. Nur zwei dieser Skalen können als reliabel angesehen werden: Übereinstimmen von Reden und Handeln (alpha = 0.851) und Wertorientierung (alpha = 0.588) und bei letzterer nur eingeschränkt. Der dritte Faktor weist eine unzureichende Reliabilität (alpha = 0.211) auf, wird nicht benannt und fließt daher nicht mit ins Modell ein.

Die intrinsische Motivation wird mittels fünf Items abgefragt[26]. Von diesen fünf Items bilden vier eine reliable Skala (alpha=0.603), die wir in dem Regressionsmodell benutzen.

[26] Diese Items lauten: „Meine Meinung über mich selbst wächst, wenn ich meine Arbeit gut mache.“, „Ich empfinde eine große persönliche Zufriedenheit, wenn ich meine Arbeit gut mache“, „Ich fühle mich schlecht und unglücklich, wenn ich sehe, dass ich meine Arbeit schlecht ausgeführt habe.“, „Meine Arbeit macht mir Freude.“ und „Meine Stimmung wird im allgemeinen nicht davon beeinflusst, wie gut ich meine Arbeit mache.“. Crombach’s alpha liegt für alle Items bei 0.4234 und bei 0.603 wenn das letzte Item weggelassen wird.

Die Gruppengröße wird in drei Kategorien erfasst: Kleine Gruppen haben bis zu vier Mitarbeiter, mittlere bestehen aus fünf bis zehn und in großen Teams arbeiten mehr als elf Menschen zusammen. Wir vermuten, dass in kleineren Gruppen der technikgestützte Wissensaustausch angeregter ist, als in größeren Teams. Daher wählen wir die mittlere Gruppengröße als Referenzkategorie und messen, wie sich der Wissensaustausch in Gruppen mit davon abweichenden Mitgliederzahlen verhält.

Zusätzlich zu den hier beschriebenen unabhängigen Variablen werden noch zwei weitere Kontrollvariablen ins Modell mit aufgenommen. Zum einen das Geschlecht und zum anderen das Ausmaß des Zugangs zu den verschiedenen Mitteln des IT-gestützten Wissenstransfers[27]. Die Variable Zugang zu den Möglichkeiten des technologischen Wissenstransfers kontrolliert die institutionellen Rahmenbedingungen, wie das Niveau der technischen Ausstattung im Krankenhaus, aber auch, dass Ärzte generell einen besseren Zugang zu diesen Mitteln haben.

Tabelle 1 zeigt die deskriptiven Statistiken der verwendeten Variablen. Auffällig sind die Unterschiede in den Betriebszugehörigkeitsdauern, bedingt durch die berufsspezifischen Karrieren von Ärzten und den Pflegern. Weiterhin große Unterschiede zwischen den Berufsständen bestehen bei der Verteilung der Geschlechter und der Gruppengrößen. Auch zeigt sich, dass die Pflegekräfte einen erheblich eingeschränkten Zugriff auf die Medien des IT-gestützten Wissenstransfers haben, im Gegensatz zu den Ärzten. Diese wiederum haben kein so großes Vertrauen in (oder sind besser informiert über) die strategische Entwicklungsfähigkeit des Krankenhauses als die Pflegekräfte.

[27] Es wurde gefragt, über welche technischen Möglichkeiten das Krankenhaus verfügt. Möglich waren: Internetzugang, Intranet, Dokumentendatenbank, Expertenverzeichnis, e-mail, KIS, Diskussionsforum, Chat und Videokonferenz. Die daraus generierte Variable gibt die Anzahl der Möglichkeiten an und variiert zwischen eins und fünf.

	Ärzteschaft		Pflegepersonal	
	Durchschnitt	sd	Durchschnitt	sd
medial vermittelter Wissenstransfer	1.96	0.75	2.03	0.83
Involvement				
strategische Entwicklungsfähigkeit	2.53	0.88	3.14	0.80
Intradisziplinäre Teamkultur	3.28	0.76	3.47	0.67
Interdisziplinäre Teamkultur	3.70	0.82	3.76	0.78
Consistency				
Übereinstimmung von Reden und Handeln	2.51	0.82	2.76	0.67
Wertorientierung	3.27	0.73	3.23	0.67
Betriebszugehörigkeitsdauer	6.79	6.76	14.38	8.79
intrinsische Motivation	4.02	0.68	3.94	0.61
Zugang zu Medien	3.53	0.84	3.01	0.96
Geschlecht (Anteil Männer)	56.32%		24.84%	
Gruppengröße				
Klein (bis 4)	6.74%		13.63%	
Mittel (5 bis 10)	25.52%		52.48%	
Groß (ab 11)	67.37%		33.89%	
n	190		785	

Tabelle 1: Deskriptiva

2.3 Empirische Ergebnisse

Um die Hypothesen empirisch zu überprüfen, wurden zwei Regressionsmodelle geschätzt (s. Tabelle 2), eins für die Ärzte und eines für die Pflegekräfte. Dies geschieht aufgrund der Annahme, dass die beiden Berufsgruppen sich nicht nur im Niveau des IT-gestützten Wissenstransfers unterscheiden, dazu hätte es gereicht den Beruf als unabhängige Variable in das Modell einzuführen, sondern dass vielmehr strukturelle Unterschiede zwischen diesen Berufsgruppen das jeweilige Ausmaß des IT-gestützten Wissenstransfers bedingen[28].

[28] Hinweise darauf finden sich in unserer Untersuchung zu face-to-face Wissenstransfer in Krankenhäusern (vgl. Wilkesmann/Wilkesmann/Virgillito 2007).

Regressionsmodell[29]	Ärzteschaft	Pflegepersonal
Involvement		
strategische Entwicklungsfähigkeit	0.07	**0.119****
Intradisziplinäre Teamkultur	-0.061	-0.049
Interdisziplinäre Teamkultur	0.047	-0.032
Consistency		
Übereinstimmung von Reden und Handeln	0.171	**0.239****
Wertorientierung	0.023	-0.073+
Betriebszugehörigkeitsdauer	-0.037	0.021
intrinsische Motivation	-0.03	**0.118****
Gruppengröße		
klein	0.059	-0.03
mittel (Referenzkategorie)		
groß	0.12	**0.093****
Geschlecht (Referenzkategorie = männlich)	-0.001	0.025
Zugang zu Medien	**0.267****	**0.17****
korrigiertes r^2	0.096	0.128

+ p< 0,1 * p< 0,05 ** p< 0,001

Tabelle 2: Unterstützung IT-gestützten Wissenstransfer

Dieser strukturelle Unterschied wird auch sofort in den Ergebnissen der Regressionsmodelle deutlich: Das Modell der Pflegekräfte hat eine höheres r^2 als das der Ärzte; es passt besser zu den theoretischen Annahmen. Zwar ist der Zugang zu Medien in beiden Modellen signifikant, aber mehr Gemeinsamkeiten sind nicht auszumachen. Während die Zugangsmöglichkeiten zu Medien der einzige signifikante Einfluss auf den IT-gestützten Wissenstransfer bei Ärzten ist, ist dieser Einfluss bei den Pflegekräften nur einer unter vielen. Bei den Pflegekräften sind somit alle Aussagen zum Einfluss von Motivation und Organisationskultur unabhängig von den Zugangsmöglichkeiten zu den verschiedenen IT-gestützten Wissenstransferkanälen gültig.

Bei den Pflegekräften sind vor allem Kulturvariablen wie „strategische Entwicklungsfähigkeit“ und „Übereinstimmung von Reden und Handeln“ signifikant und fördern den medialen Wissenstransfer, während Teamkulturvariablen keinen signifikanten Einfluss ausüben.

[29] Dargestellt sind standardisierte Beta-Koeffizienten, die die Stärke nicht absolut sondern relativ zu den anderen im Modell befindlichen Variablen angeben.

Für die Pflegekräfte scheint Vertrauen in die und Zufriedenheit mit der Krankenhausführung einen wichtigeren Stellenwert einzunehmen, was den medialen - und somit auch unpersönlichen – Wissenstransfer angeht, als eine starke - und zumeist auch persönlich erfahrbare - Teamkultur.

Auch die intrinsische Motivation übt einen positiven Einfluss auf den medialen Wissenstransfer aus, allerdings in geringerem Umfang als die Organisationskultur. Die Gruppengröße hat, entgegen unseren Annahmen, einen positiven Einfluss: In größeren Gruppen wird mehr Wissen medial transferiert als in kleineren Gruppen. Man könnte vermuten, dass dies an der Unübersichtlichkeit der Gruppe liegt und medialer Wissenstransfer in größeren Gruppen praktischer ist. Das hätte zur Folge, dass in kleinen Gruppen Wissensaustausch verstärkt in face-to-face Situationen stattfindet, was aber mit diesen Daten nicht bestätigt werden kann[30]. Das Geschlecht hat weder in unserem theoretischen noch im empirischen Modell einen signifikanten Einfluss auf den IT-gestützten Wissenstransfer.

2.4 Diskussion

Die Differenz zwischen den beiden Berufsgruppen der Ärzte und Pflegekräfte fällt zuerst auf. Während bei den Ärzten keiner der Faktoren einen signifikanten Einfluss auf den IT-gestützten Wissenstransfer hat, sind dies bei den Pflegekräften die Faktoren intrinsische Motivation, strategische Entwicklungsfähigkeit, Übereinstimmung von Reden und Handeln sowie die Gruppengröße, welche einen signifikanten Einfluss auf den IT-gestützten Wissenstransfer haben.

Für die Gruppe der Pflegekräfte ist die Hypothese 1 zumindest in Teilen bestätigt worden. Einen besonders hohen Einfluss hat der Faktor „Übereinstimmung von Reden und Handeln". Dies trifft den bekannten Umstand, dass eine Krankenhausleitung in Sonntagsreden ein Verhalten fordert, welches sie selbst nicht einlöst, bzw. keiner im Krankenhaus ernst nimmt. In diesem Fall kann und wird das neue Instrumentarium der IT-gestützten Wissensweitergabe auch nicht ernst genommen, sondern als moderner „Schnickschnack" abgetan, der bei den aktuellen Problemen nicht weiterhilft. Ebenso ist die strategische Entwicklungsfähigkeit ein signifikanter Faktor, der Einfluss auf die Wissensweitergabe hat. Dies reflektiert den Sachverhalt, dass das Krankenhaus strate-

30 Vgl. Wilkesmann/Wilkesmann/Virgillito 2007.

gisch eindeutig aufgestellt sein muss und nicht ständig neuen, sich vermutlich sogar widersprechenden, Strategien folgen darf. In diesem Fall werden die Pflegekräfte sagen, dass sie die neue Mode ebenso überleben werden, wie sie bisher alle anderen Moden überlebt haben. Interessant ist, dass sowohl die intra- als auch interdisziplinäre Teamkultur keinen Einfluss auf den IT-gestützten Wissenstransfer der Pflegekräfte haben. Vermutlich spielt für die IT-gestützte Wissensweitergabe nicht die flache Hierarchie der Teamorientierung die größte Rolle, sondern die Handlungsroutine, in welche die IT-gestützte Wissensweitergabe eingebettet ist. Wissensweitergabe muss eben eine Handlung sein, die in die Routine des alltäglichen Arbeitsprozesses integriert ist. Außerdem ist zu erwarten, dass in Teams face-to-face Kommunikation immer noch am effektivsten ist.

Die Hypothese 2 wird für die Gruppe der Pflegekräfte bestätigt. Die Hypothese 3 wird für die Gruppe der Pflegekräfte genau in der entgegen gesetzten Richtung bestätigt, d.h. nicht kleine Gruppen, sondern große Gruppen unterstützen den IT-gestützen Wissenstransfer, obwohl die Gruppengröße nur den geringsten Einfluss hat. Damit sind zwei Hypothesen für die Gruppe der Pflegekräfte bestätigt und eine Hypothese in der „umgekehrten Richtung“ verifiziert worden.

Für die Gruppe der Ärzte ist keine der drei Hypothesen bestätigt worden. Dies erstaunt auf den ersten Blick. Eine mögliche Begründung dafür kann der Umstand sein, dass Wissenstransfer bei den Ärzten eher face-to-face stattfindet, in den täglichen Besprechungen, aber auch in den Kaffeepausen[31]. Weiterhin ist zu bedenken, dass Pflegekräfte weder in der Selbstverständlichkeit des Zuganges zu den Mitteln des IT-gestützten Wissenstransfers, noch in der Organisation ihrer Arbeit so viele Freiheiten genießen wie die Ärzteschaft. Es ist demnach für die Pflegekräfte relativ aufwendig ihr Wissen über IT-Kanäle weiterzugeben, während dies für Ärzte oftmals selbstverständlich ist. Unsere Untersuchung zeigt auch, dass Pflegekräfte, die besonders motiviert und in hohem Maße in die Organisationskultur integriert sind, bereit sind, den für sie hohen Aufwand des IT-gestützten Wissensmanagements in Kauf zunehmen.

---

[31] Vgl. Wilkesmann/Wilkesmann/Virgillito 2007.

3. Resümee

Bei der Analyse der Faktoren, die IT-gestütztes Wissensmanagement fördern, sind die beiden Berufsgruppen der Pflegekräfte und Ärzte streng zu trennen. Für beide Gruppen gelten vollkommen unterschiedliche Voraussetzungen. Wie mit Hilfe der empirischen Untersuchung gezeigt werden konnte, sind nur für die Gruppe der Pflegekräfte die Einflussfaktoren der intrinsischen Motivation, der Organisationskultur und der Gruppengröße relevant, um die unterschiedliche Nutzung des IT-gestützten Wissensmanagements zu erklären. Für die Ärzte gilt dies alles nicht. Positiv formuliert kann aber ein IT-gestützter Wissenstransfer unter den Pflegekräften nur dann gelingen, wenn die oben genannten Faktoren berücksichtigt werden. Die erste wichtige Botschaft ist: Unternehmenskultur hat einen Einfluss auf den Wissenstransfer. Dies ist kein Faktor, der sich „mal eben" managen lässt, sondern sehr viel Zeit in Anspruch nimmt. Eine in diesem Sinne positive Unternehmenskultur entwickelt sich über einen langen Zeitraum, kann jedoch in sehr kurzer Zeit wieder zerstört werden. Krankenhausleitungen müssen mit diesem Faktor also sehr sensibel umgehen.

Ebenso ist der Faktor der intrinsischen Motivation nicht einfach „managebar". Von außen kann kein Vorgesetzter seinem Mitarbeiter sagen: „Sei intrinsisch motiviert!" Dies wäre eine paradoxe Intervention, da intrinsische Motivation von innen kommen muss. Wie aus der Arbeitsforschung bekannt, kann aber ein Zusammenhang zwischen der Arbeitsgestaltung und der Wahrscheinlichkeit des Auftretens von intrinsischer Motivation hergestellt werden[32]: Je größer der Handlungs- und Entscheidungsspielraum in der Arbeit ist, desto wahrscheinlicher ist das Auftreten von intrinsischer Motivation. Auch der dritte Einflussfaktor, die Gruppengröße, ist letztendlich ein Faktor der Arbeitsgestaltung im Krankenhaus.

Zusammenfassend lässt sich damit sagen, dass IT-gestützter Wissenstransfer durch Kontextfaktoren (zumindest bei den Pflegekräften) gestaltbar ist. Nicht direkte Einflussnahme, sondern Steuerung über Rahmengestaltung entscheidet über den Erfolg von IT-gestütztem Wissenstransfer. Managen heißt damit für die Krankenhausleitung heute nicht Detailsteuerung und Kontrolle bis in den kleinsten Arbeitsablauf hinein, sondern – ganz im Gegenteil! – die Schaffung von Freiräumen, das Managen über Kontextfaktoren, die nur indirekt das Verhalten von Mitarbeitern beeinflussen. Der

[32] Vgl. Hackman und Oldham 1980; Wilkesmann und Rascher 2005.

Versuch der direkten Steuerung wird dagegen immer zu kontraproduktiven Effekten führen. Die Botschaft kann also nur heißen: Schafft gute Rahmenbedingungen und gebt den Pflegekräften entsprechende Handlungsräume, die sie dann ausfüllen können. Handlungsspielräume zur Entwicklung einer Wissenskultur dürfen nicht durch zeitliche und soziale Restriktionen gehemmt werden. Wissenstransfer erfordert ein hohes Maß an Autonomie auf Seiten der Anwender, dazu müssen die Organisationsmitglieder aber zuerst auch die Möglichkeit erhalten.

4. Anhang: Faktorenanalyse

Extraktionsmethode: Hauptkomponentenanalyse. Rotationsmethode: Varimax mit Kaiser-Normalisierung.

KMO: 0,808 Bartlett: 0,00	Komponente					erklärte Gesamtvarianz: 62,233
	1	2	3	4	5	alpha
Ich zeige Kollegen bestimmte Vorgänge, damit sie sie erlernen.	**0.868**	0.073	0.029	0.142	0.124	0.860
Ich unterstütze Kollegen dabei, eigene Arbeitserfahrungen zu sammeln.	**0.834**	0.111	0.062	0.090	0.143	
Kollegen lernen eine Menge dadurch, indem sie sich Sachen von mir abschauen.	**0.817**	0.130	0.066	0.130	0.097	
Kollegen unterstützen mich dabei, meine eigenen Arbeitserfahrungen zu sammeln.	0.089	**0.797**	0.129	0.002	0.068	0.775
Ich lasse mir bestimmte Vorgänge von Kollegen zeigen, damit ich sie erlerne.	0.100	**0.779**	-0.006	-0.005	-0.020	
Ich lerne eine Menge dadurch, dass ich meinen Kollegen bei der Erledigung ihrer Arbeit beobachte.	0.127	**0.739**	0.115	0.002	0.003	
Ich lerne viel dadurch, dass ich Kollegen frage.	0.007	**0.714**	-0.076	0.044	0.226	
Mein Fachwissen teile ich durch Einträge in andere elektronische Medien (z.B. Diskussionsform, Chat) mit.	0.011	-0.035	**0.815**	0.061	0.095	0.738
Mein Fachwissen teile ich durch Einträge, die über die Pflichtangaben hinausgehen, in das Krankenhaus-Informations-Sytem (KIS) mit.	-0.006	0.018	**0.802**	0.002	0.220	
Ich lerne viel mit Hilfe von Informationen durch das Krankenhaus-Informations-System (KIS) bzw. andere arbeitsrelevante Software.	0.063	0.183	**0.707**	0.135	0.046	
Ich lerne viel mit Hilfe von Informationen durch andere elektronische Medien (z.B. Internet, Intranet, Chat, Diskussionsforen etc.).	0.190	0.014	**0.554**	0.479	-0.042	
Ich lerne viel mit Hilfe von Informationen durch Printmedien (z.B. Bücher, Fachzeitschriften etc.).	0.144	-0.019	0.137	**0.774**	-0.101	0.685
Ich lerne viel durch papierförmige Dokumente.	0.049	0.037	0.045	**0.742**	0.237	
Ich lerne viel durch Kongresse und externe Fortbildungen.	0.135	0.023	0.068	**0.725**	0.240	
Bei Teamsitzungen, Übergaben, Stationssitzungen oder Abteilungsbesprechungen bringe ich mich häufig ein.	0.404	-0.062	0.042	0.119	**0.647**	0.600
Ich lerne viel in Teamsitzungen, Übergaben, Stationssitzungen oder Abteilungsbesprechungen.	-0.133	0.336	0.101	0.244	**0.614**	
Ich dokumentiere viel für Kollegen in Papierform (außerhalb der vorgeschriebenen Dokumentation, z.B. Buch für Neuigkeiten, Handbuch o.ä.).	0.142	0.045	0.295	0.049	**0.576**	
Ich teile neue Ideen meinen Kollegen mit.	0.450	0.125	0.028	0.070	**0.556**	

Rotierte Komponentenmatrix(a)

KMO: 0,89 Bartlett: 0,00	Komponente 1	2	3	erklärte Gesamtvarianz: 54,303 alpha
Die Stärken des Krankenhauses werden ständig ausgebaut (z.B. Spezialisierung).	0.832	0.065	0.082	0.803
Die fachliche Fähigkeit der Mitarbeiter in diesem Krankenhaus wird als wichtige Quelle des Wettbewerbsvorteils angesehen.	0.814	0.140	0.160	
Die Stärken des Krankenhauses werden ständig ausgebaut (z.B. Spezialisierung).	0.757	0.123	0.104	
Über die strategische Ausrichtung unseres Krankenhauses bin ich informiert.	0.631	0.188	0.130	
Fachliche und soziale Probleme gibt es in diesem Krankenhaus selten, weil wir die notwendigen Fähigkeiten haben, unsere Arbeit zu erledigen.	0.514	0.395	0.110	
Die meisten Kollegen meiner Abteilung sind sehr engagiert bei der Erledigung ihrer Arbeit.	0.114	0.722	0.200	0.724
Jeder in meiner Abteilung glaubt, dass man einen positiven Einfluss auf das Klima der Zusammenarbeit haben kann.	0.151	0.694	0.248	
Entscheidungen in meiner Abteilung werden normalerweise auf der Grundlage der besten Informationen getroffen.	0.238	0.655	0.315	
Mitarbeiter in meiner Abteilung können in vielen Bereichen eigenverantwortlich handeln.	0.233	0.586	0.268	
Ein zentraler Baustein meiner Abteilung ist die Arbeit in Teams innerhalb der eigenen Berufsgruppe (Ärzte untereinander/ Pflegekräfte untereinander).	0.092	0.561	-0.288	
Der Führungsstil in meiner Abteilung ist eher horizontal, d.h. es gibt wenige Anweisungen „von oben".	0.066	0.379	0.350	
Ein zentraler Baustein meiner Abteilung ist die Arbeit in interdisziplinären Teams (Ärzte und Pflegekräfte zusammen).	0.111	0.127	0.791	0.708
Auf Zusammenarbeit über Berufsgruppen (gemeint sind hier nur Ärzte und Pflegekräfte!) hinweg, wird im Krankenhaus Wert gelegt.	0.351	0.118	0.693	
Ich fühle mich als Teil eines Teams bei der Arbeit in meiner Abteilung.	0.087	0.438	0.606	

Rotierte Komponentenmatrix(a)

KMO: 0,887 Bartlett: 0,00	Komponente 1	2	3	erklärte Gesamtvarianz: 52,899 alpha
Es ist einfach, Projekte über Abteilungen hinweg in diesem Krankenhaus zu koordinieren.	**0.761**	-0.092	0.128	0.851
Es gibt eine gute Ausrichtung von Zielen über Abteilungsgrenzen hinweg.	**0.737**	-0.031	0.193	
Diese Organisation hat eine "starke" Organisationskultur, d.h. es ist einfach Konsens zu erreichen, auch bei schwierigen fachlichen Problemen.	**0.691**	0.368	0.003	
Mitarbeiter besitzen, obwohl sie aus unterschiedlichen organisatorischen Abteilungen kommen, eine gemeinsame Sichtweise (es gibt selten Abteilungsegoismen).	**0.686**	0.115	0.093	
Wenn Widersprüche auftreten, arbeiten wir stark daran gemeinsam eine Lösung zu finden, bei der jeder profitiert.	**0.654**	0.406	-0.105	
Die Führungskräfte in diesem Krankenhaus handeln selbst so, wie sie es „predigen".	**0.630**	0.311	0.046	
Es gibt klare, gleich bleibende und gemeinsam geteilte Werte, die das Handeln im Arbeitsalltag prägen.	**0.620**	0.410	0.071	
Im Krankenhaus gibt es bestimmte ethische Werte, die mein Handeln lenken.	0.140	**0.622**	0.364	0.588
Es gibt eine klare Vorstellung über das richtige und falsche Handeln in meiner Abteilung.	0.405	**0.618**	-0.062	
Mein Handeln im Krankenhaus ist gleich bleibend und vorhersagbar.	-0.034	**0.573**	0.068	
Wir haben selten Mühe, persönliche Probleme untereinander zu lösen.	0.415	**0.517**	-0.149	
Die Missachtung dieser Werte führt zu persönlichen Problemen.	-0.006	0.238	**0.725**	0.211
Die Zusammenarbeit mit externen Fachkräften (z.B. niedergelassenen Ärzten) ist nicht so gut wie die Zusammenarbeit mit Fachkräften aus anderen Abteilungen dieses Krankenhaus.	0.171	-0.100	**0.650**	

Literatur

Allaire, Yvan/ Firsirotu, Mihaela F.: Theories of Organizational Culture, Organization Studies, Heft 1, S. 193-226, 1984.

Augurzky, Boris/ Engel, Dirk/ Krolop, Sebastian/ Schmidt, Christoph M./ Schmitz, Hendrik/ Schwierz, Christoph/ Terkatz, Stefan: Krankenhaus Rating Report 2007 - Die Spreu trennt sich vom Weizen - Executive Summary, RWI: Essen.

Bohnet-Joschko, Sabine/ Dilling, Julian/ Abrolat, Joachim: Krankenhäuser im Umbruch: Status und Perspektiven – Ergebnisse einer bundesweiten Erhebung zu Leistungs- und Kommunikationsprozessen in deutschen Krankenhäusern, Wittener Diskussionspapiere Nr. 143, Mai 2005.

Charan, Ram: In Netzwerken können Manager schneller entscheiden, Harvard Business Manager, Heft 3, S. 105-116, 1992.

Cress, Ulrike/ Barquero, Beatriz/ Buder, Jürgen/ Schwan, Stephan/ Hesse, Friedrich: Wissensaustausch mittels Datenbanken als Öffentliches-Gut-Dilemma. Die Wirkung von Rückmeldungen und Belohnungen, Zeitschrift für Psychologie, Heft 2, S. 75-85, 2003.

Cress, Ulrike (Hg.): Effektiver Einsatz von Datenbanken im betrieblichen Wissensmanagement, Bern 2006.

Deal, Terrence/ Kennedy, Allan: Corporate Cultures, Reading 1982.

Denison, Daniel R./ Mishra, Aneil K.: Toward a theory of organizational culture and effectiveness, Organization Science, Heft 2, S. 204-223, 1995.

Fey, Carl F./ Denison, Daniel R.: Organizational Culture and Effectiveness: The case of foreign firms in Russia, Working Paper series in business administration, No. 4, SSE/EFI., 2000.

Frey, Bruno S./ Osterloh, Margit (Hg.): Managing Motivation, Wiesbaden 2002.

Gontard, Maximilian: Unternehmenskultur und Organisationsklima. Eine empirische Untersuchung, Mering 2002.

Hackman, Richard J./ Oldham, Greg R.: Work redesign, Reading 1980.

Heckhausen, Heinz (1989): Motivation und Handeln, Berlin 1989.

Lehner, Franz (2000): Organisational Memory. Konzepte und Systeme für das organisatorische Lernen und das Wissensmanagement, München.

Nonaka, Ikujiro/ Takeuchi, Hirotaka: The knowledge-creating company, Oxford 1995.

North, Klaus/ Romhardt, Kai/ Probst, Gilbert: Wissensgemeinschaften. Keimzellen lebendigen Wissensmanagements, io Management, Heft 7/8, S. 52-62, 2000.

Olson, Mancur: The logic of collective action, Cambridge 1965.

Ouchi, William G.: Theory Z. How American Business can meet the Japanese Challenge, Reading 1981.

Peters, Thomas J./ Waterman, Robert H. Jr.: In Search of Excellence. Lessons from America's Best-Run Companies, New York 1982.

Probst, Gilbert/ Raub, Stefan/ Romhardt, Kai: Wissen managen, Wiesbaden 1998.

Schein, Edgar H.: Organizational Culture and Leadership, San Francisco 1985.

Schein, Edgar H.: Unternehmenskultur. Ein Handbuch für Führungskräfte, Frankfurt a. M. 1995 (http://de.wikipedia.org/wiki/Organisationskultur#-_ref-6).

Wilkesmann, Uwe: Strukturelle und motivationale Voraussetzungen des organisationalen Lernens. In: Brentel, Helmut/ Klemisch, Herbert/ Rohn, Holger (Hg.): Lernendes Unternehmen. Konzepte und Instrumente für eine zukunftsfähige Unternehmens- und Organisationsentwicklung. Wiesbaden 2003, S. 133-148.

Wilkesmann, Uwe: Die Organisation von Wissensarbeit, Berliner Journal für Soziologie, Heft 1, S. 55-72, 2005.

Wilkesmann, Uwe: Einzelinteressen und kollektives Handeln in Organisationen. Das Dilemma der Steuerung wissensintensiver Arbeit. In: Bandelow, Nils C./Bleek, Wilhelm (Hg.): Einzelinteressen und kollektives Handeln in modernen Demokratien, Wiesbaden 2007, S. 163-186.

Wilkesmann, Uwe/ Rascher, Ingolf: Wissensmanagement – Theorie und Praxis der motivationalen und organisationalen Voraussetzungen, 2. Auflage, München 2005.

Wilkesmann, Uwe/ Wilkesmann, Maximiliane/ Virgillito, Alfredo: Requirements for knowledge transfer in hospitals. How can knowledge transfer be supported in hospitals? 2007. Im Druck

Zimmer, Marco (2003): Virtuelle Organisationen und Experten-Netzwerke. Perspektiven auf Handlungsmotivationen und Rationalitäten, Zeitschrift für Personalforschung, Heft 2, S. 224-238.

Kommunikation als Grundlage für das Management von Wissen und Prozessen im Krankenhaus

Uwe Maier, Parwis Fotuhi

Hintergrund

In 2263 Krankenhäusern werden in Deutschland pro Jahr 16 Millionen vollstationäre Behandlungen durchgeführt.[1] Die Patienten verweilen dabei in 542000 Klinikbetten durchschnittlich 8,9 Tage, was einem Rückgang der Liegezeit von 28,8 Prozent seit 1993 (12,5 Tage) entspricht.[2] Im Jahre 2003 lag der Anteil der Gesundheitsausgaben am Bruttoinlandsprodukt (BIP) bei 11,1 Prozent.[3] Von 65 Milliarden Euro, die 2003 für deutsche Krankenhäuser aufgewendet wurden, entfallen 41 Milliarden auf pflegerische und ärztliche Personalkosten.[4]

In den vergangenen Jahren wurde in Öffentlichkeit und Politik kritisiert, dass den erheblichen Aufwendungen für das deutsche Gesundheitswesen nicht die Leistung und Qualität gegenüberstehen, die erreichbar sein könnten. Neben den strukturellen Voraussetzungen (Strukturqualität) geraten zusehends auch die Qualität der Ablauforganisation und der Behandlungsprozesse (Prozessqualität) sowie die Güte der erzielten Ergebnisse (Ergebnisqualität) in den Blickpunkt.[5]

Mit Blick auf die Ergebnisqualität wird dabei von gesundheitspolitischer Seite die Patientenorientierung gefordert. *„Im Mittelpunkt muss immer das Wohl der Patientinnen und Patienten stehen. Daran müssen Sie und ich und auch alle anderen Beteiligten sich ausrichten und messen lassen."* erklärte die Bundesgesundheitsministerin Ulla Schmidt auf dem 108. Kongress der Deutschen Gesellschaft für Innere Medizin.[6]

---

1 Vgl. Lecher, S. et al. 2003, S.6.
2 Vgl. Robert Koch-Institut 2006, S.161.
3 Vgl. Robert Koch-Institut 2006, S.197.
4 Vgl. Robert Koch-Institut 2006, S.191.
5 Vgl. Robert Koch-Institut 2006, S.172.
6 Vgl. Pawils et al. 2005, S.15.

Um die Ergebnisqualität zu verbessern und damit den Bedürfnissen der Patientinnen und Patienten gerecht zu werden, gilt es, die Organisationen des Gesundheitswesens weiterzuentwickeln und Ressourcen unterschiedlicher Berufsgruppen zu koordinieren.[7]

Hierzulande arbeiten im Rahmen der von der Bundesärztekammer eingerichteten „Konferenz der Fachberufe im Gesundheitswesen" etwa 40 Mitgliedsverbände an Fragen der interprofessionellen Kooperation und Kommunikation im Gesundheitswesen.[8] Durch Änderung der Strukturen und Neugestaltung von Prozessabläufen in der beruflichen Zusammenarbeit sollen in Zukunft bessere Behandlungsergebnisse erzielt werden.

Das seit 01.01.2004 für alle stationären Einrichtungen verbindliche Patientenklassifikationssystem der Diagnosis Related Groups (DRG) hat zu einer verkürzten durchschnittlichen Patientenverweildauer im Krankenhaus, zu Leistungstransparenz aufgrund besserer Vergleichsmöglichkeiten, aber auch zu erhöhtem Kostendruck geführt.[9] Die fallbezogene Abrechnung durch DRG bietet gleichzeitig Chancen zur Veränderung von Behandlungsprozessen. Behandlungen werden immer weniger abteilungs- oder stationsbezogen durchgeführt. Es findet eine Umorientierung hin zu einer patienten- bzw. krankheitsbezogenen Leistungserbringung statt, bei der neue Wege der fächerübergreifenden Zusammenarbeit gegangen werden. Infolgedessen steigt der Kooperations- und Kommunikationsbedarf in den behandelnden Einrichtungen.

In der Organisation Krankenhaus herrschen bezüglich des Arbeitsumfeldes besondere Umstände. In einer hierarchischen Ordnung[10] müssen unterschiedliche Berufsgruppen effizient zusammenarbeiten. Technischer Fortschritt, immer komplexer werdende Behandlungsmöglichkeiten, eine begrenzte Anzahl von Arbeitskräften und die Besonderheiten durch Schichtarbeit sind Herausforderungen, denen die unterschiedlich besetzten Arbeitsgruppen gegenüberstehen.[11] Unter den erschwerten Bedingungen, die im stationären Alltag vorzufinden sind, muss trotzdem schnell und zielgerichtet gehandelt werden. Eine reibungslose, rasche und gut funktionierende Informationsweitergabe

[7] Vgl. Kvarnström, Cedersund 2006, S.224.
[8] Vgl. Lecher et al. 2003, S.7 .
[9] Vgl. Flintrop 2006, S.382f.
[10] Vgl. Schaeffer 1998, S.99.
[11] Vgl. Harris et al. 2006, S.557.

zwischen den verschiedenen Disziplinen ist dabei besonders gefragt. Ein gestörter Informationsfluss kann dagegen zu einer deutlichen Beeinträchtigung der Behandlungsqualität führen. Eine in australischen Krankenhäusern durchgeführte retrospektive Studie kommt zum Ergebnis, dass Kommunikationsprobleme die häufigsten Ursachen von vermeidbaren Behinderungen oder Todesfällen sind und doppelt so häufig vorkommen wie medizinische Fehler.[12] Folglich tragen funktionierende Kommunikationsprozesse in den heterogen zusammengesetzten Arbeitsgruppen des Krankenhauses zu einer Verbesserung der Ergebnisqualität bei.

Begriff der Kommunikation

Der Begriff „Kommunikation" entstammt ursprünglich dem lateinischen Wort *„Communicare* = gemeinsam machen, vereinigen, zusammenlegen, teilen, mitteilen, teilnehmen lassen, Anteil nehmen"[13]. Der gegenwärtige Sprachgebrauch ist durch eine sehr weite Bedeutung des Wortes gekennzeichnet. In zahlreichen Definitionen zur Kommunikation zeigen sich verschiedene Ansichten und Bedeutungen.

Eine erste, einfache Definition stammt von Kals: *„Kommunikation ... ist der Austausch von Nachrichten als bedeutungshaltige Botschaften."*[14] Betrachtet man nur die Nachrichtenübermittlung, kann das technische Modell von Shannon und Weaver herangezogen werden.[15] Danach braucht es zur Kommunikation einen Sender und einen Empfänger. Nachrichten werden vom Sender verschlüsselt (codiert) und vom Empfänger wieder entschlüsselt (decodiert).[16]. Formen der Verschlüsselung (Codes) sind beispielsweise Sprache und Schrift.

---

[12] Vgl. Coiera, Tombs 1998, S.673.
[13] Kunert, Knill 2000, S.26.
[14] Kals 2006, S. 121.
[15] Vgl. Shannon, Weaver 1963, S.98f.
[16] Vgl. Aenis 2004, S.27.

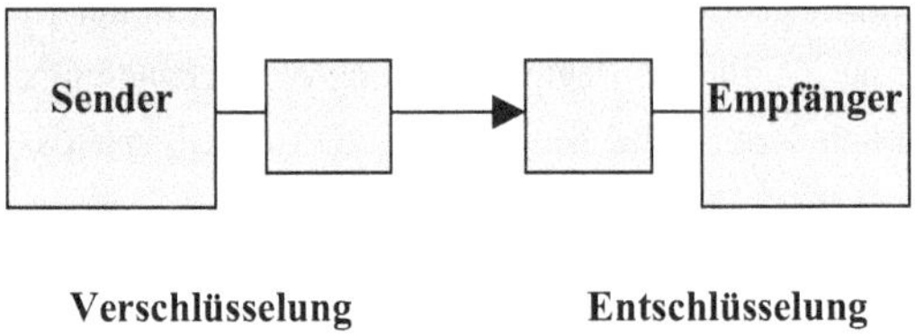

Abb. 1: Das technische Modell der Kommunikation,
Quelle: in Anlehnung an Shannon, C., Weaver, W. (1963), S.5

Kommunikation in der Prozessbetrachtung

Bei der vorangegangenen technischen Erörterung zeigte sich Kommunikation als eine übertragbare Botschaft, die von jemandem verfasst und von einem anderen entgegengenommen wird. In dieser minimalen Betrachtungsweise ähnelt Kommunikation einem Produkt. Kommunikation kann aber nicht nur als Produkt-, sondern auch als Prozessbegriff verstanden werden.[17] In dieser Arbeit wird Kommunikation in einem sozialen Kontext betrachtet und in den weiteren Ausführungen als zwischenmenschlicher Prozess dargestellt.

Kommunikation hat einen Inhalts- und einen Beziehungsaspekt

Kommunikation vollzieht sich auf zwei Ebenen. Der Inhaltsaspekt stellt die sachliche Information einer Mitteilung dar, wie zum Beispiel Daten und Fakten. Zusätzlich enthält Kommunikation über die reine Sachinformation hinaus einen Hinweis, wie der Sender seine Botschaft verstanden haben möchte und wie er seine Beziehung zum Empfänger sieht. Watzlawick nennt diesen Hinweis den Beziehungsaspekt. Je nachdem, welche emotionale Beziehung zwischen Sender und Empfänger der Nachricht besteht, fällt die Ver- und Entschlüsselung der Mitteilung leichter oder schwerer.[18]

Menschliche Kommunikation bedient sich digitaler und analoger Modalitäten

Mitteilungen sind nicht nur auf das gesprochene oder geschriebene Wort (digitale Kommunikation) beschränkt. Auch archaische Ausdrucksformen, die eine Analogie zum Objekt darstellen (Zeichnungen, Körpersprache), haben Mitteilungscharakter und müssen beachtet werden. Sie werden überwiegend nonverbal gesendet. Für den Be-

[17] Vgl. Heise 2000, S.14.
[18] Vgl. Watzlawick et al. 2000, S.53-56.

reich der Beziehungsebene bietet die analoge Kommunikation die besseren Möglichkeiten. Auf digitalem Wege lässt sich dagegen präzise und umfassend über Fakten und Sachverhalte kommunizieren.[19]

Erfolgreiche Kommunikation kommt bei Übereinstimmung zwischen analoger und digitaler Modalität zustande, wenn beide eindeutig sind. Man spricht dann von einer kongruenten Botschaft.[20] Störungen entstehen bei Nichtübereinstimmung oder bei Unklarheiten einer der beiden Codierungsarten.[21]

Begriff der Gruppe

Der Begriff „Gruppe" ist nicht einhellig bestimmt. Gruppen sind in den verschiedensten gesellschaftlichen Bereichen zu finden. Die Arbeiten in der Gruppenforschung haben oft unterschiedliche Zielsetzungen und kommen deswegen zu divergierenden Ergebnissen. Weinert sieht eine Übereinstimmung der verschiedenen Autoren darüber, was eine Gruppe charakterisiert und definiert:

Gruppe. Eine Gruppe (Arbeits-, Problemlöse-, Trainings- und Entscheidungsgruppe) besteht aus einer begrenzten Anzahl von Personen, die

- miteinander über eine gewisse Zeitspanne hin interagieren;
- sich einander bewusst und gewahr sind;
- sich als Gruppe verstehen und wahrnehmen;
- in Verhalten und Arbeitsleistung wechselseitig voneinander abhängig sind (interdependent);
- ein gemeinsames Ziel oder einen gemeinsamen Zweck für ihre Existenz und;
- konkrete Rollen haben.[22]

19 Vgl. Watzlawick et al. 2000, S.61-63.
20 Vgl. Kals 2006, S.122f.
21 Vgl. Watzlawick et al. 2000, S.96-98.
22 Weinert 2004, S.393.

Eine Gruppe besteht aus mindestens drei Personen. Eine Paarbeziehung wird nicht als Gruppe bezeichnet. Die Überschaubarkeit und die Möglichkeit häufiger persönlicher (face-to-face) Kontakte ist als obere Grenze zu sehen.[23] In der organisations-psychologischen Gruppenforschung unterscheidet man zwischen zwei Formen von Gruppen:[24]

Informelle Gruppen sind Zusammenschlüsse von Personen zur Befriedigung sozialer Bedürfnisse am Arbeitsplatz oder in der Freizeit. Gemeinsame Interessen und individuelle Bemühungen führen zur Gruppenbildung. Als Beispiel einer informellen Gruppe sei hier die Clique von Jugendlichen genannt.

Formelle Gruppen werden nach einem Organisationsplan gebildet, um definierte Aufgaben durchzuführen. Sie können zeitlich begrenzt oder permanent bestehen. Zu den formellen Gruppen wird üblicherweise auch die Arbeitsgruppe gerechnet. Unterschieden wird zwischen einer Weisungsgruppe, die auf eine hierarchische Weisungsstruktur aufbaut und einer Aufgabengruppe, die sich durch eine Struktur mit Fokus auf das zu erreichende Ziel auszeichnet.

Die Abgrenzung zwischen informeller und formeller Gruppe ist in der Praxis nicht immer eindeutig. Des Weiteren kann es in formellen Gruppen zur Bildung von informellen Teilgruppen kommen.

Definition der Arbeitsgruppe

Zur Definition der Arbeitsgruppe formuliert Weinert:
„Bei einer Arbeitsgruppe handelt es sich lediglich um einige miteinander interagierende, in gegenseitiger Abhängigkeit stehende Personen, die ein vereinbartes Ziel erreichen wollen, die Informationen austauschen und Entscheidungen fällen."[25]

[23] Vgl. Wiswede 1998, S.162.
[24] Vgl. Weinert 2004, S.394-396.
[25] Weinert 2004, S.440.

Vergnaud beschreibt die Organisationsstruktur der Arbeitsgruppe:
„In der Arbeitsgruppe werden Entscheidungen von einzelnen Personen getroffen; es herrscht regelmäßig ein autoritärer Führungsstil. Das Kommunikationsverhalten ist unaufrichtig und vordergründig.“[26]

Arbeitsgruppe vs. Team

„Die Begriffe ′Gruppe′, ′Arbeitsgruppe′ oder ′Team′ werden je nach Hintergrund der einzelnen Autoren relativ scharf voneinander abgehoben oder sehr eng verknüpft.“[27] In der Alltagssprache werden sie jedoch synonym verwendet und den vielfältigsten Gruppierungen zugeordnet.[28] Im Folgenden soll eine abgrenzende Betrachtung beider Begriffe stattfinden.

In der Organisationsforschung unterscheiden verschiedene Autoren in ihren Definitionen die „Arbeitsgruppe“ eindeutig vom „Team“.[29] Die leistungsorientierte Betrachtung Weinerts offenbart, dass das Ergebnis einer Arbeitsgruppe nicht mehr als die Summe der verschiedenen Einzelbeiträge jedes Gruppenmitglieds sein kann. Eine synergetische Wirkung, in deren Folge ein höheres Leistungsniveau erreicht werden könnte, ist in einer Arbeitsgruppe nicht vorhanden.[30]

Ein Team dagegen ist „ …eine Gruppe, deren Mitglieder komplementäre Fähigkeiten und Fertigkeiten besitzen, die sich einem gemeinsamen Zweck oder bestimmten Leistungszielen verpflichtet haben.“[31] Durch die Komplementarität der Mitglieder haben Teams einen positiven Synergieeffekt. Das Ergebnis ist mehr als die Summe der jeweiligen Einzelleistungen.[32] In der Organisationsstruktur unterscheidet sich das Team durch flache Hierarchien von der Arbeitsgruppe.[33] Dadurch besitzt das Team die Möglichkeiten, sich selbst in Richtung auf das Arbeitsziel organisieren zu können.[34] Im Unterschied zur Arbeitsgruppe ist das Arbeitsklima im Team von starkem Zusammen-

26 Vergnaud 2004, S.14.
27 Kunert, Knill 2000, S. 21.
28 Vgl. Block 2000, S. 5.
29 Vgl. Block 2000, S.16-18; Kunert, Knill 2000, S. 20-26; Weinert 2004, S. 439-442; Vergnaud 2004, S.14f.
30 Vgl. Weinert 2004, S. 439-441.
31 Weinert 2004, S.439.
32 Vgl. Block 2000, S.15.
33 Vgl. Block 2000, S.16-18.
34 Vgl. Kunert, Knill 2000, S. 21.

halt und der gegenseitigen Übernahme von Verantwortung geprägt.[35] Diese Eigenschaft wird auch durch den im alltäglichen Sprachgebrauch verwandten Begriff „Teamgeist“ deutlich. Eine Übersicht zur Abgrenzung der „Gruppe“ und des „Teams“ von anderen Begrifflichkeiten bietet abschließend Abb. 2.

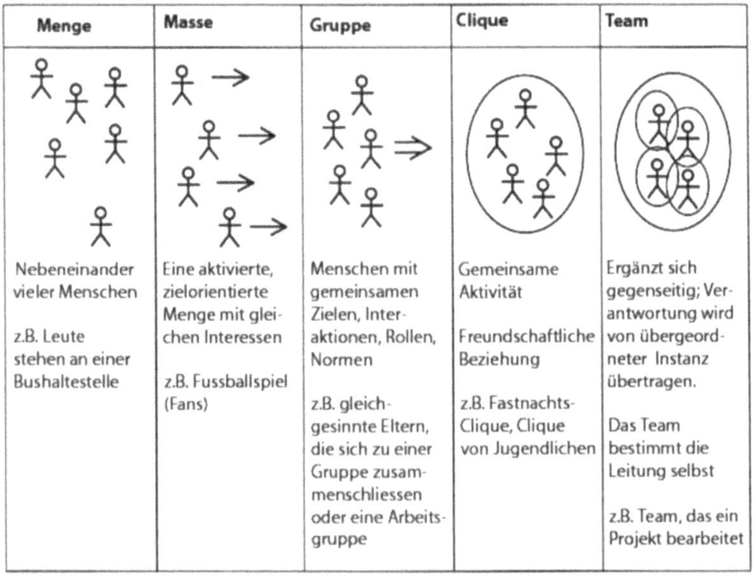

Abb. 2: Abgrenzung versch. „Gruppenbegriffe“.Quelle: Kunert, K., Knill, M. (2000), S.25

Kommunikation im Krankenhaus

Lange Zeit galt im Gesundheitswesen die Devise, eine hohe fachliche Kompetenz der Mitarbeiter und der Einsatz der neusten, wissenschaftlich fundierten Behandlungsmethoden seien die alleinigen Erfolgskriterien.[36] Die Orientierung an der Ergebnisqualität, bei der der Behandlungserfolg und die Zufriedenheit der Patienten im Vordergrund stehen, stellt diese alte Sichtweise in Frage.

Eine in den Köpfen der Beteiligten immer noch vorhandene Barriere ist der Glaube, dass die meisten Behandlungsfehler auf menschliches Versagen, bedingt durch man-

[35] Vgl. Block 2000, S.17.
[36] Vgl. Henke 2002, S. 7.

gelnde fachliche Kompetenz, zurückzuführen seien.[37] Vielmehr stellt sich jedoch die koordinierte Zusammenarbeit der verschiedenen Berufsgruppen im Krankenhaus als entscheidender Erfolgsfaktor heraus. Die Anschlussfähigkeit der partiell autonomen Elemente an den Schnittstellen wird dadurch garantiert.

In den patientenbezogenen Leistungsprozessen sind differenzierte Tätigkeiten durch berufsgruppen- bzw. abteilungsübergreifende Kommunikationsprozesse zu koordinieren.[38]

Heterogenität der Arbeitsgruppen

Krankenhäuser sind sehr komplexe Organisationen, in denen mehrere gesellschaftliche Funktionen erfüllt werden. An oberster Stelle steht dabei die Patientenversorgung. Des Weiteren sind aber auch Ausbildung und Forschung als Aufgaben zu betrachten. Dies alles geschieht in hochgradig arbeitsteiligen und spezialisierten Prozessen, die einer jeweils unterschiedlichen Fach- und Kommunikationslogik folgen.[39]

Zu den modernen Behandlungen werden immer häufiger nichtärztliche/ nichtpflegerische Fachbereiche hinzugezogen. Vor allem durch die ständig steigende Lebenserwartung befinden sich mehr und mehr ältere Patienten in einem stationären Aufenthalt.[40] Zu deren akuter Versorgung und Sicherung der Alltagsbewältigung auch im Hinblick auf die Zeit nach der Entlassung werden vermehrt ergotherapeutische, logopädische und physiotherapeutische Maßnahmen ins Behandlungskonzept integriert. Darüber hinaus erhalten einige Patienten während ihrer stationären Zeit von einem krankenhausinternen Sozialarbeiter Unterstützung.
Die verschiedenen Anforderungen setzen unterschiedliche Qualifikationen voraus. Arbeitsteiligkeit innerhalb und zwischen den Berufsgruppen ist unumgänglich. Dadurch ist die Organisation Krankenhaus vom Neben- und Miteinander zahlreicher Spezialisten geprägt.[41] Als potenzielle Kommunikationspartner im Krankenhaus gelten:[42]

---

37 Vgl. Leonard et al. 2004, S. 86.
38 Vgl. Grossmann 1995, S. 61.
39 Vgl. Grossmann 1995, S. 60f.
40 Vgl. Schott 1993, S. 263.
41 Vgl. Grossmann, Scala 2002, S. 28.
42 Vgl. Scholz 1999, S.35f.

- Ärztlicher Dienst
- Pflegerischer Dienst
- Patienten
- Angehörige
- Ergotherapeuten
- Physiotherapeuten
- Logopäden
- Sozialarbeiter
- Zivildienstleistende
- Praktikanten
- Medizinisch technische Berufe, zum Beispiel in Labor und Röntgendiagnostik
- Hausärzte, weiterbehandelnde Personen/Einrichtungen
- Verwaltungsmitarbeiter – Trägerorganisation
- Versicherungen
- Pharmavertreter

Diese Arbeit behandelt Kommunikationsprozesse in heterogenen Arbeitsgruppen. Zur Arbeitsgruppe im Krankenhaus werden im Folgenden alle Mitarbeiter gezählt, die einen Beitrag zur Patientenbehandlung leisten. Deswegen ist hier die Kommunikation mit Patienten, Angehörigen und externen Anspruchsgruppen kein Untersuchungsgegenstand. Ebenso werden die Verwaltungsmitarbeiter ausgeklammert, da diese nicht direkt an den Behandlungsprozessen beteiligt sind.

Team vs. Arbeitsgruppe

Körner, Schüpbach und Bengel weisen darauf hin, dass im angloamerikanischen Sprachraum bei möglichen Organisationsmodellen im Krankenhaus häufig zwischen einem „multidisciplinary team" und einem „interdisciplinary team" unterschieden wird.[43] Die dabei zugrunde liegenden Kriterien sind Abb. 3 zu entnehmen.

---

[43] Vgl. Körner et al. 2005, S. 159f.

Hauptkriterien	**Multidisziplinäres Team**	**Interdisziplinäres Team**
Organisation und Management	- zuweisend/konsultativ - hierarchisch - autoritäre, patriarchalisch oder informierende Führung - disziplinorientiert	- teamartig/partizipativ - gleichrangig - kooperative, beratende oder autonome, delegative Führung - ziel-/patientenorientiert
Kommunikations-struktur	- einseitig - bilateral (Arzt-Therapeut) - Bei Problemfällen finden u. U. multilaterale Kontakte statt.	- wechselseitig - multilateral - Alle Patienten werden multilateral angesprochen.

Abb. 3: Vergleich des multi- und interdisziplinären Teammodells.
Quelle: Körner et al. 2005, S.160.

Für Kvarnström und Cedersund impliziert das multidisziplinäre Team die schlichte Zusammenarbeit von verschiedenen Berufsgruppen. Dagegen steht das interdisziplinäre Team für die Anpassung von Rollen, einem gemeinsamen Wissen und der Übernahme von Verantwortung für alle Mitglieder.[44]

Betrachtet man die Charakteristika des multidisziplinären Teams, so zeigen sich diese als weitestgehend mit jenen kongruent, die in der Organisationspsychologie der Arbeitsgruppe zugesprochen werden. Dagegen erinnern die Merkmale des interdisziplinären Teams an „echte" Teameigenschaften.

Ein Unterschied zwischen „Arbeitsgruppe" und „Team" besteht in der hierarchischen bzw. gleichrangigen Beziehungsstruktur der Mitglieder. Es ist davon auszugehen, dass hierarchische Machtverhältnisse im Gesundheitswesen weiterhin eine bedeutende Rolle spielen.[45] Wie im Abschnitt Gruppenverhalten gesehen, hat die hierarchische Struktur eine nicht zu vernachlässigende Auswirkung auf die stattfindenden Kommunikati-

44 Vgl. Kvarnström, Cedersund 2006, S.250f.
45 Vgl. Schaeffer 1998, S. 99.

onsprozesse. Im Zuge der Organisationsentwicklung wird deshalb immer wieder die Teamorientierung im Krankenhaus gefordert.[46] Diese Arbeit möchte den Ist-Zustand der Kommunikationsstrukturen im Krankenhaus exakt abbilden. Auf Grund dessen wird es als notwendig erachtet, die differenzierende Verwendung der Begriffe „Arbeitsgruppe" und „Team" im folgenden Abschnitt und im empirischen Teil der Arbeit fortzuführen. An dieser Stelle sei jedoch darauf hingewiesen, dass in der Literatur zur Krankenhausorganisation nicht in allen Aufsätzen eine scharfe Abgrenzung der Begriffe vorgenommen wird.

Fachsprache

Im Gesundheitswesen wird ein eigener Fachjargon gebraucht. Dabei ist die Fachsprache der Ärzte geprägt von lateinischen und griechischen Ausdrücken. Hinzu kommt eine fast unüberschaubare Anzahl von Abkürzungen. Zwangsläufig übernehmen auch verwandte Berufsgruppen Teile dieser Sprache und entwickeln eigene Variationen, die nur berufsintern verstanden werden. Mit einer spezifischen Fachsprache kann eine klare Gruppenzugehörigkeit kenntlich gemacht werden.[47] In dieser Hinsicht bildet jede Fachsprache auch eine Gruppensprache.

Von den Ärzten wird die Anwendung einer wissenschaftlichen Ausdrucksweise erwartet, denn der exklusive Fachjargon wird mit fachlicher Kompetenz gleichgesetzt. Die Verwendung von Fachsprache signalisiert die Zugehörigkeit zu privilegierten Schichten mit besonderen medizinischen Kenntnissen.[48] Dies kann im schlimmsten Falle dazu missbraucht werden, andere bewusst vom Informationsfluss auszuschließen. In den häufigeren Fällen ist den Ärzten jedoch unbewusst, dass ihre Terminologie nicht allen Berufsgruppen im Krankenhaus verständlich ist. Dabei gilt es, weiterhin auch die Aussage von Watzlawick, dass nicht wahr ist, was A sagt, sondern das, was B versteht, im Kommunikationsprozess mit der Pflege zu bedenken.[49]

Vielen Beschäftigten im Gesundheitswesen misslingt es, den eigenen Kommunikationsstil an die unterschiedlichen Aufgaben und Ansprechpartner anzupassen.[50] Aus Angst, bloßgestellt zu werden, geben jedoch viele Mitarbeiter nicht zu erkennen, dass

46 Vgl. Grossmann, Scala 2002, S. 29.
47 Vgl. Frindte 2001, S. 135.
48 Vgl. Scholz 1999, S. 53f.
49 Josuks 2005, S. 81
50 Vgl. Scholz 1999, S. 35.

ihnen ein Ausdruck nicht geläufig ist. „When developing interdisciplinary patient care plans, much time is wasted translating jargon from other disciplines."[51] Somit entstehen auch dann Kommunikationsprobleme, wenn sich die Beteiligten ihrer unterschiedlichen Fachsprachen bewusst sind. Die Qualität der Verständigung hängt davon ab, wie gut die Mitglieder der Arbeitsgruppe ihre Sprache aneinander angepasst haben, sodass weder Begriffe unverstanden bleiben, noch wertvolle Zeit in Übersetzungsarbeit investiert werden muss.

Patientendokumentation

Für die Kommunikation zwischen den Berufsgruppen sowie für die Qualität in der Versorgungskette nachgelagerter Arbeitsschritte sind Vollständigkeit und Kontinuität in der Patientendokumentation wichtige Voraussetzungen. Besonders bei häufigem Wechsel der Mitarbeiter ist eine funktionierende schriftliche Dokumentation von zentraler Bedeutung. Täglich werden Patienteninformationen von verschiedenen Fachbereichen generiert. Für die an der Behandlung beteiligten Personen ist die Patientendokumentation ein zentrales Kommunikations- und Informationsmedium. Zusätzlich dient die Dokumentation dazu, haftungsrechtlichen Anforderungen an die medizinische Versorgung zu genügen.[52]

Viele Informationen werden in der Patientenkurve[53] ausschließlich handschriftlich fixiert. Neben Informationsverlusten, die aus unterschiedlichen Fachsprachen resultieren, stellt die schlechte Entzifferbarkeit der Notizen eine Gefahr dar. In einer Auswertung von über 3000 Patientenakten fanden Salter et al., dass unleserliche Aufzeichnungen keine Einzelfälle darstellen.[54] In einer Studie von Street und Blackford gaben die Pflegekräfte zudem an, häufig sei der Inhalt der ärztlichen Aufschriebe für ihre pflegerische Arbeit nicht aufschlussreich.[55]

---

51 Leipzig et al. 2002, S. 1143.
52 Vgl. Klapper et al. 2001, S. 387f.
53 Akte, in der medizinische Daten dokumentiert werden.
54 Vgl. Salter et al. 1998, S. 279.
55 Vgl. Street, Blackford 2001, S. 648.

Zielkriterien

Verschiedene Ziel- und Bewertungskriterien der Aufgaben nennt Orendi als Grund für Kooperations- und Kommunikationsprobleme im Krankenhaus.[56] Die Frage der Erfolgsmessung ist dabei eng verbunden mit der Ausgestaltung von Information und Dokumentation.[57] Das im Krankenhaus zu erzielende Ergebnis, die optimale Patientenversorgung, kann von den Leistungserbringern nicht sofort gemessen werden. Die Ergebnisqualität ist unsicher, weil sich der Behandlungserfolg bei vielen Prozeduren erst nach Wochen oder Monaten zeigt.

Als weitere Besonderheit in vielen Krankenhäusern kann die Tatsache aufgeführt werden, dass den Mitarbeitern ein gemessenes Arbeitsergebnis nicht ausreichend bekannt gemacht wird. Umfassende Qualitätsberichte, wie sie in anderen Wirtschaftsbereichen üblich sind, hielten erst in jüngster Zeit Einzug.[58] Die Qualität der erbrachten Leistung ist für die Arbeitsgruppe somit kaum wahrnehmbar. Die Identifikation des Einzelnen mit dem Gruppenziel gilt als einer der entscheidenden Faktoren für eine erfolgreiche Gruppenarbeit.[59] Es ist folglich für die Mitarbeiter der Krankenhausarbeitsgruppe schwer, gemeinsame Zielkriterien zu formulieren und zu dokumentieren.

Des Weiteren können durch unterschiedliche Gesundheitskonzepte von Pflegekräften, Ärzten und anderen Fachbereichen die subjektiven Zielkriterien differieren.[60] Für Pflegekräfte hat zum Beispiel das seelische Wohlbefinden des Patienten oft den höchsten Stellenwert, während dessen körperliche Funktionsfähigkeit für die meisten Ärzte im Vordergrund steht.[61] Die anderen in die Behandlung integrierten Fachberufe haben wiederum unterschiedliche Auffassungen von Krankheitsentstehung und Heilung. Damit werden je nach behandelnder Fachrichtung unterschiedliche Prioritäten gesetzt. Die Aspekte, die für die facheigene Prioritätensetzung am Wichtigsten sind, werden von der jeweiligen Profession ausführlich kommuniziert, während sonstige Informationen vergessen werden, die eventuell für Mitarbeiter aus anderen Disziplinen von Bedeutung sind.

---

[56] Vgl. Orendi 1993, S. 150f.
[57] Vgl. Eichhorn 1993, S. 250f.
[58] Vgl. Schlemm, Scriba 2004, S. 484.
[59] Vgl. Block 2000, S. 45.
[60] Vgl. Orendi 1993, S.150f.
[61] Vgl. Pfaff et al 2000, S. 96.

Informelle Kommunikation

Die Kommunikation zwischen den verschiedenen Berufsgruppen wurde lange nicht thematisiert, sodass organisationelle Konzepte dazu nur schwach entwickelt sind. Formale Verfahren zur strukturellen Koordinierung der Berufsgruppen fehlen.[62] Daraus ergeben sich stark personalisierte, informelle Organisationslösungen, die eine große Belastung der Mitarbeiter mit sich bringen. Damit stützt sich das Krankenhaus hauptsächlich auf informelle Kommunikation, die auf den persönlichen Einsatz und der Kooperation der einzelnen Mitarbeiter basiert. Die informellen Kommunikationsstrukturen sind schwer zu durchschauen und anfällig für Informationsverluste.

Formelle Kommunikation

Als einziger formeller interdisziplinärer Zusammenkunft kommt der Visite eine besondere Bedeutung zu. Hier bekommt der Außenstehende ein Bild davon, wie die Arbeitsgruppe strukturiert ist. Zu den häufigsten Visitenfunktionen zählen:[63]

- Verlaufsbeobachtungen der Krankheitsprozesse bzw. der Therapieeffekte
- Informationsaustausch und Kontakt mit den Patienten
- Informationsaustausch zwischen den Mitgliedern der Arbeitsgruppe über Verlauf und Planung pflegerischer, ärztlicher und therapeutischer Aktivitäten

Die genannten Funktionen ergeben sich aus den offiziellen Vorgaben der Visitenziele. Häufig findet man zusätzlich inoffizielle Funktionen. Dazu zählt zum Beispiel die „...sichtbare Demonstration therapeutischer Hierarchien mit entsprechenden Ritualen“[64]. Zum Ausdruck kommt diese vor allem durch die Richtung der Anweisungen und der Rückmeldungen. Des Weiteren spielen Stehordnung und Körperhaltung eine Rolle.

In vielen Häusern nehmen nicht alle Fachbereiche an den Visiten teil. Dadurch sind einige der an der Behandlung beteiligten Mitarbeiter vom Informationsfluss in der Visite ausgeschlossen. (Vgl. Abb. 4).

---

[62] Vgl. Grossmann 1995, S. 63-65.
[63] Vgl. Scholz 1999, S. 108f.
[64] Scholz 1999, S. 109.

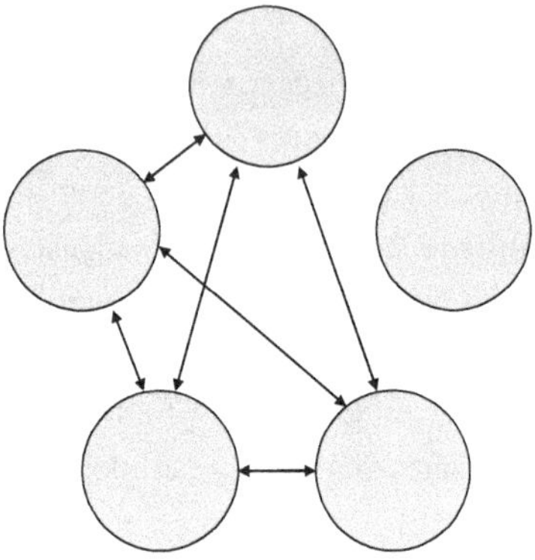

Abb. 4: Ausschluss einer Fachrichtung vom Kommunikationsnetz der Visite.
In Anlehnung an: Beebe und Masterson 1997, S. 124.

Durch ihre Abwesenheit bei der formellen interdisziplinären Patientenbesprechung sind die nicht teilnehmenden Mitarbeiter auf schriftliche oder informelle Kommunikation angewiesen.

Gruppenverhalten und Rollenverteilung

In den Köpfen der Mitarbeiter des Krankenhauses haften traditionelle Rollenverständnisse. „Professional identities remain strong, partly as a result of a history of primary allegiance to one's professional group."[65] Mit der damit verbundenen Erwartungshaltung der anderen Mitarbeiter ist dem Rolleninhaber eine eindeutige Position im Organisationsgefüge zugewiesen. Die Rollenverteilung bringt eine klare Erwartungs- und Handlungssicherheit mit sich. Gerade in einer Arbeitsgruppe mit Mitgliedern verschiedenster Berufe und Hierarchieebenen gibt die Einhaltung der jeweiligen Rolle dem Rolleninhaber eine gewisse Vertrautheit. Umso schwerer ist es, bei der Einführung neuer Behandlungskonzepte diese eingefahrenen Strukturen aufzubrechen. Mit der eigenen Rolle verbundene Kommunikationsmuster werden ungern aufgegeben.

[65] Millward, Jeffries 2001, S. 283.

Status

Statusunterschiede in der Arbeitsgruppe im Krankenhaus sind vor allem im Aufeinandertreffen akademischer und nicht akademischer Ausbildungen, aber auch in der Unterschiedlichkeit des Einkommens und Prestiges begründet.[66] Das interdisziplinäre Zusammenarbeiten verschiedener Berufsgruppen mit unterschiedlichem Status bringt Schwierigkeiten mit sich. Die einzelnen Disziplinen erbringen ihren speziellen Teil der Patientenversorgung und versuchen sich dabei von den anderen Berufsgruppen abzugrenzen. Sie sind oft mehr daran interessiert ihren Status aufrecht zu erhalten, als zu einem gemeinschaftlichen Behandlungserfolg beizutragen.[67]

Hierarchie

Die Art und Weise wie Kontakte an den Schnittstellen im Krankenhaus gestaltet werden, ist unter anderem durch hierarchische Traditionen bedingt.[68] Hierarchieunterschiede (hier in erster Linie die Richtung der Anweisungen) führen zu eingeschränkter Kommunikation.[69] Kommuniziert wird vorwiegend von in der Hierarchie übergeordneten zu untergeordneten Ebenen. Fließen Informationen in anderer Richtung, so werden kritische Anmerkungen vermieden. Das gilt sowohl für die Kommunikation innerhalb einer Berufsgruppe (zum Beispiel von Assistenzärzten zum Chefarzt), als auch zwischen den Professionen (zum Beispiel von Pflegekräften zu Ärzten[70]). Im Krankenhaus gibt es auch Situationen, in denen die kurze, einseitige Form der Kommunikation wichtig ist und gut funktionieren muss. Was aber zum Beispiel in einer Notfallsituation unumgänglich ist, zeigt sich in der interdisziplinären Zusammenarbeit, wo das Ergebnis von der Kommunikation und der Beteiligung aller abhängt, als Hindernis.[71]

66 Vgl. Orendi 1993, S. 150f.
67 Vgl. Jones 2006, S.25f.
68 Vgl. Büssing et al. 1996, S. 4
69 Vgl. Orendi 1993, S.150f.
70 Nach dem Prinzip der vertikalen Delegation sind Ärzte den Pflegekräften fachlich weisungsbefugt.
71 Vgl. Fitzgerald et al. 1999, S. 7.

Kommunikationsprobleme zwischen Pflege und Ärzten

In einer Studie von Kennedy Sheldon, Barrett und Ellington sollten Krankenschwestern und Krankenpfleger in einem Fragebogen angeben, in welchen Bereichen in ihrem Berufsalltag Kommunikation am schwersten ist. Auf einer 5-Punkte Likert-Skala machten sie zu 13 Kategorien Aussagen.[72] Wie sich Abb.5 entnehmen lässt, sehen die befragten Pflegemitarbeiter im Kommunikations-Dreieck Pflege-Arzt-Patient die größten Schwierigkeiten.

Category	n	Mean	SD
Nurse - physician – patient	16	4.25	0.78
Angry patient or family	15	3.94	1.36
Metastatic cancer	15	3.88	1.36
Aggressive interventions at end-of-life	14	3.63	1.59
Patient denial	15	3.50	1.26
Note: 1=least difficult, 5=most difficult			

Abb. 5: The Five Most Difficult Communication Categories Indicated on Questionnaires (N=18)[73].
Quelle: Kennedy Sheldon et al. 2006, S.145.

Nicht nur individuelles Fehlverhalten, sondern vor allem aus Berufsgruppenrivalitäten entstandene Kommunikationsfehler und Konflikte sind hier ein entscheidender Faktor.[74] Dabei werden in manchen Einrichtungen Versuche unternommen, mit rigidem Festhalten an alten Autoritätsmustern den Verständigungsproblemen entgegenzusteuern.

Im vorangegangenen Abschnitt wurde gezeigt, dass eine starre Rollenverteilung zu Kommunikationsdefiziten führen kann. Umgekehrt ist es aber auch möglich, dass aktuelle Veränderungen der Sichtweise auf die Berufsbilder in der Öffentlichkeit eine gewisse Unsicherheit mit sich bringen. Die zunehmende Emanzipation der Pflegeberufe sowie das heute nicht mehr unangetastet gelassene Arztbild haben zu einer deutli-

72 Vgl. Kennedy Sheldon et al. 2006, S.141-143.

73 Mögliche Antworten je Kategorie: 1=not difficult communication bis 5=very difficult communication und 0=not applicable. Durch die Antwortmöglichkeit 0=not applicable kann n der einzelnen Kategorien kleiner als N=18 werden. SD=Standard Deviation..

74 Vgl. Scholz 1999, S. 123.

chen Relativierung der früheren klaren (Unter-) Ordnung der Pflege geführt. Daraus ergeben sich Unbestimmtheiten und Klärungsbedarf in der Verteilung der Kompetenzen, Aufgaben und der Verantwortungsübernahme.

Bei der interdisziplinären Zusammenarbeit wird die der Krankenhausorganisation immanente Entkopplung von Entscheidung und Ausführung zum Problem. Daraus folgt im Falle eines Fehlers das Hin- und Herschieben der Verantwortung zwischen Entscheidungs- und Ausführungsebenen. Werden diese Umstände nicht reflektiert, entwickelt sich eine mangelnde Fehlerkultur, in der Fehler weder akzeptiert, noch als Lernchance begriffen werden. Ungeklärte Fragen der Haftung bringen zusätzliche Spannungen zwischen beiden Berufsgruppen mit sich, sodass Fehler nicht sanktionsfrei kommuniziert werden können.[75] Um sich gegen rechtliche Konsequenzen abzusichern, fordern die Mitarbeiter immer häufiger schriftliche Anordnungen. Dadurch kommt erhöhter Kommunikationsbedarf zustande. Die Tatsache, dass viele Dokumente im Krankenhaus der Unterschrift eines Arztes benötigen, macht die Weitergabe von schriftlicher Information kompliziert.

In der Arbeitsgruppe auf Station führen zwischenmenschliche Konflikte und ein gestörtes Arbeitsklima zu einem eingeschränkten Informationsfluss. Folgende Aspekte werden dabei als spezifische Streitpunkte und damit auch Auslöser von kommunikativen Defiziten zwischen Pflegekräften und Ärzten gesehen:[76]

- Arroganz, Desinteresse an gegenseitigen Problemen
- Kompetenzstreitigkeiten, Zuständigkeitsdiskussionen
- Berufsgruppenrivalitäten, Machtfragen, Antizipation von Konflikten
- Verlust der gemeinsamen Arbeitseinstellung und Berufsphilosophie
- Auseinanderentwicklung der Berufe, zum Beispiel eine Rivalität der ärztlichen Versorgungsweise vs. Pflegelogik

Eine die Kommunikation beeinträchtigende Konstellation ergibt sich zudem dadurch, dass bei Ärzten der Männeranteil überwiegt, während die Krankenpflege immer noch

---

[75] Scholz 1999, S. 123.
[76] Scholz 1999, S. 122f.

einen Beruf darstellt, in dem Frauen weit überrepräsentiert sind.[77] Die Berücksichtigung geschlechtsspezifischer Aspekte der Kommunikation ist für die Qualität der Leistungserbringung von Bedeutung.[78] Bei der Zusammenarbeit zwischen Ärzten und Pflegekräften tauchen Schwierigkeiten auf, die aus unterschiedlichen Kommunikationsstilen in der gemischtgeschlechtlichen Arbeitsgruppe resultieren.

Erschwerend kommt hinzu, dass die Kooperation mit anderen Berufsgruppen weder in der Pflegeausbildung noch im Studium der Medizin eine Rolle spielt.[79] Somit wird den jungen Beschäftigten im Krankenhaus kein Instrument in die Hand gegeben, wie sie die Zusammenarbeit und Kommunikation in der Arbeitsgruppe effizient gestalten können.

Kommunikationsprobleme mit anderen Berufsgruppen

Durch die Mitarbeit neuer Fachbereiche sind die Arbeitsgruppen im Krankenhaus heterogener geworden. Der Kommunikationsbedarf steigt, und es kommt zu Anpassungsschwierigkeiten und Verständigungsproblemen. Diese resultieren daraus, dass viele Mitarbeiter nicht über die Leistungsspektren und Arbeitsweisen der therapeutischen Berufe informiert sind.[80] Somit ist bei Anforderungen unklar, welche Informationen übermittelt werden müssen. Umgekehrt sind die neuen Fachbereiche nicht mit den Kommunikationswegen und Dokumentationsgewohnheiten von Pflege und Ärzten vertraut. Häufig wird deswegen ein eigenes Dokumentationssystem angelegt, zu dem der Rest der Arbeitsgruppe keinen Zugriff hat.

Ungeklärte Fragen der Zuständigkeit und Weisungsbefugnis bringen Konflikte mit sich, die von den Mitarbeitern nicht offen angesprochen werden. Spezielle Anordnungen von Ergotherapeuten oder Logopäden zur Essenseinnahme bedeuten Mehrarbeit für Pflegekräfte und Ärzte und physiotherapeutische Behandlungen können deren Arbeitsprozesse unterbrechen. Daraus resultieren Abwehrhaltungen der schon seit langem etablierten Berufsgruppen, die eine Bedrohung ihres Arbeitsfeldes durch die neuen Disziplinen sehen.[81]

---

77 Vgl. Orendi 1993, S. 150f.
78 Vgl. Rogall 2005, S. 209.
79 Vgl. Schaeffer 1998, S. 98.
80 Vgl. Scholz 1999, S. 124.
81 Vgl. Scholz 1999, S.123.

Da Ergotherapeuten, Logopäden, Sozialarbeiter und Physiotherapeuten auf mehreren Stationen arbeiten, ist die Zahl ihrer Schnittstellen besonders hoch. Mit der Menge der Interaktionspartner steigt die Gefahr des Informationsverlustes. Erschwerend kommt hinzu, dass sich die hinzugezogenen Therapeuten jeweils nur für die Zeit einiger weniger Behandlungen auf einer Station aufhalten und somit die Möglichkeiten zu persönlichem Kontakt zu den Stationsmitarbeitern begrenzt sind. Somit sind sie nur unregelmäßig in die stationsinternen Kommunikationsprozesse eingebunden.

Zusammenfassung und Ausblick

Zwischenmenschliche Kommunikation ist ein komplexer Prozess, der von der wechselseitigen Beeinflussung der Beteiligten geprägt ist. Sie vollzieht sich in verbaler, nonverbaler und paraverbaler Form. Kommunikation hat einen Inhalts- und einen Beziehungsaspekt, die nicht getrennt voneinander betrachtet werden können. Neben der Unmöglichkeit nicht zu kommunizieren, ist die Symmetrie bzw. Komplementarität der Gesprächspartner bei der Analyse der Kommunikationsabläufe zu beachten.

Es existieren verschiedene Gruppenbegriffe, die im alltäglichen Sprachgebrauch nicht eindeutig voneinander unterschieden werden. In der Organisationsforschung wird insbesondere die Arbeitsgruppe vom Team abgegrenzt, das sich durch flache Hierarchien, gegenseitige Verantwortungsübernahme und Selbstorganisation im Hinblick auf das Arbeitsziel von ersterer unterscheidet. Die Heterogenität einer Arbeitsgruppe zeigt sich durch Unterschiede in den Erfahrungen und Wissenshintergründen ihrer Mitglieder und resultiert in einem wenig ausgeprägten Gruppenzugehörigkeitsgefühl.

Kommunikationsprozesse in Arbeitsgruppen werden von zahlreichen interdependenten Faktoren geprägt. Dazu sind die Gruppengröße und die Komplexität der von der Gruppe zu erfüllenden Aufgabe zu zählen. Die Ausgestaltung der hierarchischen Organisation hat einen entscheidenden Einfluss auf die Kommunikationsstruktur. Bei der Lösung komplexer Aufgaben sind dezentralisierte Kommunikationsnetzwerke den zentralisierten Strukturen überlegen. Durch die eigendynamischen Beiträge der Mitglieder kommt in Arbeitsgruppen informelle Kommunikation zustande, die quer zur offiziellen Struktur genutzt und gepflegt wird. Große Unterschiede in Status und Hierarchie generieren eine Ungleichverteilung in der individuellen Häufigkeit kommunikativer Beiträge. Zudem haben Frauen und Männer unterschiedliche Kommunikationsstile, die in gemischtgeschlechtlichen Arbeitsgruppen zu Missverständnissen führen können.

Im Krankenhaus gehören der Arbeitsgruppe zahlreiche spezialisierte Fachberufe an, deren Zusammenarbeit im Hinblick auf die Maximierung der Behandlungsqualität interdisziplinäre Kommunikation erfordert. Aufgrund häufigen Mitarbeiterwechsels und haftungsrechtlichen Anforderungen zeigt sich die schriftliche Dokumentation als unverzichtbares Kommunikationsinstrument. Dabei beeinträchtigen unleserliche Handschriften und unterschiedliche Fachsprachen die Verständigung zwischen den Berufsgruppen. Neben der formellen Visite existieren zahlreiche informelle interdisziplinäre Interaktionen. Statusunterschiede sowie eine starre Hierarchie- und Rollenverteilung bringen einen eingeschränkten Kommunikationsfluss im Krankenhaus mit sich. Ungeklärte Kompetenz- und Verantwortungsverteilung können neben geschlechtsspezifischen Sprachstilen zu Kommunikationsdefiziten zwischen Pflege und Ärzten führen. Separate Dokumentationssysteme und limitierter persönlicher Kontakt erschweren den Informationsfluss zu den sonstigen Berufsgruppen.

Kommunikation ist die Grundlage für zielorientiertes Management von Wissen und Prozessen im Krankenhaus und eine funktionierende Kommunikation führt zur Effizienz- und Qualitätssteigerungen.

Literatur

Aenis, T. (2004), Prozess-Organisation-Teams. Gruppenkommunikation und dezentrale Steuerung anwendungsorientierter Forschung, Weikersheim.

Block, C.H. (2000), Von der Gruppe zum Team: wie Sie die Zusammenarbeit in zukunftsorientierten Unternehmen verbessern, München.

Büssing, A., Barkhausen, M., Glaser, J. (1996), Die Analyse von Schnittstellen im Krankenhaus am Beispiel von Koordination und Kommunikation, Bericht Nr.30, Berichte aus dem Lehrstuhl für Psychologie der TU München.

Coiera, E., Tombs, V. (1998), Communication behaviours in a hospital setting: an observational study, in: British Medical Journal, 316, S.673-676.

Eichhorn, S. (1993), Patientenorientierte Krankenhausorganisation, in: Badura, B., Feuerstein, G., Schott, T. (Hrsg.): System Krankenhaus. Arbeit, Technik und Patientenorientierung, Weinheim, S.241-251.

Flintrop, J. (2006), Auswirkungen der DRG-Einführung. Die ökonomische Logik wird zum Maß aller Dinge, in: Dtsch Ärztebl, 103, 46, A3082-3085.

Fitzgerald, A., Dauz, E., Toplak, H. (1999), Kooperative Kommunikation im Krankenhaus. Gesunde Team-Partnerschaft Pflegepersonal-Ärzte-Therapeuten, Wien, München, Bern.

Frindte, W. (2001), Einführung in die Kommunikationspsychologie, Weinheim, Basel.

Grossmann, R., Krainz, E., Oswld, M. (1995, Hrsg.), Veränderung in Organisationen. Management und Beratung, Wiesbaden.

Grossmann, R., Scala, K. (2002), Intelligentes Krankenhaus. Innovative Beispiele der Organisationsentwicklung in Krankenhäusern und Pflegeheimen, Wien, New York.

Harris, K., Treanor, M., Salisbury M. (2006), Improving Patient Safety with Team Coordination: Challenges and Strategies of Implementation, in: JOGNN, 35, S. 557-566.

Heise, N. (2000), Kommunikation im Unternehmen: Interne Unternehmenskommunikation als grundlegender Bestandteil der Organisationsentwicklung, Frankfurt an der Oder.

Henke, S. (2002), Teamarbeit: Human Resources Management, in: Deutsches Ärzteblatt Praxis Computer, 5, S.7.

Jones, A. (2006), Multidisciplinary team working: Collaboration and conflict, in: International Journal of Mental Health Nursing, 15, S.19-28.

Josuks, H. (2005), Kommunikation mit Pflegebedürftigen, in: Rogall, R. et al. (2005, Hrsg.), S.79-114

Kals, E. (2006), Arbeits- und Organisationspsychologie, Weinheim, Basel.

Kennedy Sheldon L., Barrett R., Ellington,L. (2006), Difficult Communication in Nursing, in: Journal of Nursing Scholarship, 38, 2, S.141-147.

Klapper, B. et al. (2001), Patientendokumentation. Sicherung interprofessioneller Kommunikation im Krankenhaus, in: Pflege, 14, S.387-393.

Körner, M., Schüpbach, H., Bengel, J. (2005), Berufsübergreifende Kooperation in der medizinischen Rehabilitation. Überblick zum Forschungs- und Entwicklungsstand, in: Zeitschrift für Gesundheitspsychologie, 13, 4, S.158-166.

Kunert, K., Knill, M. (2000), Team und Kommunikation: Theorie und Praxis, Aarau.

Kvarnström, S., Cedersund, E. (2006), Discursive patterns in multiprofessional healthcare teams, in: Journal of Advanced Nursing, 53, 2, S.244-252.

Lecher, S. et al. (2003), InterKiK. Endbericht zum Modellprojekt „Interprofessionelle Kommunikation im Krankenhaus" von April 1999 bis Mai 2002, http://www.bundesaerztekammer.de/downloads/EndberichtInterKiK.pdf (Datum der Recherche: 07.11.06)

Leipzig, R. et al. (2002), Attitudes Toward Working on Interdisciplinary Healthcare Teams: A Comparison by Discipline, in: Journal American Geriatrics Society, 50, 6, S.1141-1148.

Leonard, M., Graham S., Bonacum, D. (2004), The human factor: the critical importance of effective teamwork and communication in providing safe care, in: Qual Saf Health Care, 13, S.85-89.

Millward, L.J., Jeffries, N. (2001), The team survey: a tool for healthcare development, in: Journal of Advanced Nursing, 35, 2, S.276-287.

Orendi, B. (1993), Veränderung der Arbeitssituation im Krankenhaus: Systemisch denken und handeln, in: Badura, B., Feuerstein, G., Schott, T. (Hrsg.): System Krankenhaus. Arbeit, Technik und Patientenorientierung, Weinheim, S.137-160.

Pawils, S., Klapper, B., Koch, U. (2005), Wege zu einer gelungenen Interprofessionellen Kommunikation, in: Kuhlmann, H.P., Nübel, G., Remlein, K.H. (2005, Hrsg.), S.15-29.

Pfaff, H. et al. (2000), Zwei Kulturen unter einem Dach, in: Klotz, T. et al. (2000, Hrsg.), S.88-102.

Robert Koch-Institut (2006, Hrsg.), Gesundheit in Deutschland. Gesundheitsberichtstattung des Bundes, Berlin.

Rogall, R. (2005), Die Kommunikation im Pflegeteam, in: Rogall, R. et al. (2005, Hrsg.), S.175-210.

Salter, R. et al. (1998), Communication among health professionals, in: British Medical Journal, 317, 25, S.279-280.

Schaeffer, D. (1998), Innerprofessionelle Sicht der Kooperation – Die Perspektive der Pflege, in: Garms-Homolová, V., Schaeffer, D. (Hrsg.): Medizin und Pflege. Kooperationen in der ambulanten Versorgung, Berlin, S.83-101.

Schlemm, S., Scriba, P. (2004), Leistungsberichte als „Patientenwegweiser", in: Dtsch Ärztebl, 101 ,8, A484-486.

Scholes, J., Vaughan,B. (2002), Cross-boundary working: implications for the multi-professional team, in: Journal of Clinical Nursing, 11, S.399-408.

Scholz, H. (1999), Kommunikation im Gesundheitssystem: Handbuch zur Konflikt-vermeidung, Göttingen.

Schott, T. (1993), Patienten(re)orientierung: Elemente einer Standortbestimmung, in: Badura, B., Feuerstein, G., Schott, T. (1993, Hrsg.), S.254-269.

Shannon, C., Weaver, W. (1963), The mathematical theory of communication, Urbana.

Street, A., Blackford, J. (2001), Communication issues for the interdisciplinary community palliative care team, Journal of Clinical Nursing, 10, S.643-650.

Vergnaud, M. (2004), Teamentwicklung, München.

Watzlawick, P., Beavin, J., Jackson, D. (2000), Menschliche Kommunikation. Formen, Störungen, Paradoxien, 10. unveränderte Aufl., Bern u.a.

Weinert A. (2004), Organisations- und Personalpsycholgie, 5. vollständig überarb. Aufl., Weinheim, Basel.

Wiswede G. (1998), Soziologie: Grundlagen und Perspektiven für den wirtschafts- und sozialwissenschaftlichen Bereich, 3. neubearb. Aufl., Landsberg am Lech.

Behandlungspfade –Ein Weg zur Steigerung der Qualität und Effizienz in der Patientenbehandlung

Kirstin Börchers, Anja Neumann, Jürgen Wasem

Behandlungspfade bieten die Möglichkeit zur Steuerung auf Leistungsebene. Elemente wie Qualitäts- und Effizienzverbesserungen, Patientenorientierung und Transparenz der Kosten werden mit der Einführung von Behandlungspfaden in Verbindung gebracht. Nicht zuletzt dient das Pfadmanagement der Entlastung von Mitarbeitern bei den täglichen Abläufen wie den zunehmend umfangreicher werdenden Dokumentationsaufgaben. Neben dem EFQM- und dem DIN ISO 9001:2000-Prozessmodell werden Methoden der Erstellung von Behandlungspfaden vorgestellt.

1. Einleitung

Das Management von Krankenhäusern hat sich in den vergangenen Jahren einer Reihe neuer Entwicklungen gegenüber gesehen. Ursächlich hierfür sind die neu formulierten Anforderungen an das Qualitätsmanagement sowie die Einführungen der Diagnosis Related Groups (DRG) zur Vergütung einzelner Krankenhausfälle. Beide Entwicklungen richteten das Augenmerk des Krankenhausmanagements unter anderem auf die der Patientenversorgung zugrunde liegenden Prozesse und Abläufe und führten zu einer zunehmenden Einführung eines systematischen Pfadmanagements in den Krankenhäusern.

Das systematische Pfadmangement beinhaltet die Entwicklung interdisziplinärer Versorgungspfade zur strukturierten Behandlung oder Diagnostik von Patienten mit bestimmten Erkrankungen oder Symptomen. Ein solcher Versorgungspfad lässt sich definieren als interdisziplinär entwickelter Plan, der eine optimale Abfolge und zeitliche Zuordnung von Interventionen für Patienten mit bestimmten Erkrankungen, Prozeduren und Symptomen festlegt. Erarbeitet wird dieser Plan in Zusammenarbeit der verschiedenen an der Versorgung des Patienten beteiligten Disziplinen.

Ziel der Entwicklung und Implementierung von Versorgungspfaden ist dabei zum einen die Verbesserung der Behandlungsresultate beim Patienten aufgrund der mittels Varianzanalyse möglichen, kontinuierlichen Qualitätsüberwachung. Zum anderen besteht aufgrund der Prozessoptimierung in der Patientenbehandlung ein Rationalisierungpotential. Dieses kann bei gleicher oder sogar verbesserter Patientenbehandlung zu verminderten Kosten der Versorgung führen, so dass eine Kostendeckung durch die Vergütung der einzelnen Krankheitsfälle anhand des DRG-Systems bestmöglich erreicht werden kann.

2. Die Rolle der Behandlungspfade in Qualitätsmanagement-Modellen

Allen Qualitätsmanagement (QM)-Systemen und Bewertungsverfahren liegt in der Regel ein systematisches Pfadmanagement verbunden mit strukturierten Optimierungen und einer kontinuierlicher Steuerung sowie Verbesserung zugrunde. Zugespitzt formuliert, kann man die Definition der Prozesse in den QM-Modellen mit der Entwicklung von Behandlungspfaden gleichsetzen.

Am bekanntesten ist das EFQM- und das DIN-ISO-Prozess-Modell. Diese beiden QM-Modelle sollen in diesem Kapitel kurz wiederholt werden, damit die Rolle der Prozesse und damit der Behandlungspfade deutlich wird.

Das EFQM-Modell

Die Abkürzung EFQM steht für einen der international einflussreichsten Qualitätsmanagement-Ansätze. Das zunächst für die Industrie Ende der 80er Jahre entwickelte Modell wurde vielfach an die Besonderheiten des Gesundheits- und Krankenhauswesens adaptiert. Es dient vor allem der Selbstbewertung von Organisationen auf dem Weg zur Spitzenqualität. Das Excellence-Modell der European Foundation for Quality Management (EFQM) ist eine aus neun Kriterien bestehende Grundstruktur.

Es teilt sich auf in die „Befähiger"-Kriterien Führung, Mitarbeiter, Politik und Strategie, Partnerschaften, Ressourcen und Prozesse sowie in die „Ergebnis"-Kriterien: Mitarbeiter, Kunden, Gesellschaftsbezogene bezogene Ergebnisse sowie Schlüsselergebnisse.

Jedes der neun Kriterien ist durch eine Definition charakterisiert, mit der eine Selbst- und Fremdbewertung möglich wird.

Im Mittelpunkt des EFQM-Modells stehen die Prozesse (Pfade) einer Organisation.

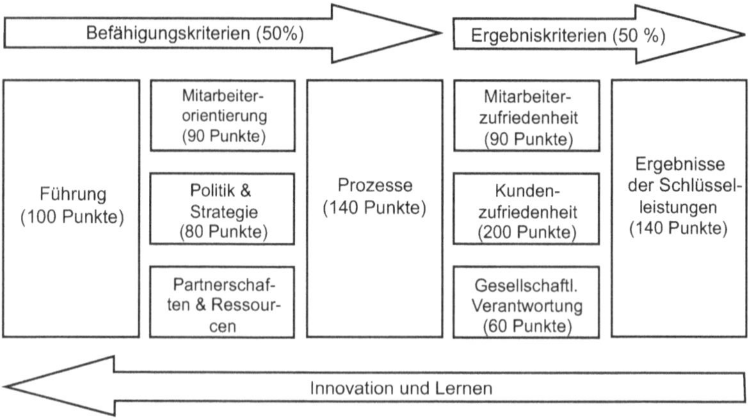

Abb. 1: Kriterien zur Selbstbewertung nach EFQM (aus: Tilburg Paso Prestige Press 1999)

Das DIN ISO 9001:2000-Prozessmodell

ISO 9000 ist die weltweit verbreitetste Norm zur Einführung von Qualitätsmanagement. Erstellt wurde dieses allgemein anerkannte Regelwerk 1987, damals noch 20 Elemente beinhaltend. 1988 zur europäischen Norm erhoben, kam es 1990 und 1994 zu Revisionen mit Ausweitung und Anpassung auf den Dienstleistungsbereich.

Im Dezember 2000 wurde das Prozessmodell der DIN ISO 9001:2000 vorgelegt. Dieses Regelwerk zur Zertifizierung von Einrichtungen auch des Sozial- und Gesundheitswesens formuliert die grundsätzlichen Anforderungen an ein Qualitätssystem.

Der Ansatz ist dabei durchgängig prozessorientiert, d.h. es werden alle Bereiche des Qualitätsmanagements von den relevanten Schlüsselprozessen aus betrachtet. Bei Analyse und Implementierung der Schlüsselprozesse ist dabei die Berücksichtigung der Anforderungen und die Erfassung der Kundenzufriedenheit maßgeblich. Ein zentrales Element des ISO-Ansatzes ist die Produktrealisierung. Diese beschreibt den Aufbau eines strukturierten Prozessmanagements (Pfadmanagement).

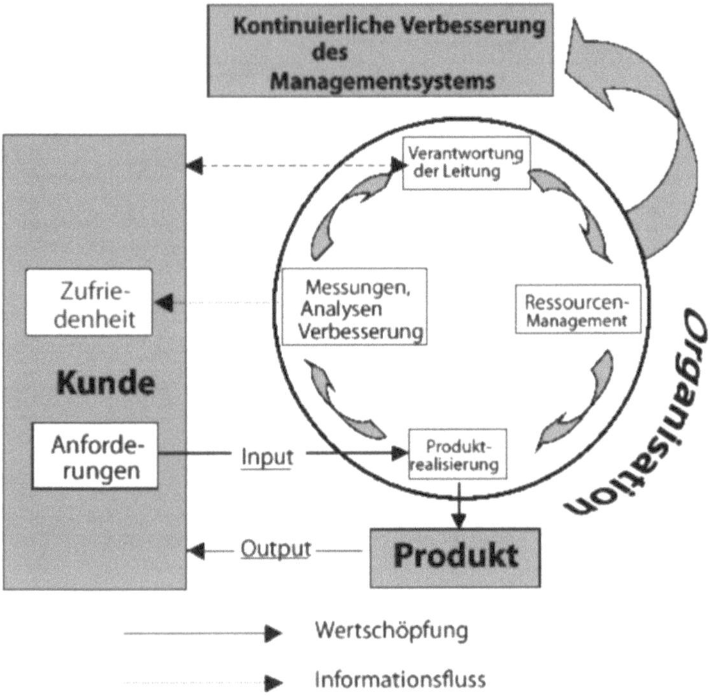

Abb. 2: DIN ISO 9001:2000 Prozessmodell (aus: Beholz, S.11, 2004)

Die Dokumentation, Analyse, Steuerung und die Implementierung eines systematischen Pfadmanagements und die ständige Optimierung der Behandlungsabläufe sind Kernbestandteil eines jeden Qualitätsmanagement-Modells und werden in Zertifizierungsverfahren auch eingehend geprüft.

3. Qualitätssteigerung durch Einbindung von motivierten und kompetenten Mitarbeitern in Behandlungspfade

Anhand eines in der Praxis bewährten Verfahrens wird beschrieben, wie ein Pfadmanagement fundiert aufgebaut werden kann.

Bevor die Mitarbeiter sich mit ihren spezifischen Abläufen auseinandersetzen, findet zunächst eine Informationsveranstaltung statt, zu der alle Mitarbeiter der Organisation eingeladen werden, sich zu beteiligen.

In dieser Veranstaltung mit Workshopcharakter werden die Grundlagen des Pfadmanagements sowie praktische Fragen zur Einführung und Umsetzung thematisiert. Das Ziel ist, Verständnis für den prozessorientierten Ansatz zu wecken und eine grundsätzliche Akzeptanz für die Notwendigkeit der systematischen Erfassung, Darlegung und regelmäßigen Prüfung sowie Weiterentwicklung der Behandlungspfade zu erreichen.

In einem weiteren Schritt wird zusammen mit den Mitarbeitern die sog. Pfadlandschaft der Organisation erarbeitet.

Unter Einsatz von Moderationstechniken werden die wichtigsten Behandlungsabläufe in einer sog. Pfadlandschaft dargestellt. Der berufsgruppenübergreifende Austausch untereinander und die interdisziplinäre Diskussion der Behandlungsabläufe in einer lebhaften und inhaltsreichen Workshoparbeit stärken das Verständnis für einzelne Ablaufschritte und die notwendige reibungslose Zusammenarbeit der verschiedenen Berufsgruppen. Einzelne Mitarbeiter berichten nach den Pfadworkshops, zum ersten Mal überhaupt „über den eigenen Tellerrand gesehen zu haben" und für viele Aspekte der gemeinsamen Arbeit einen umfassenderen bzw. profunderen Einblick bekommen zu haben.

Gemeinsam werden Zweck und Ziel einzelner Behandlungspfade festgelegt. Die Pfadlandschaft bildet die wesentlichen Patienten-, Informations-, Daten- und Kommunikationsflüsse in der Organisation ab und ist wesentliche Grundlage für die weitere Ablaufanalyse- und Steuerung der Organisation. In der Diskussion, Erstellung, Implementierung und Weiterentwicklung der Behandlungspfade übernehmen die Mitarbeiter die Verantwortung für die aktive Gestaltung und Verbesserung der Behandlungsabläufe einer Organisation und werden zu sog. Prozesseignern.

Die Qualität der Behandlung (Struktur-, Prozess- und Ergebnisqualität) hängt somit wesentlich vom Engagement und der Kompetenz der beteiligten Mitarbeiter ab.

4. Methoden der Erstellung von Behandlungspfaden

Die Behandlungspfade werden arbeitsplatz- und abteilungsübergreifend analysiert, dokumentiert und gesteuert. Sie sollten kurz, prägnant und anwenderfreundlich beschrieben sein unter Beachtung des aktuellen Standes der Leitlinien der medizinischen Fachgesellschaften.

Zur Aufzeichnung der Behandlungspfade gibt es keine einheitliche Darstellungsform. Behandlungspfade können in Form von Tabellen, Texten oder Flussdiagrammen dargestellt werden. Wichtig ist, dass die Mitarbeiter die beschriebenen Behandlungsabläufe verstehen und nachvollziehen können.

Bei der Erstellung eines Behandlungspfades kann folgendermaßen vorgegangen werden:

- Festlegung des Start- und Endereignisses
- Erarbeiten der einzelnen Ablaufschritte
- Beschreibung der Ablaufschritte
- Diskussion zum Thema: „Wer ist für den jeweiligen einzelnen Ablaufschritt verantwortlich ?“ und genaue Definition der Verantwortlichkeiten
- Dokumentation der mit geltenden Dokumente
- Kennzeichnung der Optimierungspotenziale in einzelnen Ablaufschritten durch „Verbesserungspfeile“
- Endabstimmung, Konsentierung und Freigabe des Ablaufpfades durch die Leitung der Organisation.

Die Dokumentation der Behandlungspfade wird organisatorisch mit standardisierten Erfassungsbögen unterstützt, mit Techniken der Moderation durchgeführt und berücksichtigt insbesondere Schnittstellenereignisse.

Es existieren auch alternative Möglichkeiten, einen Behandlungspfad zu erstellen. Im Rahmen von Diplomarbeiten am Lehrstuhl für Medizinmanagement wurden im Jahr 2006 und 2007 alternative Erstellungsmöglichkeiten von Behandlungspfaden erprobt und auf ihre Praktikabilität hin reflektiert.

Zunächst erfolgen ex-post Patientenaktenanalysen für das ausgewählte Krankheitsbild. Mit diesem Datenmaterial wird ein Behandlungspfad entworfen und modelliert. Eine weitere Konkretisierung erfolgt durch Experteninterviews mit beteiligten Berufsgruppen. Im dritten Schritt werden stichprobenartig Patienten während der gesamten Verweildauer in der Klinik begleitet, die vorher in den Behandlungspfad eingegangenen Informationen auf Vollständigkeit und Richtigkeit überprüft und gegebenenfalls ergänzt.

Auch bei diesem Vorgehen sollten die beteiligten Mitarbeiter in die Gestaltung und Verbesserung der Behandlungsabläufe aktiv einbezogen werden. Dies geschieht in der Regel durch Feedback-Gespräche mit den beteiligten Berufsgruppen. Das Ziel ist es, die erstellten Behandlungspfade zu konsentieren.

Nach Vorstellung und Diskussion der dokumentierten Ablaufdarstellungen folgt immer die Überprüfung der Stichhaltigkeit der Beschreibungen durch die Leitung der Organisation. Diese gibt die Behandlungspfade dann offiziell frei.

5. Einsatz von Pfadkalkulationen zur Steigerung der Effizienz von Behandlungspfaden

Mit der Erstellung der Pfadlandschaft ist ein Instrument zur Steuerung der Organisation entstanden. Eine Führungskraft sollte in regelmäßigen Abständen die Behandlungspfade der Organisation bewerten. Die einmalige Bewertung bei der Freigabe gilt als unzureichend.

In regelmäßigen Abständen (mindestens einmal jährlich) werden daher die in der Pfadlandschaft definierten einzelnen Behandlungspfade, deren Ziele und Qualitätskriterien bewertet. Es ist dabei auch wichtig, die Abweichungen von festgelegten Standards in Behandlungspfaden und deren Ursachen zu ermitteln. Dies kann durch Vor-Ort-Begehungen und Abweichungsanalysen in Form eines Audits erfolgen.

Die Bewertung der festgelegten Ziel- und Messgrößen einzelner Behandlungspfade obliegt der Leitung der Organisation in Zusammenarbeit mit den Mitarbeitern, die die sog. Prozesseigner sind. Dies betrifft einzelne Elemente wie die Struktur, Planung, Durchführung und das Controlling und kann im Rahmen von Audits organisiert werden.

Es ist zielführend, alle Behandlungsabläufe mit Kennzahlen zu hinterlegen, mit denen die Qualität des jeweiligen Behandlungspfades bewertet werden kann und diese dann in ein umfassendes und kontinuierliches Controlling-System zu überführen.

Um die Effizienz der Behandlungsabläufe sicher zu stellen, können auch Pfadkalkulationen herangezogen werden. Damit kann gezielt an den Stellen eingespart werden, an denen Einschränkungen sinnvoll sind und diese keine negativen Auswirkungen auf die Behandlungsqualität haben.

Bei der Pfadkostenrechnung nach "mipp" handelt es sich um einen pragmatischen Ansatz, bei dem nur jene Aktivitäten als Prozesskosten bewertet werden, die sich direkt auf den Patienten beziehen und den Behandlungsablauf mitbestimmen. Das beinhaltet in der Regel die Leistungen des Arztdienstes, des Pflegedienstes, der zentralen medizinischen Dienste und der therapeutischen Dienste. Ausgehend von einem Behandlungspfad werden alle auf einen Patienten bezogene Abläufe, sowie der damit verknüpfte personelle (Arztdienst, Pflegedienst) und sachliche Ressourcenbedarf bestimmt und ökonomisch abgebildet. Die Kosten der nicht direkt in den Diagnose- und Therapieprozess involvierten, aber dennoch notwendigen Dienste wie Verwaltung, Patiententransport, Hotellerie und Reinigungsdienste werden in der Pfadkalkulation durch Pauschalen auf den Patienten verteilt.

Im Jahr 2006 wurden im Rahmen einer Diplomarbeit zwei neurochirurgische Behandlungspfade des Universitätsklinikums Essen, die die operative Behandlung von bösartigen Hirntumoren durch konventionelle und neuronavigierte Verfahren beschrieben, erstellt.

Es war möglich, die Ergebnisse der durchgeführten Pfadkalkulationen hinsichtlich einzelner Pfadvarianten zu vergleichen und eine Bewertung der Qualität, Kosten und DRG-Erlösen vorzunehmen sowie Optimierungspotentiale zu identifizieren. Optimierungspotenziale waren konkret die mögliche Straffung der Abläufe in den Tagen vor der Operation und damit eine Verweildauerverkürzung bei gleich bleibender Behandlungsqualität und die Optimierung der Patientendokumentation.

Die Pfadkalkulationen ermöglichten es, die „Herstellkosten" zu ermitteln und Kenntnis darüber zu erlangen, ob der DRG-Erlös die entstandenen Kosten deckt. Durch die Pfadkalkulationen konnten die einzelnen Behandlungspfadvarianten miteinander verglichen werden.

6. Zusammenfassung und Ausblick

Eine erfolgreiche Organisation ist in der Lage, ihre Behandlungsabläufe zu steuern und hat damit den Schlüssel zur erfolgreichen Unternehmensführung in der Hand. Ein erfolgreiches Pfadmanagement kann nur mit einem aktiven, fachlich-kompetenten und emotionalen Engagement der Mitarbeiter dauerhaft gelingen.

Pfadmanagement bedeutet im ersten Schritt die Identifikation und schriftliche verbindliche Dokumentation der einzelnen Behandlungsabläufe. Es folgt die Optimierung durch gezielte Planung, Organisation, Koordination und Kontrolle mit modernen Methoden des Managements.

Die regelmäßige Bewertung der Behandlungspfade erfolgt seitens der Leitung der Organisation, damit sowohl die Qualität als auch die Effizienz der Behandlungspfade nachhaltig sichergestellt ist.

Literatur

Beholz, S.: Qualitätsmanagementsysteme in stationären Einrichtungen des Gesundheitswesens: Qualitätsverbesserung durch Zertifizierung von klinischen Teileinrichtungen, S. 11, Habilitationsschrift, 2004.

European Foundation for Quality Management. The EFQM-Excellence Model 1999. Tilburg: Pablo prestige Press, 1999.

Wissenstransfer durch die Qualitätsberichterstattung der deutschen Krankenhäuser

Sabine Bohnet-Joschko, Joachim R. Abrolat, Daniel Fleer, Markus Andersen

Der Beitrag will inhaltliche und technologische Hindernisse des Wissenstransfers zwischen der Fachorganisation Krankenhaus und Laienempfängern der Kommunikation (Patienten) am Beispiel der Qualitätsberichterstattung thematisieren und Ansätze für Verbesserungen des Transfers aufzeigen.

1. Einleitung

Als Kernorganisationen des Gesundheitssystems liefern Krankenhäuser einen wichtigen Beitrag zur Gesundheitsversorgung der Bürger. Die in Deutschland teilweise noch hohe Dichte der Versorgung mit Krankenhäusern bzw. Betten dürfte verschiedenen Prognosen zufolge weiter abnehmen: Obgleich die Bettenzahl in der stationären Versorgung seit 1991 um 20% (2005)[1] gesunken ist, werden bis zu dreißig Prozent der Krankenhäuser als in ihrer Existenz gefährdet angesehen.[2] Zur Stärkung der Wettbewerbsposition eines Krankenhauses in der jeweiligen Einzugsregion und darüber hinaus dürften daher zukünftig neben ökonomischen Aspekten und dem Leistungsangebot zunehmend auch die Patientenorientierung und entsprechend die Leistungspräsentation berücksichtigt werden. In Ergänzung zu Maßnahmen der Effizienzsteigerung und Qualitätssicherung werden Krankenhäuser die Orientierung an den Bedürfnissen ihrer Kunden – Versicherte bzw. Patienten – als Wettbewerbsfaktor zur nachhaltigen Zukunftssicherung ihres Unternehmens beachten müssen.

Eine relevante Dienstleistung der Krankenhäuser im Hinblick auf die Patientenorientierung ist die Qualitätsberichterstattung, die auf Wunsch des Gesetzgebers mehr Transparenz für überweisende Ärzte und ihre Patienten schaffen soll. Die verbindliche Qualitätsberichterstattung zur stationären Versorgung wird im Folgenden unter dem Aspekt des Wissenstransfers zwischen der Fachorganisation Krankenhaus und den Bürgern oder Patienten als Laienempfängern der Kommunikation untersucht.

---

1 Daten des Statistischen Bundesamtes 2006.
2 McKinsey 2006.

Wissenstransfer in Form einer Experten-Laien-Kommunikation ist ein zentrales Thema der Informations- und Wissensgesellschaft. Dabei kann der Wissenstransfer als Teil eines betrieblichen Wissensmanagements angesehen werden, er kann jedoch auch - wie im Fall der Qualitätsberichte - über betriebliche Zusammenhänge hinaus erfolgen und z.B. an Kunden oder in die Gesellschaft gerichtet sein. Verschiedene Disziplinen beschäftigen sich mit diesem Thema und haben aus ihrer jeweiligen Fachperspektive Anhaltspunkte für einen erfolgreichen Wissenstransfer erarbeitet. Dabei wird Wissen nicht als eine Ansammlung von Daten oder Informationen angesehen, sondern ist als bedeutungsvolle Vernetzung von Informationen[3] zu begreifen, die eine Bewertung und damit den Transfer bzw. die Neu-Generierung von Wissen beim Empfänger ermöglicht. Ziel des Wissenstransfers ist die Erhöhung der Chance auf Rezeption und Nutzung. Um dieses Ziel zu erreichen, können einige Basisvoraussetzungen genannt werden[4]:

Selektion:
Zu vermittelnde Wissenskomplexe sollten entsprechend ihrer Relevanz für den Empfänger der Kommunikation ausgewählt sein. Die klassische Wissensmanagementliteratur bezeichnet diesen Prozess als Wissensidentifizierung und Wissensselektion. Im hier zu untersuchenden Beispiel wurde die Aufgabe, den Inhalt und Umfang eines strukturierten Qualitätsberichtes für Krankenhäuser festzulegen, dem Gemeinsamen Bundesausschuss (G-BA) übertragen.[5] Die einzelnen Vorgaben werden im Weiteren dargestellt.

Strukturierung und Vernetzung:
Um Wissen zugänglich zu machen, muss dieses nach bestimmten Kriterien klassifiziert, standardisiert und vernetzt werden. Im Hinblick darauf wurden Strukturvorgaben für die Qualitätsberichterstattung vom G-BA festgelegt. Die Auswertung und Vernetzung der Informationen auch mit der Möglichkeit vergleichender Darstellungen und

---

[3] Reimann et al. 2000, S. 275.

[4] Antos 2001.

[5] Der G-BA, dessen gesetzliche Verankerung sich im § 91 SGB V findet, wurde mit dem In-Kraft-Treten des Gesundheitssystem-Modernisierungsgesetzes (GMG) zum 31.12.2003 als paritätisch besetztes Gremium der medizinischen Selbstverwaltung gegründet. Er überprüft die ambulanten oder stationären medizinischen Leistungen und besitzt die Richtlinienkompetenz zum Ausschluss oder zur Einschränkung von Leistungen. Darüber hinaus wurden dem G-BA noch zahlreiche weitere Funktionen in verschiedenen Leistungssektoren des Gesundheitswesens zugewiesen, darunter auch die Festlegung der Inhalte für die strukturierten Qualitätsberichte der Krankenhäuser.

Empfehlungen wurde den Krankenkassen übertragen. Vorgaben zur Klassifizierung und Standardisierung werden zu untersuchen sein, ebenso die Vernetzung etwa im Rahmen von Patienteninformationsportalen.

Verteilung:
Voraussetzung für einen erfolgreichen Wissenstransfer ist die Nutzung geeigneter Kommunikationsformen und entsprechender Medien. Im Fall der Qualitätsberichte wurde den Krankenhäusern aufgegeben, ihre Qualitätsberichte in elektronischer Form als PDF-Textdokument über das Internet zu veröffentlichen. Hinsichtlich der Form gab es über die Strukturanforderungen hinaus keine weiteren Vorgaben, es wurde jedoch eine Empfehlung zur Bereitstellung im XML-Format ausgesprochen.

Nutzung:
Als übergreifendes Ziel des Wissenstransfers wurde bereits die erhöhte Chance auf Rezeption und Nutzung durch Patienten genannt. Gerade in der Experten-Laien-Kommunikation ist in besonderem Maße darauf zu achten, dass der Transfer nicht zu Fehlern bei Rezeption und Nutzung führt. In diesem Sinne ist beim Wissenstransfer je nach Ziel und Adressat des Transfers zu ermitteln, was und wie viel an (Hintergrund-)Wissen erforderlich ist, um eine sinnvolle Nutzung zu ermöglichen. Die in der Experten-Laien-Kommunikation stets erforderliche Komplexitätsreduktion sollte in angemessener Weise erfolgen und transparent gemacht werden.

2. Die Qualitätsberichterstattung für die stationäre Versorgung

Ausgangspunkt unserer Untersuchung waren die erstmals für das Jahr 2004 verbindlich vorgeschriebenen Qualitätsberichte der Anbieter stationärer Leistungen. In der entsprechenden Gesetzgebung war lediglich die Veröffentlichung von Struktur- und Leistungsdaten verbindlich vorgeschrieben, gleichzeitig wurde aber als Zweck der Berichterstattung genannt, als Entscheidungshilfe für überweisende Ärzte und Patienten zur Wahl eines Krankenhauses zu dienen.[6]

---

[6] Gemeinsamer Bundesausschuss 2004.

Bisher erfolgt die Auswahl des Krankenhauses durch den Versicherten und Patienten vor allem basierend auf Empfehlungen von behandelnden Ärzten, Verwandten, Bekannten, aufgrund der Nähe zum eigenen Wohnort und geleitet von eigenen Erfahrungen; nur wenige Patienten nutzen Vergleichslisten, Verbraucherzentralen oder Selbsthilfegruppen als Entscheidungshilfen.[7] Die Qualitätsberichterstattung für die stationäre Versorgung sollte hier eine bessere Entscheidungsgrundlage auch für Patienten bieten. In diesem Sinne benennt auch der Sachverständigenrat für die Konzertierte Aktion im Gesundheitswesen die obligatorischen Berichte explizit als potentielles Instrument zur Transparenzerhöhung des Versorgungsgeschehens.

Gemäß § 137 Abs. 1 Satz 3 Nr. 6 SGB V wurden alle nach § 108 SGB V zugelassenen Krankenhäuser verpflichtet, erstmals im Jahr 2005 für das Jahr 2004 einen strukturierten Qualitätsbericht zu verfassen und der Öffentlichkeit zugänglich zu machen. Der strukturierte Qualitätsbericht gliedert sich in einen Basis- und einen Systemteil und soll in allgemein verständlicher Form über das Qualitätsmanagement des berichtenden Krankenhauses informieren.

Der **Basisteil** gibt im Abschnitt A einen systematischen Überblick über die allgemeinen Struktur- und Leistungsdaten des veröffentlichenden Krankenhauses. In Teil B finden sich die fachabteilungsbezogenen und fachabteilungsübergreifenden Struktur- und Leistungsdaten. Dazu zählt neben Angaben zu Betten-, Personal- und Fallzahlen insbesondere das medizinische Leistungsspektrum. Hier müssen die Top-10 DRG, die zehn häufigsten Hauptdiagnosen und die zehn häufigsten Operationen angegeben werden. Zudem sind in diesem Teil besondere Versorgungsschwerpunkte sowie Informationen zur apparativen und therapeutischen Ausstattung zu publizieren. Der Abschnitt C informiert über die Teilnahme an externen Qualitätssicherungsmaßnahmen. Hier wird lediglich dokumentiert, für welche Leistungen dies geschehen ist. Darüber hinaus soll hier der Grad der Umsetzung der Mindestmengenvereinbarung dargestellt werden.

Der **Systemteil** soll den Krankenhäusern die Möglichkeit geben, allgemeinverständliche Informationen über ihr Qualitätsmanagement zu veröffentlichen. Dabei soll über die operativen und strategischen Ziele sowie die krankenhausindividuellen Grundsätze der Qualitätspolitik informiert werden (Abschnitt D). Darüber hinaus sollen Angaben zum Aufbau des Qualitätsmanagements und dessen Bewertung (Abschnitt E) sowie zu

[7] Geraedts 2006.

Qualitätsmanagementprojekten im Berichtszeitraum (Abschnitt F) gemacht werden. Verweise auf die Verantwortlichen für den Qualitätsbericht, Ansprechpartner, sowie Hinweise auf andere Informationsquellen finden sich im letzten Abschnitt G.

		Aufbau	Inhalt
Basisteil (obligatorisch)	A	Allgemeine Struktur- und Leistungsdaten des Krankenhauses	Kontaktdaten Fallzahlen Fachabteilungen Top 30 DRG Versorgungsschwerpunkte Leistungsangebote Ambulante Behandlungsmöglichkeiten Apparative Ausstattung Therapeutische Möglichkeiten
	B1	Fachabteilungsbezogene Struktur- und Leistungsdaten des Krankenhauses	Leistungsspektrum Versorgungsschwerpunkte Leistungsangebote Top 10-DRG, - Hauptdiagnosen und - Operationen
	B2	Fachabteilungsübergreifende Struktur- und Leistungsdaten des Krankenhauses	Fallzahl ambulante Operationen Top 5-ambulante Operationen Personal-Qualifikation von Ärzten und Pflegedienst
	C	Qualitätssicherung	Dokumentationsrate bei externer Qualitätssicherung Teilnahme an Qualitätssicherung: - ambulantes Operieren - nach Landesrecht - bei DMP Umsetzung Mindestmengenvereinbarung
Systemteil (freiwillig)	D	Qualitätspolitik	Grundsätze und Ziele der Qualitätspolitik
	E	Qualitätsmanagement und dessen Bewertung	Aufbau des einrichtungsinternen Qualitätsmanagements Selbst- und Fremdbewertung Ergebnisse der externen Qualitätssicherung
	F	Qualitätsmanagementprojekte	Projekte im Berichtszeitraum
	G	Weitergehende Informationen	Verantwortliche(r) für Qualitätsbericht Ansprechpartner

Abb. 1: Gliederung der Qualitätsberichte (komprimiert)[8]

[8] Gemeinsamer Bundesausschuss 2004.

Obgleich zahlreiche Struktur- und Leistungsdaten verbindlich zur Veröffentlichung auch für Patienten vorgeschrieben wurden, fehlen Angaben zur Behandlungsqualität (sie können auf freiwilliger Basis von Krankenhäusern veröffentlicht werden). Die Nichtberücksichtigung dieser sowohl für überweisende Ärzte als auch ihre Patienten zentralen Angaben lassen befürchten, dass der Gemeinsame Bundesausschuss im schwierigen Prozess der Konsentierung zwischen den verschiedenen Interessen die für einen gelingenden Wissenstransfer wesentliche Berücksichtigung der Relevanz beim Empfänger – überweisende Ärzte und Patienten – nicht in ausreichendem Maße berücksichtigt hat.

Bei Betrachtung der Vorgaben war bereits klar, dass die in den Berichten enthaltenen Informationen über Leistungsmengen und -profile insbesondere aufgrund fehlender Angaben zu Behandlungsergebnissen als Grundlage für valide Qualitätsbewertungen der Krankenhäuser durch Patienten ungeeignet sein würden.[9] Der Fokus dieser Untersuchung wurde deshalb auf die Bereiche gesetzt, die einen Hinweis auf die Bemühungen eines Krankenhauses zur Nutzer- und Qualitätsorientierung des Berichtes bieten und damit die Basis eines Wissenstransfers leisten. Neben formalen Kriterien, dem Qualitätsmanagement als Indikator für die Transparenz der Prozessqualität und zwei klassischen Ergebnisqualitätskriterien, wurde die Transparenz der ergänzenden Serviceleistungen für die weitere Analyse ausgewählt, da diese Strukturqualitätsangaben im Zentrum des Interesses der Patienten stehen und auch durch diese ohne Unterstützung zu bewerten sind.

3. Datentechnische Erfassung und Klassifizierung

Um einen Selektionsbias auszuschließen, erfolgte eine Voll-Erhebung der Qualitätsberichte für den Aufbau einer Datenbank.[10] Die Datenbeschaffung für das Berichtsjahr 2004 erfolgte mit Stand November 2005 auf der Basis der von den Kassen als PDF online zur Verfügung gestellten Qualitätsberichte gemäß § 137 SGB V.[11]

9 Lüttike und Schellschmidt 2005.

10 Die Datenbank ist Teil des Wittener Gesundheitsatlas, auf dessen Basis zukünftig Beiträge zum Health Mapping für Deutschland entwickelt werden sollen. Dank gebührt der MedSolv Medical Solutions für die umfangreiche informationstechnische Unterstützung dieser Untersuchung!

11 Verband der Angestellten-Krankenkassen 2005.

Datentechnisch betrachtet handelt es sich bei der verfügbaren Dokumentenmenge um eine nur grob strukturierte Dokumentation.[12] Deshalb musste ein spezielles Werkzeug geschaffen werden, mit dem die Daten der Qualitätsberichte teilautomatisiert in die entsprechend vorgegebenen Datenfelder einer Datenbank kopiert wurden. Für diesen Zweck wurde ein so genannter Parser entwickelt, der die PDF-Dokumente nach bestimmten Erkennungsmerkmalen durchsuchte, um die Grundstruktur und somit die gewünschten Daten zu identifizieren, für die manuelle Kontrolle zu präsentieren und nach Zustimmung in die Datenbasis des Wittener Gesundheitsatlas zu kopieren. Hierzu wurde ein relationales Datenbankmodell aufgebaut.

Aufgrund der zu erwartenden Begriffsheterogenität musste eine Software zur möglichst automatisierten Generierung einer spezifischen Sammlung der verwendeten Synonyme für den jeweils gesuchten Hauptbegriff programmiert werden. Zudem war es erforderlich, Instrumente zur Darstellung und Analyse der Daten zu entwickeln. Alle Kontrollen und Bewertungen der Berichte wurden bewusst von Laien (studentischen Hilfskräften) durchgeführt, denn die Verständlichkeit für Laien ist Grundlage der Erreichung eines wichtigen Zieles der Vereinbarung zur stationären Berichtserstattung, nämlich des Wissenstransfers zum Patienten.

Insgesamt wurden 2.001 Dokumente untersucht mit einer durchschnittlichen Seitenzahl von 48,2 und einer Spanne von 7 bis 524 Seiten.[13] Die resultierende Datenbank hat 563 Felder numerischer und deskriptiver Struktur-, Leistungs- und Qualitätsdaten und einen Gesamtumfang von 5.080.534 Datensätzen. Um die Datenqualität abzuschätzen, wurde die Begriffsheterogenität quantifiziert und stichprobenartig durch Plausibilitätsprüfung die Richtigkeit der Daten (Vollständigkeit bzw. korrekte Dateneingabe) bestimmt.

Datenqualität:
Bei Fehlern durch Falscheingaben bei den Krankenhäusern wie absolute Zahlen anstelle prozentualer Angaben o. ä. dürfte es sich um Einzelfälle handeln, die allerdings bei einer elektronischen Datenanalyse durch entsprechende Plausibilitätskontrollen und eventuell zeitaufwändige Validierung beseitigt werden müssen.

---

[12] Gemeinsamer Bundesausschuss 2003.
[13] Von 38 Kliniken wurde keine entsprechende PDF-Datei angeboten.

Aufgrund der Tatsache, dass einige Kliniken lediglich über die acht in den Gliederungsvorgaben als Beispiel genannten Geräte eine Angabe machen, lässt sich schließen, dass nur die Daten zu diesen Apparaten annähernd vollständig sein dürften.

Auffallend ist die offensichtlich durch Begriffsverwechslung bedingte, größtenteils beliebige Zuordnung der entsprechenden Daten zu den Feldern „Therapeutische Möglichkeiten“, „Versorgungsschwerpunkte“ und „Leistungsangebote“. Dies kann auch bei aufwändiger Thesaurierung der Daten bei einer inhaltlichen Auswertung dieser Felder zu einer Verzerrung führen.

Begriffsheterogenität:
Aufgrund mangelnder Vorgaben bezüglich zu verwendender Fachtermini war eine heterogene Begriffsverwendung zu erwarten.[14] Die in unserer Vollerhebung gefundene Flut an Ausdrücken hat diese Erwartungen noch weit übertroffen. So wurden z. B. bei den Versorgungsschwerpunkten knapp 100.000 verschiedene Ausdrücke gefunden, die durch rein elektronische Bearbeitung lediglich auf 72 % verdichtet werden konnten und eine nachträgliche manuelle Thesaurierung nahezu ausschließen. Dieser Umstand mag für den Leser eines einzelnen Berichtes weniger bedeutend sein, er macht aber eine Analyse und Präsentation von Daten vieler Berichte – z. B. für Patienten-Informationsportale – nur nach sehr aufwändiger Katalogisierung möglich. Für den überweisenden Arzt oder Patienten, der mehrere Krankenhäuser in seiner Region vergleichen möchte, ist eine Bewertung der heterogenen Angaben praktisch unmöglich.

Die eingeschränkte Vollständigkeit und Richtigkeit der Informationen, mehr aber noch die Begriffsheterogenität der zur Verfügung gestellten Informationen, tangieren den Wissenstransfers empfindlich: Während die Bereitstellung vollständiger und richtiger Informationen gewünscht und auch erwartet werden kann, sind Fehleingaben bei den vorliegenden sehr großen Informationsmengen doch nicht auszuschließen. Schwerer wiegt die weitgehende Vernachlässigung von Vorgaben zur Klassifizierung und Standardisierung der Berichte in der ersten Runde der Qualitätsberichterstattung. Diese kompliziert bzw. verhindert eine sinnvolle Vernetzung der Informationen, macht im folgenden Schritt eine vergleichende Nutzung unmöglich und verringert damit die Re-

[14] Gemeinsamer Bundesausschuss 2004.
Volkmer et al. 2006 identifizierten 59 Klartextumschreibungen für die Prozedur 5-562 („Ureterotomie, perkutan-transrenale und transurethrale Steinbehandlung“).

levanz des Wissenstransfers im Hinblick auf die Interessen der Patienten erheblich. Für die kommenden Berichte dürften diese vorhersehbaren Probleme des Wissenstransfers für die (inzwischen z. T. umbenannten) Bereiche „Apparative Ausstattung", „Therapeutische Möglichkeiten", „Versorgungsschwerpunkte", „Leistungsangebote" (sowie für die Bezeichnungen des Fachpersonals und der Externen Qualitätssicherung nach Landesrecht) entschärft sein, denn für diese Bereiche des strukturierten Basisteils werden Auswahllisten mit definierten Begriffen vorgegeben, die durch eine Kommentarspalte ergänzt werden können.[15] Für den Systemteil sind jedoch auch weiterhin in dieser Beziehung keine verbindlichen Vorgaben geplant.

4. Transparenz und Nutzerorientierung

Nachdem bereits früh deutlich geworden ist, dass die Strukturvorgaben für die Qualitätsberichterstattung durch die Krankenhäuser ausgerechnet die für die Zielgruppe der niedergelassenen Ärzte und der Patienten zentralen Angaben zur Ergebnisqualität gar nicht umfassen, musste des Weiteren festgestellt werden, dass darüber hinaus durch fehlende bzw. mangelhafte Standardisierungsanforderungen eine Rezeption und Nutzung durch die Laienempfänger der Kommunikation weiter erschwert wurde: Durch enorme Begriffsheterogenitäten, unpräzise Strukturvorgaben und die überwiegende Veröffentlichung im PDF-Format stellt sich die Verarbeitung, Verteilung und Vernetzung der Informationen als unpraktikabel dar, eine sinnvolle Nutzung durch den Empfänger wird extrem erschwert.

Um dennoch das Potential der stationären Qualitätsberichtserstattung für eine Beurteilung der Krankenhäuser durch potentielle Nutzer abzuschätzen, wurde im Rahmen der vorliegenden Untersuchung eine Bewertung der Transparenz und Nutzerorientierung der Berichte durch Prüfung formaler und inhaltlicher Kriterien vorgenommen.

Formale Vernachlässigung der Qualitätsberichte:
Ein wichtiger Ansatzpunkt für den Wissenstransfer zwischen Expertenorganisation und Laien ist die Nutzung geeigneter Kommunikationsformen und entsprechender Medien unter Berücksichtigung der Bedürfnisse des Empfängers, hier der Patienten.

[15] Gemeinsamer Bundesausschuss 2007a.

Abbildung 3 zeigt den Anteil an Krankenhäusern, die in ihren Berichten den Nutzer direkt ansprechen und zur Orientierung ein Inhaltsverzeichnis, ein Foto der Klinik oder eine Anfahrtsbeschreibung anbieten.

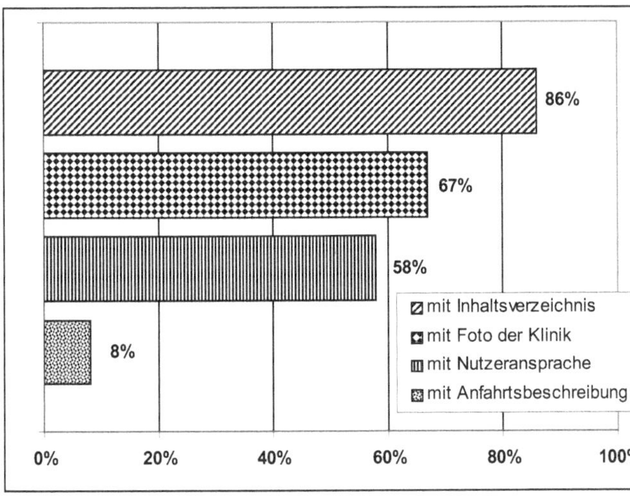

Abb. 2: Nutzeransprache durch Krankenhäuser

Rund ein Drittel der Berichte enthalten keine Ansprache des Nutzers und kein Foto der Klinik, nur etwa ein Zehntel bietet eine Anfahrtsskizze an und stellt Sachverhalte mit mehr als einer Graphik dar. 14% verzichten sogar auf ein Inhaltsverzeichnis, mehr als ein Bild findet sich nur bei einem Drittel.

Diese deutliche formale Vernachlässigung vieler Texte erweckt den Eindruck, dass teilweise die Berichtserstellung mehr als administrative Aufgabe denn als Basis des Wissenstransfers für eine interessierte Öffentlichkeit begriffen wurde. Um Patienten zu erreichen, ist die Bereitstellung notwendiger Hintergrundinformationen zur Nutzung der Qualitätsberichte notwendig. Fehlt diese, so dürften Resonanz und Nutzung dürftig ausfallen.

Denkbar wäre auch, dass Krankenhäuser beim Verfassen davon ausgehen, dass die Berichte ohnehin durch ein Internetportal aufgearbeitet werden, was die untersuchten formalen Aspekte wie das Inhaltsverzeichnis überflüssig machen würde. Es konnte jedoch gezeigt werden, dass gerade ältere Menschen, also die überwiegende Nutzergruppe der Krankenhäuser, Informationsbroschüren als Informationsquelle zum Qualitätsvergleich dem Internet vorziehen.[16]

Transparenz von Qualitätsmanagement und Ergebnisparametern:
Für die Nutzer der Qualitätsberichte wesentliche Informationen betreffen Qualitäts- und Risikomanagement, Patientenzufriedenheit und Mitarbeitermotivation. Diese Aspekte wurden über eine gestützte Volltextsuche nach Schlüsselbegriffen mit anschließender manueller Kontextkontrolle analysiert:

Laut eigener Darstellung in den Qualitätsberichten besitzen 469, d. h. ein knappes Viertel aller Krankenhäuser ein extern zertifiziertes QM-System. Während bei den Krankenhäusern mit ISO 9000-Zertifizierung diese bei rund der Hälfte nur für eine Abteilung verliehen wurde, gilt die KTQ-Zertifizierung bei fast allen 152 Klinken für das ganze Haus. Die letztgenannte Zahl zeigt, dass darüber in den meisten Fällen berichtet wurde, denn die KTQ-GmbH meldete Anfang November 2004 die Zertifizierung des 100. Hauses.[17]

Obwohl es sich um einen integralen Bestandteil der Qualitätsmaßnahmen zur Patientensicherheit handelt, berichten lediglich neun Prozent der Kliniken über ihr Risikomanagement, wovon in nur 16 Berichten erklärt wird, was im Hause unter Fehlerkultur verstanden wird. Entsprechend finden sich auch nur in einem Viertel der Berichte konkrete Zahlenangaben im Bereich Todesfälle und Komplikationen.[18] Diese Größenordnung an Berichten mit Ergebnisdaten entspricht anderen Untersuchungen, die feststellten, dass etwa ein Viertel aller Kliniken die Qualitätsberichte dazu nutzen, BQS-Daten zu veröffentlichen.[19]

Während rund die Hälfte der Krankenhäuser von einem Qualitätszirkel und von einer Messung der Patientenzufriedenheit berichten, wird in nur einem von fünf Berichten eine Mitarbeiterbefragung erwähnt.

Insgesamt ist festzustellen, dass diese Daten, die Auskunft über die Qualitätsbemühungen einer Klinik geben, nur durch großen Aufwand zu ermitteln waren, ließ sich

[16] Geraedts 2006.
[17] KTQ 2004.
[18] 80% dieser Angaben stammen aus Abschnitten zur externen Qualitätssicherung.
[19] Brechtel und Zöll 2006; Döbler et al. 2007.

doch für die Untersucher nur durch umfangreiche Kontextkontrolle z. B. zwischen „Orientierung an“ einem Qualitätsmanagementsystem und echter Zertifizierung unterscheiden.

Ergänzende Serviceangebote:
Die festgestellte Begriffsverwirrung ließ erwarten, dass sich ein Teil der Informationen zu ergänzenden Serviceleistungen auch in den Abschnitten „Therapeutische Möglichkeiten“ und „Versorgungsschwerpunkte“ befinden könnte. Dennoch wurde zunächst nur der dafür vorgesehene Gliederungspunkt „Leistungsangebot“ analysiert, denn dort dürfte die überwiegende Mehrheit der Leser nach entsprechenden Serviceangeboten suchen. Außerdem lässt sich bei dieser praktikablen Vorgehensweise auch die Größenordung abschätzen, die diesem Thema in den Berichten gewidmet ist.

Suchbegriff[20]	Therapeutische Möglichkeiten	Versorgungs-schwerpunkte	Leistungs-angebote
Café (Suche nach Cafeteria)	0	4	122
Fitness (Suche nach Fitnessraum)	2	1	6
Schwimmbad	4	3	14
Seelsorge	9	62	133
Brustzentrum (bzw. Kooperation)	1	379	106
Intensivmedizin	31	1309	253
Endosonographie	3	142	68
Kinderurologie	2	163	35
Akupunktur	47	253	228
Ergotherapie	36	195	192
Massage	154	122	189
Stillberatung	8	43	107

Tabelle 1: Zahl der Fundstellen für Suchbegriffe in drei verschiedenen Gliederungspunkten

Rund die Hälfte der Berichte erwähnt das Angebot von Patienteninformationen durch das Krankenhaus, aber nur 5–15% der Kliniken stellen im entsprechenden Gliederungspunkt ihre Leistungen bezüglich Ernährungsangeboten, Wellness / Körperpflege, seelsorgerischen und meditativen Serviceleistungen, sowie Barrierefreiheit und kultu-

[20] Gemeinsamer Bundesausschuss 2007a.

relle Besonderheiten dar. Trotz der diskutierten Mängel der Datenqualität ist dies ein Indiz dafür, dass die Mehrzahl der Krankenhäuser der Präsentation dieser patientenrelevanten Informationen nur wenig Aufmerksamkeit schenkt.

Im Idealfall könnten zukünftig viele Krankenhäuser die Qualitätsberichte als Instrumente des Wissenstransfers oder des Marketings erkennen und sie freiwillig für den Leser ansprechend gestalten, etwa durch einleitende Ansprache, nützliche Informationen (z. B. Anfahrt, Lage), übersichtliches Layout und Auflockerung durch Abbildungen. Dennoch ist zur Sicherung des vom Gesetzgeber vorgesehen Wissenstransfers über alle Krankenhäuser zum Arzt und Patienten wünschenswert, dass auch formale Kriterien zur Nutzerorientierung durch den Gemeinsamen Bundesausschuss stärker standardisiert werden. Ansonsten bleibt die Gefahr eines nur unvollständigen Transfers und damit einer stark eingeschränkten Relevanz und Nutzbarkeit der zur Verfügung gestellten Informationen. Die Standardisierung und Klassifizierung ist unabdingbare Voraussetzung für eine Vernetzung der Informationen und damit für die Generierung von Entscheidungshilfen beim Empfänger. Zudem würden sich die Berichte bei stärkerer Standardisierung nicht nur zur Verarbeitung in Form von Internet-Informationsportalen eignen, sondern auch für die vergleichenden gedruckten Veröffentlichungen, die für die Mehrzahl älterer Versicherter ohnehin das bevorzugte Verbreitungsmedium darstellen.

Die für die kommenden Berichte prägnanter gewählten Begriffe und verbindlichen Begriffsauswahllisten werden Informationsanalyse und -vernetzung in Bezug auf die Strukturdaten deutlich vereinfachen. Es ist zu hoffen, dass der Gemeinsame Bundesausschuss auch verbindliche Vorgaben zur Veröffentlichung von Ergebnisindikatoren (aus dem BQS-Verfahren) beschließt, um die Relevanz der Informationen für die Zielgruppe der überweisenden Ärzte und ihrer Patienten zu erhöhen. Die Ergebnisse dieser Studie zeigen, dass die Qualität und Auswertbarkeit dieser für Patienten besonders relevanten Informationen unter mangelnden Vorgaben leidet.[21]

Für den Berichtsteil „Qualitätsmanagement“ heißt es jedoch in den aktuellen Vorgaben des Gemeinsamen Bundesausschusses für 2006 weiterhin, dass dieser Teil „*weniger standardisiert ist und den Krankenhäusern Spielräume in der Themenauswahl und*

[21] Zu ähnlichen Ergebnissen kommen Döbler et al. 2007.

Themendarstellung gibt".[22] Sinnvoll wären auch hier verbindliche Vorgaben zur Dokumentation einer externen Zertifizierung mit definierten Bezeichnungen inklusive Abbildung des Zertifikates.

Insbesondere die in Zukunft vorgeschriebene Veröffentlichung im XML-Format ist unverzichtbar für eine als Entscheidungshilfe dienende aufgearbeitete Präsentation der gewonnenen Informationen z. B. in Internetportalen für unterschiedliche Nutzer. Sie ist im Übrigen auch Voraussetzung für wissenschaftliche Analysen zur stationären Versorgung in Deutschland.

5. Vernetzung, Verteilung und Nutzung über das Internet

Mit der Veröffentlichung und Verteilung der Krankenhaus-Qualitätsberichte über das Internet wurden nach Beschluss des Gemeinsamen Bundesausschusses die Krankenkassen beauftragt. Dieser Auftrag wird zurzeit über die Betreibung der Internet-Plattform www.klinik-lotse.de wahrgenommen. Leider ist zu konstatieren, dass das Angebot des Klinik-Lotsen auf eine Patientenführung fast vollständig verzichtet. Der Nutzer kann zwar umfangreich nach Stichworten und Kategorien in den zusammengeführten Qualitätsberichten suchen, wird jedoch durch die reine Begriffssuche in den beschriebenen Begriffsheterogenitäten der Berichte häufig nicht das gewünschte Ergebnis finden. In diesem Fall wird der Suchende vielleicht andere Begriffe ausprobieren und eventuell fündig werden. Als weitaus problematischer ist zu bewerten, wenn Patienten zu ihrem Suchbegriff ein Ergebnis erhalten und davon ausgehen, dass sie alle relevanten Häuser mit der gesuchten Leistung gefunden hätten. Dies ist jedoch in vielen Fällen nicht gegeben. So werden für den Begriff „Eierstockkrebs" über den Klinik-Lotsen in Düsseldorf drei Krankenhäuser gefunden, bei der Suche nach „Eierstock Krebs" erscheinen dann jedoch drei weitere Häuser, darunter erst das Universitätsklinikum Düsseldorf.

Ein weiteres Beispiel ist die freie Suche nach dem Krankheitsbild „Bypass-Operation". Die „ungefähre Suche" des Lotsen listet mit 1.970 Treffern nahezu alle deutschen Kliniken als Ergebnis auf. Dabei finden sich auch Krankenhäuser, die beispielsweise in ihrem Qualitätsbericht lediglich unter den „Besonderen Schwerpunkten einer Fachabteilung" „Behandlung nach Bypass-Operationen" als Leistung erwähnen. Eine „genaue

22 Gemeinsamer Bundesausschuss 2007b.

Suche" schränkt die Ergebnisse zwar mit 423 Kliniken deutlich ein. Aber auch hier ist eine Abgrenzung für den Laien schwierig. Erschwerend kommt hinzu, dass eine Bypass-Operation zwei DRGs umfasst, F05 und F06. Bei der „erweiterten Suche" nach DRGs finden sich für F05 nur noch 75 und für F06 83 Kliniken. Eine kombinierte Suche nach beiden DRGs existiert nicht.

Auch werden über den Klinik-Lotsen in Berlin 55 Krankenhäuser mit Computertomographen gefunden, während nach der dieser Studie zugrunde liegenden Datenbank des Wittener Gesundheitsatlas 59 Berliner Krankenhäuser die Ausstattung mit einem Computertomographen angegeben haben. Ohne einen Ähnlichkeitsalgorithmus zum Ausschluss von Fehlern durch unterschiedliche Schreibweise (in den Qualitätsberichten finden sich 55 unterschiedliche Begrifflichkeiten für Computertomograph: Spiral-CT, Cardio-CT, Röntgen-Computer-Tomographie, Mehrzeilen-Spiral-CT, Planungs-Computertomograph, Vier-Schicht-Spiral-Computertomograph, etc.), ohne semantische Verknüpfungen und ohne eine Patientenführung, die notwendige Hintergrundinformationen vermittelt oder den Patienten bei der Interpretation der Suchergebnisse unterstützt, birgt die gewählte Verteilung der Informationen über den Klinik-Lotsen daher ein hohes Risiko der Fehlinformation des Laien. Diese ist dem Patienten regelmäßig nicht bewusst, da er über die besondere Art der Suche bzw. über die Fehleranfälligkeit der hier angebotenen reinen Begriffssuche nicht informiert wird – er wird daher den im ersten Suchschritt ausgewiesenen Informationen vertrauen.

6. Zusammenfassende Empfehlungen zur Verbesserung des Wissenstransfers

Voraussetzung für jede Experten-Laien-Kommunikation ist die Selektion von Informationskomplexen, die für den Empfänger von besonderer Relevanz sind. Hier ist zu wünschen, dass die Qualitätsberichte um geeignete Ergebnisindikatoren erweitert werden, um Patienten und überweisenden Ärzten eine Entscheidungshilfe geben zu können. Die Zugänglichkeit der Qualitätsberichte für verschiedene Nutzergruppen kann durch eine sehr viel stärkere Standardisierung und Klassifizierung der Inhalte erreicht werden. Damit wird der Tatsache Rechnung getragen, dass die in den Qualitätsberichten enthaltenen Informationen durch Vernetzung und Vergleichbarkeit einen deutlich höheren Nutzen entfalten können.

Voraussetzung für eine Vernetzung der Informationen ist nicht nur eine starke Standardisierung der Inhalte, sondern im Fall der Qualitätsberichte auch die Präsentation in einem standardisiert elektronisch zu verarbeitenden Format (XML). Bei rund zweitausend Berichten mit zahlreichen standardisierten Daten ist die Möglichkeit der datentechnischen Verarbeitung Grundvoraussetzung für eine Auswertung und nutzerorientierte Präsentation der riesigen Informationsmengen. Unabdingbar für die Nutzung der elektronisch verfügbaren Informationen ist eine intelligente Suchmöglichkeit, die mindestens auch einen Ähnlichkeitsalgorithmus und eine semantische Vernetzung beinhalten sollte.

Es ist deutlich geworden, dass die Auswertung und nutzerorientierte Präsentation ohne zusätzliche Informationen und ohne eine Führung der Nutzer durch die Informationsmengen wenig sinnvoll ist. Indem Patienten in bisherigen Informationsportalen mit der Nutzung der Informationen allein gelassen werden, besteht die Gefahr von Fehlern bei der Rezeption und Nutzung. Hier ist hinsichtlich der Weiterentwicklung der Qualitätsberichte besonders großer Handlungsbedarf zu verzeichnen, wenn anstelle eines gelingenden Wissenstransfers nicht Fehlsteuerungen erreicht werden sollen.

Die folgende Tabelle bietet eine Übersicht der vorgeschlagenen Punkte zur Weiterentwicklung der stationären Qualitätsberichterstattung:

Maßnahme	**Zweck**
Einleitende Ansprache der Nutzer	komprimierte Darstellung des Selbstbildes und der Zielgruppe, Erklärungen zur Nutzung des Qualitätsberichtes
Präsentation eines Fotos der Klinik	Darstellung des Klinikäußeren und seiner Umgebung
Angebot eines Lageplans bzw. einer Anfahrtsbeschreibung	Unterstützung der Anfahrt der Patienten, Darstellung der Lage
Beschreibung von Patientenbefragungen mit Ergebnissen	nachvollziehbare Dokumentation der Bemühungen um Patientenzufriedenheit
Benutzung festgelegter Begriffe für „Apparative Ausstattung“, „Therapeutische Möglichkeiten“, „Versorgungsschwerpunkte“, „Leistungsangebote“ mit Kommentarspalte*	Vereinfachung der elektronischen Verarbeitung der Berichte, erleichterte Vergleichbarkeit des Leistungsangebots für Patienten
Abgabe der Berichte im XML-Format*	
Eindeutigere Bezeichnung der Gliederungspunkte „Therapeutische Möglichkeiten“ und „Leistungsangebote“*	Vermeidung von Datenfehlzuordnungen
Benutzung festgelegter Begriffe für Stand und Ausmaß der externen Zertifizierung	eindeutige Darstellung der Zertifizierung des QM-Systems
Abbildung des externen QM-Zerifikates	
Veröffentlichung aller Daten der externen Qualitätssicherung („BQS-Daten“)**	Dokumentation valider und vergleichbarer Ergebnisdaten

Tabelle 2: Empfehlungen zur Verbesserung des Wissenstransfers durch die Krankenhausqualitätsberichte nach § 137 SGB V selbst

* Diese Maßnahmen sind bereits für die kommenden Berichte (2006) vorgeschrieben.[23]

** Der G-BA hat am 22. Juni 2007 konkrete Vorgaben für ausgewählte Qualitätsindikatoren und zur Art der Ergebnisdarstellung für die Berichte 2006 beschlossen.[24]

7. Patientenorientierte Weiterentwicklung

Obwohl die Datenlage der bisher vorliegenden Qualitätsberichte nur sehr eingeschränkte Aussagen zur Struktur- und Prozessqualität und nahezu keine Rückschlüsse auf die Ergebnisqualität der deutschen Krankenhäuser zulässt, können die vorhandenen Informationen aus den Qualitätsberichten für Patienten nutzenstiftend zusätzliche Verwendungsmöglichkeiten erfahren.

Bislang hat der Patient weitestgehend seinen behandelnden Arzt um Rat ersucht, wenn er Gesundheitsbeschwerden hatte. Die sich verändernde Arzt-Patienten-Kommunikation der letzten Jahre gestaltet sich zunehmend dahingehend, dass sich Patienten im Vorfeld eigenständig über Behandlungsoptionen informieren möchten. Hierzu können

---

[23] Gemeinsamer Bundesausschuss 2007a; Gemeinsamer Bundesausschuss 2007c.

[24] Gemeinsamer Bundesausschuss 2006; Gemeinsamer Bundesausschuss 2007d.

verschiedene Medien wie Patienteninformationen in der Laienpresse oder das Internet genutzt werden. Im Sinne der gesetzlich vorgeschriebenen Qualitätsberichterstattung sollen die Qualitätsberichte der Krankenhäuser das Informationsbedürfnis der Patienten decken.

Der Patient hat zur Zeit die Möglichkeit, sich auf einschlägigen Internetseiten (www.g-qb.de) oder den Internetseiten der Krankenhäuser die Qualitätsberichte herunter zu laden, um darin nach Hinweisen auf Therapiemöglichkeiten für seinen Behandlungswunsch zu suchen. Sollten Therapieoptionen für ein bestimmtes Krankheitsbild gesucht werden, muss der Patient viele Berichte aufwändig nach den benötigten Informationen durchsuchen. Geht er über das vom Verband der Krankenkassen zur Verfügung gestellte Patientenportal, erspart er sich die mühsame Einzelrecherche, unterliegt jedoch – vermutlich unwissentlich – dem Risiko der Fehlinformation (s. o.).

Für eine Weiterentwicklung der Qualitätsberichterstattung sind zunächst valide Daten über die Informationsbedürfnisse und das Informationssuchverhalten der Patienten notwendig. Es braucht also umfangreiche Patientenbefragungen, und dies nicht nur einmalig, sondern in der Weiterentwicklung der Qualitätsberichte und ihrer Verteilung regelmäßig immer wieder.

Bezüglich der Verteilung der Informationen zu den deutschen Krankenhäusern wurde anhand der Mängel der Verteilung und Nutzbarkeit des Klinik-Lotsen bereits ausgeführt, dass ohne Patientenführung und semantische Vernetzung im Rahmen einer intelligenten Suche Fehlinformation und in Folge Fehlentscheidungen hoch wahrscheinlich sind. Hier ist die Richtung der inhaltlichen und technischen Weiterentwicklung ebenfalls klar vorgegeben.

Wenn diese gravierenden Mängel behoben sein werden, kann die Verteilung und Nutzbarmachung der Informationen durch Patienten durch eine Visualisierung der Patientenführung unterstützt werden. Dies kann z. B. über eine Körpernavigation erfolgen, allerdings wird bei der Suche nach einem Krankenhaus das Krankheitsbild in den meisten Fällen bereits bekannt sein. Mit Hilfe einer geeigneten Geovisualisierung jedoch könnte der Patient die ersten Suchschritte intuitiv und nach dem für ihn häufig wichtigsten Kriterium einer gewissen räumlichen Nähe zu seinen Angehörigen vornehmen. Durch Zoomfunktionalitäten könnte das Suchergebnis weiter spezifiziert werden. Zusätzliche Hintergrundinformationen, etwa zum Krankheitsbild oder unterstützenden Therapieangeboten, sind auch bei diesem Einstieg in die Patienteninformation unabdingbar.

8. Fazit

Eine repräsentative Bevölkerungsbefragung über den spezifischen Bedarf an Information über die Qualität von Krankenhausberichten zeigt, dass sich zwar über 85% der Teilnehmer Qualitätsinformationen zu Krankenhäusern wünschen, aber nur etwa ein Fünftel Kenntnis von den vorliegenden Berichten hat, und lediglich 4% diese im ersten Halbjahr nach der Veröffentlichung angesehen haben. Es wird geschätzt, dass bis dahin nur knapp drei Promille der Bevölkerung die Berichte zur Wahl eines Krankenhauses vor einem Eingriff genutzt haben.[25]

Unsere Analyse der ersten Runde der Qualitätsberichterstattung nach § 137 SGB V macht deutlich, dass die Krankenhäuser die Möglichkeit des Wissenstransfers an ihre Kunden überwiegend nicht oder kaum sinnvoll genutzt haben. Auch der Gesetzgeber bzw. der Gemeinsame Bundesausschuss hat die Erfordernisse hinsichtlich einer Standardisierung der Vorgaben zur Ermöglichung eines Vergleichs von Informationen und der Generierung von Wissen über die relevanten Krankenhäuser etwa vor einem Eingriff offensichtlich unterschätzt. Die vom Gesetzgeber gewünschte Erhöhung der Transparenz über die stationäre Versorgung wurde schließlich durch die überwiegend nicht-maschinenlesbare Veröffentlichung der Berichte erheblich behindert. Daher kommt einer zusätzlichen Aufbereitung der Qualitätsberichte durch eine unabhängige Organisation große Bedeutung zu. Bestehende Zusammenhänge – insbesondere zu den jeweiligen Krankheitsbildern – können von Experten dargestellt und für Nichtmediziner verständlich erläutert werden. Um darüber hinaus die Akzeptanz der Qualitätsberichte zu erhöhen und auch im digitalen Zeitalter Patienten ohne Internetzugang erreichen zu können, ist eine Print-Ausgabe der wichtigsten Ergebnisse erforderlich.

Auch wenn für die Zielgruppe der niedergelassenen Ärzte auf eine Aufbereitung in verständlicher Laiensprache verzichtet werden kann, ist die für eine umfassende Entscheidungsfindung notwendige Transparenz und Nutzerorientierung auf Expertenbasis ebenfalls nicht gegeben.

---

25 Geraedts 2006.

Für zukünftige Berichte sind hier deutliche Verbesserungen vorgesehen: Die Veröffentlichung im XML-Format wird verbindlich, so dass eine Weiterverarbeitung der Daten erleichtert wird. Für verschiedene Bereiche des strukturierten Basisteils werden klarere Abgrenzungen und umfangreiche Klassifizierungstabellen vorgegeben. Im Sinne einer an den Patienten gerichteten Nutzerorientierung wären allerdings weiterreichende Vorgaben auch für den Systemteil wünschenswert, etwa zur Präsentation des genutzten und ggf. des zertifizierten Qualitätsmanagementsystems. Eine deutliche Verbesserung hinsichtlich der Relevanz für die Zielgruppe der niedergelassenen Ärzte und ihrer Patienten wird durch die Veröffentlichung von Ergebnisdaten erreicht; hier hat der Gemeinsame Bundesausschuss entschieden, dass die Qualitätsberichte der Krankenhäuser in Zukunft auch Informationen darüber enthalten werden, mit welcher Qualität bestimmte Behandlungen in einzelnen Krankenhäusern vorgenommen wurden. Zu einer abschließenden Entscheidung über die zu publizierenden Indikatoren ist der G-BA noch nicht gekommen; die Entscheidung wird jedoch erwartet und soll noch für die Qualitätsberichte zum Berichtsjahr 2006 umgesetzt werden. Die zusätzlichen Informationen der Berichte der neuesten Generation im XML-Format dürften sich jedoch für Laien ohne umfängliche medizinische und EDV-Kenntnisse noch schwieriger erschließen. Eine Ausrichtung auf die Rezeptionsgewohnheiten der Patienten ist allenfalls punktuell zu verzeichnen.[26]

Die Vernetzung und Präsentation der Informationen steht bisher noch ganz am Anfang. Daher sollte dem Aspekt der patientenorientierten Präsentation und Führung durch die Informationsmengen besondere Aufmerksamkeit gewidmet werden, um eine Wissensgenerierung beim Nutzer zu ermöglichen. Die bisherigen Patienteninformationsportale nutzen zwar verschiedene, teilweise auch komplexe Suchverfahren, sind jedoch weitgehend auf Begriffsübereinstimmung beschränkt und geben den Nutzern keinerlei Basis zur Bewertung der Informationen.

Eine Erweiterung der Nutzungsmöglichkeiten von Daten aus den Qualitätsberichten ist möglich und sinnvoll, um Patienten bei der Suche nach geeigneten Krankenhäusern entsprechend ihrer individuellen Anforderungen zu unterstützen und sie in die Lage zu versetzen, ihr Recht der freien Krankenhauswahl ausüben zu können. Das Internet als Transfermedium bietet Vorzüge durch die Möglichkeit der Selektion relevanter Informationen für den einzelnen Patienten nach verschiedenen Kriterien. Die bisherigen

[26] Altenhöner et al. 2007.

Angebote allerdings vernachlässigen die Patientenführung fast vollständig, gravierender jedoch ist, dass sie wegen der fehlenden Strukturvorgaben zu Fehlern bei Rezeption und Nutzung der Informationen führen können.

Eine geografische Visualisierung von Strukturdaten, die auch über ein semantisches Netz zugänglich gemacht werden, kann bei der Krankenhaussuche ein intuitiv gut zugänglicher Ausgangspunkt für die Patientenführung sein. Das Gelingen des Transfers zur verbesserten Rezeption und Nutzung von Informationen über die Leistungsangebote der Krankenhäuser bedarf allerdings darüber hinaus umfangreicher Zusatzinformationen auf Basis der in Deutschland noch zu erhebenden Präferenzen der Zielgruppe der Kommunikation: der Patienten.

Literatur

Altenhöner, T., Schmidt-Kähler, S., Schwenk, U., Weber, J., Schaeffer, D.: Was wollen Patienten Wissen? Strukturierte Qualitätsberichte immer noch nicht patientengerecht, krankenhaus umschau, 02/2007, S. 111-112, 2007.

Antos, G.: Transferwissenschaft. Chancen und Barrieren des Zugangs zu Wissen in Zeiten der Informationsflut und der Wissensexplosion. In: Wichter, S., Antos, G. (Hrsg.): Wissenstransfer zwischen Experten und Laien: Umriss einer Transferwissenschaft, Frankfurt am Main, 2001.

Brechtel T., Zöll R.: Wie transparent ist die Qualität in deutschen Krankenhäusern? Arzt und Krankenhaus. 2006; 12: 361-366.

Daten des Statistischen Bundesamtes, 2006.

Döbler, K., Boy, O., Mohr, V.: Qualitätsberichte der Krankenhäuser: Wieviel Prozess- und Ergebnisqualität steckt darin? Gesundheitsökonomie und Qualitätsmanagement 2007; 12: 25-34.

Gemeinsamer Bundesausschuss 2003. Anlage zur Vereinbarung gemäß § 137 Abs. 1 Satz 3 Nr. 6 SGB V über Inhalt und Umfang eines strukturierten Qualitätsberichts für nach § 108 SGB V zugelassene Krankenhäuser (03.12.2003). http://www.g-ba.de/cms/front_content.php (Zugang: 07.11.05)

Gemeinsamer Bundesausschuss 2004. Vereinbarung gemäß § 137 Abs. 1 Satz 3 Nr. 6 SGB V über Inhalt und Umfang eines strukturierten Qualitätsberichts für nach § 108 SGB V zugelassene Krankenhäuser (17.08.2004). http://www.g-ba.de/downloads/39-261-144/Vb-Qualitaetsbericht_BAnz-2005-06-21.pdf (Zugang: 08.05.07)

Gemeinsamer Bundesausschuss 2006. Beschluss nach § 91 Abs. 7 SGB V zur Neufassung der Vereinbarung gemäß § 137 Abs. 1 Satz 3 Nr. 6 SGB V über Inhalt und Umfang eines strukturierten Qualitätsberichts für nach § 108 SGB V zugelassene Krankenhäuser (17.10.2006). http://www.g-ba.de/cms/upload/pdf/richtlinien/2006-10-17-Vb-Qualitaetsbericht.pdf (Zugang: 14.03.07)

Gemeinsamer Bundesausschuss 2007a. Neufassung von Anhang 2 zu Anlage 1 zur Vereinbarung gemäß § 137 Abs. 1 Satz 3 Nr. 6 SGB V über Inhalt und Umfang eines strukturierten Qualitätsberichts für nach § 108 SGB V zugelassene Krankenhäuser - Auswahllisten - (21.02.2007). http://www.g-ba.de/cms/upload/pdf/abs7/beschluesse/2007-02-21-Vb-Qb-Auswahllisten.pdf (Zugang: 14.03.07)

Gemeinsamer Bundesausschuss 2007b. Anlage 2 zur Vereinbarung gemäß § 137 Abs. 1 Satz 3 Nr. 6 SGB V über Inhalt und Umfang eines strukturierten Qualitätsberichts für nach § 108 SGB V zugelassene Krankenhäuser - Ausfüllhinweise - (21.02.2007). http://www.g-ba.de/cms/upload/pdf/abs7/beschluesse/2007-02-21-Vb-Qb-Ausfuellhinweise.pdf (Zugang: 14.03.07)

Gemeinsamer Bundesausschuss 2007c. Anhang 1 zu Anlage 1 zur Vereinbarung gemäß § 137 Abs. 1 Satz 3 Nr. 6 SGB V über Inhalt und Umfang eines strukturierten Qualitätsberichts für nach § 108 SGB V zugelassene Krankenhäuser - Datensatzbeschreibung - (21.02.2007). http://www.g-ba.de/cms/upload/pdf/abs7/beschluesse/2007-02-21-Vb-Qb-Datensatzbeschreibung.pdf (Zugang: 14.03.07)

Gemeinsamer Bundesausschuss 2007d. Behandlungsqualität in Krankenhäusern: Künftig mehr Transparenz für Patientinnen und Patienten. Pressemitteilung vom 22.06.2007, http://www.g-ba.de/informationen/ aktuell/pressemitteilungen/188/.

Geraedts, M.: Qualitätsberichte deutscher Krankenhäuser und Qualitätsvergleiche von Einrichtungen des Gesundheitswesens aus Versichertensicht. In: Böcken J., Braun B., Amhof R., et al. (Hrsg.). Gesundheitsmonitor 2006. Gesundheitsversorgung und Gestaltungsoptionen aus der Perspektive von Bevölkerung und Ärzten. Güterloh: Bertelsmann-Stiftung, 2006: 154-170.

KTQ-GmbH 2004. Pressemitteilung: 100. Krankenhaus nach KTQ zertifiziert (11.12.2004). www.ktq.de/ktq_media/pdf/KTQ_Pressemitteilung_11_12_2004.pdf (Zugang: 18.04.07)

Lüttike, J., Schellschmidt, H.: Qualitätsberichte gemäß § 137 SGB V - Bewertung und Vorschläge zur Erweiterung. In: Klauber, J., Robra, B.-P., Schellschmidt, H. (Hrsg.). Krankenhaus-Report 2004. Stuttgart, New York 2005, S. 197-211.

McKinsey & Company: Krankenhausreform weitgehend ausgereizt, Neue Studie: Fallpauschalen bringen jede dritte Klinik in Bedrängnis – größte Herausforderung in der Nachkriegsgeschichte, http://www.mckinsey.de/presse/060502_business_breakfast.htm, Pressemitteilung vom 02.06.2006.

Verband der Angestellten-Krankenkassen e. V. & Arbeiter-Ersatzkassen-Verband e. V. Qualitätsberichte der Krankenhäuser, 2005. http://www.g-qb.de (Zugang: 15.11.05)

Volkmer B., Petschl S., Hartel M., et al. Strukturierte Qualitatsberichte urologischer Hauptabteilungen gemäß 137 SGB V. Entscheidungshilfe fur den Patienten, Marketing-Instrument der Kliniken, Druckmittel der Krankenkassen oder Datenmull? Urologe A. 2006; 45/4: 467-473.

Wissensmanagement im Gesundheitswesen: Analogien zur Logistik

Hans-Dietrich Haasis

Neue logistische Lösungen bieten auch für das Gesundheitswesen die Möglichkeit, akteursübergreifende Prozesse zu vereinfachen, um Qualitäts- und Effizienzsteigerungen zu erzielen. Neben den Besonderheiten des Produktions- und Logistiksystems im Gesundheitswesen beschreibt der Artikel perspektivisch, wo sich der Nutzen des Wissensmanagements in logistischen Ketten entfalten kann. Denn die Leistungsfähigkeit der Gesundheitswirtschaft ist zunehmend von der Fähigkeit der Beherrschung von Komplexität in einrichtungsübergreifenden kundenorientierten Abläufen abhängig.

1. Motivation: Integrierte Versorgung

Eine Beschäftigung mit den Innovationsbereichen Gesundheitswirtschaft und Logistik zeigt Möglichkeiten zur Herausarbeitung von Querschnittspotentialen. So können etwa im Rahmen der Entwicklung eines Integrierten Versorgungssystems Erfahrungen aus der Logistik, beispielsweise im Zusammenhang mit der Realisierung akteursübergreifender Geschäftsmodelle, herangezogen werden. Als Vorteile einer entsprechenden Integrierten Versorgung werden üblicherweise genannt: Reduktion von stationären Aufnahmen, Verringerung von Folgeerkrankungen, Verbesserung der medikamentösen Therapie, Vermeidung von Notfallbehandlungen.

Die vielfältigen Erfordernisse in Diagnostik, Therapie, Pflege und Versorgung sowohl im häuslichen Umfeld des Patienten als auch im Rahmen eines mobilen Krankenhausmanagements könnten so über neue logistische und betriebswirtschaftliche Lösungen berücksichtigt werden. Hierbei ist bewusst über eine gängige Healthcare Supply Chain hinaus zu denken. Im Vordergrund stehen die kundenorientierte und ablaufoptimierte Gestaltung von Vorsorge-, Nachsorge- und Behandlungspfaden sowie die Bereitstellung notwendiger Kapazitäten und Medikamente. Dieses setzt aus logistischer Sicht sowohl ein sog. Supply Chain Management als auch ein betriebswirtschaftliches Denken und Lernen in Netzwerken voraus. Logistische Fragestellungen ergeben sich hierbei unter anderem bei der Gestaltung wirtschaftlicher und kundenorientierter Geschäftsprozesse, der Koordination und logistischen Unterstützung ambulanter Pflegedienste, der Gestaltung eines wirtschaftlichen Zusammenspiels zwischen mobilen Diensten und stationärer Behandlung.

Aufgrund der Mobilitätsorientierung des Gesundheitswesens sind neue Prozesse zu gestalten, Akteurskooperationen zu entwickeln, In- und Outsourcing-Überlegungen anzustellen und ein zuverlässiges, sicheres und flexibles Supply Chain Networking im Rahmen einer logistischen Systemgestaltung zu realisieren. Unter anderem könnte hier auch die Gestaltung eines Logistikzentrums, eines sog. Medical Warehouse, zur Bündelung, Kommissionierung und Rücknahme von Güterströmen berücksichtigt werden.

Eine qualifizierte Informationsunterstützung, beispielsweise durch elektronische Gesundheitskarten, ist für diese kooperationsorientierten Lösungen unerlässlich. In diesem Zusammenhang könnte im übrigen auch etwa in Zusammenarbeit mit innovativen Krankenkassen über Pilotregionen für Integrierte Versorgungssysteme und über logistikorientierte Ausbildungs- und Schulungskonzepte nachgedacht werden.

2. Besonderheiten des Produktions- und Logistiksystems Gesundheitswirtschaft

Die Gesundheitswirtschaft basiert auf einem dienstleistungs- und kundenorientierten Produktions- und Logistiksystem. Ein logistisches Netzwerk begleitet die Leistungserstellung im Gesundheitswesen. Dieses zeigt gegenüber anderen Systemen jedoch Besonderheiten auf, welche bei der Gestaltung eines Produktions- und Logistiksystems für die Integrierte Versorgung berücksichtigt werden müssen:

- **Just in time – Bereitstellung der Leistung auf Abruf**
  Den Akteuren im Gesundheitswesen, insbesondere in Krankenhäusern, wäre oftmals zwar mehr Zeit vor Leistungsinanspruchnahme lieber, dennoch kommen lebensrettende Akteure oftmals gerade noch rechtzeitig, sozusagen just in time. Gesundheitswirtschaft bedeutet, nicht nur für dieses Beispiel, in der Regel eine Bereitstellung der Leistung auf Abruf.

- **Kundenorientierung und Qualität des logistischen Produktes**
  Kundenorientierung ist ein Muss. Die Qualität des Produktions- und Logistiksystems ist entscheidend für den Leistungserfolg. Qualität berücksichtigt auch Zuverlässigkeit und Sicherheit.

- **Kooperation in der logistischen Kette**
  Für die Leistungsinanspruchnahme im Gesundheitswesen ist die Kooperation in der logistischen Kette wesentlich, sowohl beim Notfall als auch bezogen auf die Prozessstufen Vorsorge, Aktion, Nachsorge.

- **Vernetzung zwischen den Akteuren und Datenaustausch**
  Im Gesundheitswesen existieren drei relevante Akteursgruppen: Patient, Leistungserbringer und Kostenträger. Der Datenaustausch zwischen den beteiligten Akteuren ist an besondere rechtliche Restriktionen gebunden, etwa im Zusammenhang mit Arztvertrag, Berufsordnungen der Ärztekammern und Datenschutz.

- **Informationslogistik und Selbststeuerung**
  Einige Tätigkeiten laufen bereits Hand in Hand, teilweise nahezu selbststeuernd. Moderne Informations- und Kommunikationstechnik begleitet die ineinanderübergreifende zuverlässige Tätigkeitsabfolge.

- **Gelebtes Wissensmanagement im Team**
  Die Leistung wird im Team angeboten, oftmals akteursgruppenübergreifend. Das Team lebt ein Wissensmanagement. Jeder ist (oder sollte zumindest) auf dem aktuellen Stand des Wissens sein. Jeder Akteur kann sich auf den anderen verlassen. Die Zusammenarbeit wird trainiert.

3. Wissensmanagement in logistischen Ketten

Der Einsatz und die Verwendung des Faktors „Wissen“ wird entscheidend für das reibungslose Ineinandergreifen von Prozessen, sowohl in Industrie und Handel als auch in der Gesundheitswirtschaft. Innovative Einrichtungen im Gesundheitswesen erkennen – wie auch ihre Kollegen in Industrie und Handel - die Chance, Vorteile in der Erstellung der Leistung nicht allein durch technische Verbesserungen, sondern durch Verbesserung in der Entstehung und Verwendung von Wissen bei Einsatz von Personalressourcen in der Prozesskette zu erreichen. Dabei ist Wissen mehr als Daten und Information. Erst durch deren Vernetzung in einer bestimmten Handlungssituation entsteht Wissen. Und zwar in einem organisationalen Lernen von Individuen und Teams. Dieses Wissen ist intelligent zu identifizieren, zu entwickeln, zu verteilen, zu nutzen und zu bewahren. Diese Aufgabenfelder bilden die Bausteine des Wissensmanagements in Unternehmen und auch Einrichtungen im Gesundheitswesen. Insbesondere der einrichtungsübergreifende Wissenstransfer rückt hierbei mehr in den Mittelpunkt, da nicht mehr nur einzelne Akteure, sondern ganze Supply Chains Verbesserungspotentiale zur Erhöhung der Kundenzufriedenheit liefern; ganz im Sinne einer integrierten Versorgung. Das partnerschaftliche Zusammenarbeiten im Sinne eines Collaboration Management verlangt durchgehende Informationstransparenz und gegenseitiges Vertrauen. Dies kann nur durch ein nachhaltiges Wissensmanagement entlang der logistischen Prozesskette realisiert werden. Zu einer entsprechenden Umsetzung bedarf es daher zunächst einer einrichtungsinternen und prozessketten-übergreifenden Identifikation von relevanten Wissens- und Informationsquellen. Dies kann sowohl mittels unterschiedlicher Portallösungen als auch unter zu Hilfenahme von sog. Wissensträgerlandkarten realisiert und institutionalisiert werden. Ein weiterer wesentlicher Schritt hin zu einem „gelebten" Wissensmanagement ist die Organisation eines entsprechenden Wissenstransfers zwischen den inner- und überbetrieblichen Akteuren. Dies kann auf technischer Ebene ebenfalls durch entsprechende Informationsplattformen unterstützt, muss aber immer auch durch personenbezogene Maßnahmen flankiert werden. Dies könnte etwa durch Coaching oder Mentoring-Ansätze, durch die Einrichtung von einrichtungsübergreifenden Teams, durch Schulungs- und Weiterbildungskonzepte oder durch einen temporären Mitarbeiteraustausch geschehen.

4. Umgang mit Wissen in der täglichen Praxis

Bei der Realisierung logistischer Prozessketten und Kooperationsnetzwerken kommt es zu Barrieren bei der einrichtungsübergreifenden und internen Tätigkeitsabwicklung aufgrund der notwendigen Zusammenarbeit zwischen unterschiedlichen Akteuren. Zur effizienten Gestaltung der Zusammenarbeit sind daher organisatorische, personelle und technische Anforderungen und Möglichkeiten aufeinander abzustimmen. Die Umsetzungschancen liegen vielfach im Erfahrungswissen der Akteure. Ein effizienter Tätigkeitsablauf entlang der Prozesskette verstärkt die Notwendigkeit, in Entscheidungssituationen auf interdisziplinäres und auf verschiedene Fachvertreter und Ansprechpartner verteiltes Wissen zugreifen zu können. Das Wissensproblem lässt sich wie folgt charakterisieren:

- **personelle Probleme:**
  - zu geringer Wissensstand über Supply Chain-Zusammenhänge zwischen den Akteuren
  - fehlender Informationsaustausch in und zwischen den Akteuren
  - keine Dokumentation des Erfahrungswissens relevanter Schlüsselakteure
  - kein Anreizsystem, über die bisherigen Lösungsansätze hinaus zu denken
  - Probleme bei der Bewältigung der Informationsmengen und ihrer Nutzung

- **organisatorische Probleme**
  - kein durchgängiger übergreifender Prozess der Abfolge von Vorsorge, Aktion und Nachsorge
  - fehlende Verständniswelt für das Tätigkeitsfeld der anderen Akteure in der Kette
  - Barrieren beim Aufbau von elektronischen Geschäftsmodellen, etwa auch von Marktplätzen
  - ungenügende prozessbegleitende Informationslogistik
- **technische Probleme**
  - Schnittstellenprobleme in einer heterogenen IuK-Infrastruktur
  - Geschlossenheit von Systemen in einer angestrebten vernetzten Infrastruktur
  - zeitaufwendige Konsolidierung von Informationen

Diese allgemein beschriebenen Wissensprobleme zeigen sich beim Umgang mit Wissen in der täglichen Praxis insbesondere im Zusammenhang mit zwei Szenarien:

- **Wissenserhalt bei Mitarbeiterwechsel**

  Ein Mitarbeiterwechsel kann eine Reihe von Problemen für den Wissenserhalt und Wissenszugewinn einer Einrichtung, einer Abteilung und des einzelnen Mitarbeiters mit sich bringen. Dabei sind die Probleme je nach Konstellation unterschiedlich geartet. Eine Situation, bei der ein eingearbeiteter Mitarbeiter seine Stelle verlässt (z.B. wegen Rotation innerhalb des Betriebes, Altersruhestand, endgültigem Weggang aus der Einrichtung aufgrund Kündigung) und ein Nachfolger seine Arbeit erst nach Weggang des bisherigen Mitarbeiters aufnimmt, ist anders zu behandeln als eine Situation, bei der aufgrund einer Stellensperre bzw. eines Personalabbaus überhaupt kein Zuwachs an neuen Mitarbeitern mehr stattfindet. Stellen müssten bei einem Mitarbeiterwechsel im Idealfall für einen angemessenen Zeitraum parallel mit dem bisherigen und dem neuen Mitarbeiter besetzt sein, so dass der Vorgänger sein Wissen an den Nachfolger weitergeben und diesen einarbeiten kann. Zumindest müssten längerfristige Vakanzen vermieden werden. Daneben bietet sich Wissensdokumentation als Abhilfe an: Zu denken wäre hier u. a. an Adresslisten wichtiger Ansprechpartner mit Bezeichnung der Art der dort zu erhaltenden Informationen, Erstellen eines Leitfadens für die betreffende Tätigkeit unter Berücksichtigung der vom derzeitigen Mitarbeiter gewonnenen praktischen Erfahrungen und Darstellung der in der Praxis eingeübten Verfahrensweisen, Hinterlassen eines Tätigkeitsberichtes durch den bisherigen Stelleninhaber, der einen Überblick über die von diesem bearbeiteten wichtigsten Projekte und deren Bearbeitungsstand gibt.

- **Kooperationsverbesserung in der Supply Chain**

  Gerade bei der einrichtungsübergreifenden Tätigkeitsfolge gibt es erhebliche Barrieren aufgrund der notwendigen Zusammenarbeit zwischen unterschiedlichen Akteuren und dem damit einhergehenden Austausch von Informationen. Vor diesem Hintergrund zeigt sich insbesondere, dass die Bereitstellung informationstechnischer und -wirtschaftlicher Systeme auch in der Gesundheitswirtschaft allein nicht ausreicht. Vielmehr sind auch zur effizienten Gestaltung eines durchgängigen Prozesses organisatorische, personelle und technische Anforderungen und Möglichkeiten aufeinander abzustimmen. Die Umsetzungschancen liegen vielfach im Erfahrungswissen einzelner Akteure. Ein kundenorientierter Tätigkeitsablauf entlang der Zusammenarbeitskette verstärkt die Notwendigkeit, in Entscheidungssituationen auf interdisziplinäres und auf verschiedene Fachvertreter und Ansprechpartner verteiltes Wissen zugreifen zu können. Die Bereitstellung und Anwendung von Wissensmanagement lässt einen zuverlässigeren und durch eine damit machbare Systemintegration wirtschaftlicheren Ablauf erwarten. Zu einem Wissensmanagement entlang der Supply Chain bedarf es daher zunächst einer Identifikation von relevanten Wissens- und Informationsquellen. Ein weiterer wesentlicher Schritt hin zu einem „gelebten“ Wissensmanagement ist die Organisation eines entsprechenden Wissenstransfers zwischen den Akteuren. Weiterhin sind die Bewahrung und Aktualisierung von Wissen sowie ein kontinuierlich durchgeführtes Controlling von wesentlicher Bedeutung für den Erfolg von Wissensmanagement-Aktivitäten auch in der Gesundheitswirtschaft.

5. Zusammenfassung

Logistik behandelt heute und vermehrt in Zukunft die schnittstellen-übergreifende Gestaltung von Wertschöpfung, die als Supply-Chain-Prozess den Fluss von Gütern und Dienstleistungen sowie dazugehöriger Informationen entlang der gesamten Kette plant, koordiniert und kontrolliert. Diese übergreifende und integrative System- und Prozessgestaltung macht die Logistik heute und auch in den nächsten Jahren zum führenden Strategieelement. Dieser ist es Wert, in der Unternehmensführung und auf der politischen Agenda verankert zu werden. Ein gut strukturierter und technoorganisatorisch abgesicherter Informationsfluss stellt ein wesentliches Element beim Aufbau und bei der Optimierung logistischer Strukturen und Abläufe dar, wie sie etwa in der Gesundheitswirtschaft, insbesondere bei der Realisierung einer integrierten Versorgung, notwendig erscheinen. Die dynamische und strukturelle Komplexität logistischer Netzwerke impliziert dabei Gestaltungs- und Steuerungsprinzipien, welche durch Intelligenz Komplexität beherrschbar machen. Diese Komplexität wird durch die Gestaltung der Schnittstellen wesentlich beeinflusst. Neue Aufgabenverteilungen in (gesundheitswirtschaftlichen) Netzwerken sowie neue logistische Produkte verstärken den Bedarf nach einem qualifizierten Schnittstellenmanagement. So ergeben sich etwa Schnittstellen zwischen Einrichtungen, Geschäftsprozessen, Informationstechnologien und Entscheidungsträgern. Die Verbesserung der Zusammenarbeit von Akteuren entlang einer Prozesskette erfordert wissensbasierte Wege. Ein betriebliches Wissensmanagement ist daher ebenso notwendig, wie ein Know-how-Transfer zwischen den Akteuren. Die Leistungsfähigkeit der Gesundheitswirtschaft ist zunehmend abhängig von der Fähigkeit der Beherrschung von Komplexität in einrichtungsübergreifenden kundenorientierten Abläufen. Schließlich bedeutet ein kundenorientiertes Angebot eine exzellente Steuerung und Gestaltung von Schnittstellen sowie eine Beherrschung der zugrundeliegenden Komplexität in der Prozess- und Strukturlogik. Die Komplexität wird dabei beeinflusst durch kapazitive und organisatorische Engpässe bei sowie durch Outsourcing-Aktivitäten zwischen den Akteuren der Gesundheitswirtschaft.

Literatur

Arbeitsgemeinschaft für wirtschaftliche Verwaltung e.V. (Hrsg.) (2003). Wissensmanagement – ein strategischer Wettbewerbsfaktor. Eschborn.

Haasis, H.-D. (2001). Wissensmanagement und dessen Bedeutung für ein Nachhaltiges Wirtschaften. In D. Griesche, H. Meyer, & F. Dörrenberg, (Eds.), Innovative Managementaufgaben in der nationalen und internationalen Praxis, (S. 141-156). Wiesbaden.

Haasis, H.-D.; Kriwald, T. (Hrsg.) (2001). Wissensmanagement in Produktion und Umweltschutz. Berlin u.a.

Haasis, H.-D. (2004). Nachhaltige logistische Systeme. In E. Schwarz, (Ed.), Nachhaltiges Innovationsmanagement, (S. 105-118). Wiesbaden.

Haasis, H.-D. (2004). Leistungsmessung und Bewertung: Möglichkeiten des Einsatzes von Operations Research und Wissensmanagement. In Institut der deutschen Wirtschaft Köln (Hrsg.), Betriebliche Instrumente für nachhaltiges Wirtschaften, (S. 35-43). Köln.

Haasis, H.-D. (Hrsg.) (2006). Skill Management. Eine Vielzahl von Möglichkeiten und Chancen für Wirtschaft und öffentliche Verwaltung. Eschborn.

Haasis, H.-D. (Hrsg.) (2007). Kooperationsmanagement. Eschborn.

Ist das Gesundheitswesen unheilbar krank? Das Programm eines integrierten Gesundheitsnetzwerks und sein Beitrag zur Transformation der Patientenversorgung[1]

Thomas H. Lee, James J. Mongan

Der medizinische Fortschritt hat eine deutliche Verbesserung der Versorgung bei vielen Krankheitsbildern gebracht. Die Entwicklung hat aber auch unerwünschte „Nebenwirkungen" wie steigende Kosten und eine teilweise enttäuschende Qualität. An dieser Stelle wird die These vertreten, dass eine wichtige Strategie zur Verbesserung der Gesundheitsversorgung die Entstehung von sektorübergreifenden Gesundheitsorganisationen ist, die elektronische Patientenakten (EMRs)[2] und andere Systeme einsetzen, um die Zusammenarbeit des klinischen Personals zu verbessern, die Patientensicherheit und Qualität zu erhöhen und Ineffektivitäten zu reduzieren.

In einigen wenigen Organisationen des Gesundheitswesens werden elektronische Patientenakten oder andere vergleichbare Systeme eingesetzt. Dies ist aber bei der Mehrzahl der eigenständigen Organisationen, die das amerikanische Gesundheitswesen dominieren, nicht üblich. Im Folgenden wird beispielhaft ein integriertes Versorgungsnetzwerk, das sich zu gleichen Teilen aus Ärzten und Krankenhäusern zusammensetzt, beschrieben. Dieses hat im Jahr 2003 damit begonnen, derartige Systeme zur Effektivitäts- und Qualitätssteigerung zu nutzen. Themenbereiche mit spezifischen Schwerpunkten sind in diesem Zusammenhang:

1. Einführung der notwendigen technischen Informationsinfrastruktur
2. Patientensicherheit,
3. einheitlich hohe Qualität,
4. Disease Management und
5. Begrenzung der Kostensteigerungen im Gesundheitswesen.

---

1 Mit freundlicher Genehmigung zur Übersetzung und Veröffentlichung durch: Health Policy, 2006-01, December 2006. (Washington, DC, The Brookings Institution, 2006). Übersetzung aus dem Englischen: Martina Dahlmann.

2 EMR = electronical medical records.

Wir sind fest davon überzeugt, dass die Kosten im amerikanischen Gesundheitswesen und die Herausforderungen an die Behandlungsqualität nicht ohne die elektronische Patientenakte und andere Systeme zur Koordinierung der Versorgung gelöst werden können. Wir sind außerdem davon überzeugt, dass derartige Systeme nicht ohne Anreizmechanismen zur Gründung integrierter Netzwerke eingesetzt werden. Durch politische Entscheidungen kann der Prozess zur Verbesserung der Gesundheitsversorgung entweder beschleunigt oder verlangsamt werden.

Durch neue medizinische Technologien wurden die Möglichkeiten der Diagnostik und Behandlung enorm gesteigert. Es sind jedoch Entwicklungen zu beobachten, die eine zunehmende Lücke zwischen dem medizinisch Möglichen und der täglichen Praxis aufzeigen.

Diese Lücke zu schließen stellt eine komplexe Aufgabe mit vielerlei Herausforderungen dar. Die schnelle Entwicklung neuer Erkenntnisse macht es für den einzelnen Mediziner schwierig, das gesamte relevante medizinische Wissen im Zugriff zu haben. In die Versorgung schwerkranker Patienten sind meist mehrere Ärzte involviert und ihre Kommunikation und Kooperation sind oft weit vom Idealzustand entfernt. Im Ergebnis führt dies häufig zu unnötigen Kosten und vermeidbaren Risiken für den Patienten.

In diesem Beitrag werden die Bemühungen zum Schließen dieser Lücke am Beispiel des Partners Healthcare System (Abb. 1) beschrieben. Andere Organisationen, z.B. Kaiser Permanente und die Mayo Klinik fechten einen ähnlichen Kampf. Wir berichten in diesem Artikel überwiegend über die Erfahrungen bei Partners, da wir mit dieser Organisation vertraut sind und weil die Hindernisse, auf die wir gestoßen sind, zeigen, welche Ergebnisse durch eine Erweiterung der Möglichkeiten moderner Medizin erzielt werden können.

Box 1
Das Partners Healthcare System ist ein integriertes Gesundheitsnetzwerk, das 1994 von zwei der landesweit herausragenden medizinisch-akademischen Einrichtungen, der Brigham and Women's-Klinik und dem General Hospital Massachusetts gegründet wurde. In diesem Netzwerk sind in der Zwischenzeit sechs städtische Krankenhäuser, die gleichzeitig akademische Lehrkrankenhäuser sind, und mehr als 5000 Ärzte zusammengeschlossen, die gemeinsam etwa 2 Millionen Menschen versorgen.

Abb. 1: Partners Healthcare System

Die Herausforderung ist eine Reduzierung von drei wesentlichen medizinischen Behandlungsfehlern - zu geringer Einsatz, übermäßiger Einsatz und falscher Einsatz diagnostischer und therapeutischer Maßnahmen - durch zwei parallele Revolutionen. Die eine basiert auf dem Einsatz von Technologie, indem Ärzte und anderes Krankenhauspersonal neue Tools wie die elektronische Patientenakte einsetzen, um die Qualität und Effizienz zu verbessern. Die zweite Revolution betrifft die Kultur der medizinischen Praxis, die mindestens drei wesentliche Elemente besitzt. Vertrauten Ärzte einstmals allein auf ihr eigenes Wissen und ihre Urteilskraft, nutzen sie heute entscheidungsunterstützende Systeme, die in das Krankenhausinformationssystem integriert sind. Anstatt in erster Linie allein tätig zu sein, arbeiten Ärzte heute verstärkt im Team mit anderen Medizinern und nicht-ärztlichem Personal zusammen, insbesondere dann, wenn Patienten mit komplexen Krankheitsbildern behandelt werden. Haben sich die Ärzte lediglich auf ihre eigenen Patienten konzentriert, übernehmen sie heute zunehmend Verantwortung für ganze Patientenpopulationen – auch jenseits von Zeit und Ort.

Marktkräfte wie die Förderung des Wettbewerbs erhöhen zusätzlich die Notwendigkeit für Veränderungen der medizinischen Praxis. Obwohl das traditionelle fee-for-service-Zahlungssystem[3] Veränderungsprozesse im Gesundheitswesen nicht gerade fördert, beginnen die Versicherer, mit den Gesundheitsdienstleistern Pay-for-performance-Verträge (P4P-Verträge)[4] auszuhandeln, um finanzielle Anreize zur Qualitätsverbesserung und Effizienzsteigerung zu setzen.

Zunehmend stehen Daten zur Effizienz und Qualität der Leistungen von Ärzten und Krankenhäusern zur Verfügung. Diese Daten werden genutzt, um zusätzliche Marktanteile zu gewinnen und höhere Kostenerstattungen mit den Versicherern zu verhandeln. Dieser Veränderungsprozess wird anhand eines Systems zur Integrierten Versorgung veranschaulicht. Obwohl vergleichsweise neu, bringen diese Initiativen erste ermutigende Ergebnisse hervor, die die These unterstützen, dass Verbesserungen von Effizienz, Zuverlässigkeit und Sicherheit in greifbare Nähe gerückt sind. Bisherige Erfahrungen zeigen jedoch interne und externe Hindernisse.

---

3 Fee-for-service payment system = in etwa: private Krankenversicherung

4 P4P = pay-for-performance contracts = aktueller Trend; Verträge, mit denen amerikanische Gesundheitsdienstleister von den Versicherern für Qualitäts- und Effizienzsteigerungen finanziell belohnt werden.

Marktsituation und die Notwendigkeit zur Veränderung

Im IOM-Bericht[5] mit dem Titel „Die Qualitätskluft überwinden" von 2001 werden die Probleme des amerikanischen Gesundheitswesens beschrieben und Strategien aufgezeigt, die am wahrscheinlichsten zur Lösung beitragen können. Durch die immer bessere medizinische Versorgung hat auch die Gefahr für Patienten zugenommen, durch einen medizinischen Behandlungsfehler geschädigt zu werden. Regionalspezifisch sind erstaunliche Unterschiede im Einsatz verschiedener medizinischer Verfahren festzustellen. Einer Studie von Elizabeth McGlynn et.al. (2003) zufolge werden die empfohlenen Maßnahmen zur Gesundheitsversorgung nicht zuverlässig durchgeführt. Beispielsweise nehmen nur zwei Drittel der Patienten sechs Monate nach einem akuten Myokard-Infarkt Beta-Blocker ein, die nachweislich das Mortalitätsrisiko und andere Komplikationen beträchtlich senken.

Der medizinische Fortschritt führt in der Gesundheitsversorgung zu steigenden Kosten. Neben den direkten Kosten für die medizinische Behandlung fallen auch indirekte Kosten an. Hierzu zählen beispielsweise die Kosten für die Verarbeitung einer explodierenden Flut an Informationen und einer zunehmenden Komplexität der Versorgung.

Viel beschäftigten Ärzten fehlt häufig die Zeit, sich auf den neuesten Stand der Forschung zu bringen; auch werden sie mit Daten zu ihren Patienten regelrecht überflutet. Einem Arzt, der im Bereich der Primärversorgung tätig ist, stehen täglich durchschnittlich 74 Minuten zur Verfügung, um Untersuchungsergebnisse durchzuschauen. Pro Woche müssen schätzungsweise 800 Blut- und Laborbefunde, 40 Radiologiebefunde und 12 Pathologieberichte durchgeschaut werden. 83 Prozent der Ärzte berichteten, dass es mindestens ein Testergebnis innerhalb der letzten zwei Monate gab, von dem sie sich gewünscht hätten, es schon früher erfahren zu haben.

Zusätzliche Herausforderungen ergeben sich für ernsthaft und komplex erkrankte Patienten, die von mehreren Medizinern verschiedener Einrichtungen versorgt werden. Es kann vorkommen, dass dem Patienten widersprüchliche Empfehlungen gegeben oder Medikamente verordnet werden, die sich untereinander nicht vertragen. In einer kürzlich veröffentlichten Studie wurde festgestellt, dass Medizinern in 13,6 Prozent der

[5] IOM = Institute of Medicine = (Regierungs-) Unabhängiges medizinisches Institut, das wissenschaftlich basierte Beratung bzgl. medizinischer Themen erteilt.

untersuchten Fälle (1614 Patienten) klinische Schlüsselinformationen fehlten. Diese fehlenden Daten umfassten Laborergebnisse (6,1 Prozent), Briefe/Diktate (5,4 Prozent), radiologische Befunde (3,8 Prozent), Befundergebnisse körperlicher Untersuchungen (3,7 Prozent) und Medikamentenverordnungen (3,2 Prozent). Man beurteilte das Fehlen der Daten in 44 Prozent der Fälle mit etwas wahrscheinlich „als sich nachteilig auf den Patienten auswirkend" und in 59,5 Prozent der Fälle als potentielle, zeitliche Verzögerung der Versorgung.[6]

Einführung von Systemen als Hauptstrategie zur Verbesserung der Versorgung

Es genügt nicht, Ärzte zu ermahnen, dass sie mehr lernen oder härter arbeiten müssten. Der bessere Weg zur Veränderung des Arbeitsverhaltens führt über den Umweg der Anwendung neuer Technologien, die Effizienz, Qualität und Sicherheit in der Gesundheitsversorgung steigern und dabei die tägliche Arbeit erleichtern. Idealerweise sollten diese Systeme einen oder mehrere der drei Problembereiche reduzieren, die die Gesundheitsversorgung plagen: der zu geringe Einsatz hilfreicher Methoden, wie z.B. der Mammographie, um Brustkrebs im Frühstadium zu entdecken; der übermäßige Einsatz, wie z.B. die Durchführung einer kostenaufwändigen radiologischen Untersuchung, wenn der medizinische Nutzen nicht nachgewiesen ist; oder auch der falsche Einsatz, wie z.B. das Verschreiben eines im allgemeinen hilfreichen Medikaments für einen bestimmten Patienten, das möglicherweise unerwünschte Wirkungen in Zusammenhang mit einem anderen Medikament entfaltet. Fehlerreduzierende Systeme können in Form einer Software, wie z.B. eines Computerprogramms zum Eintrag ärztlicher Anweisungen, in Form elektronischer Patientenakten oder in Form von „humanware", wie z.B. Teams, die sich um Patienten mit akuter Herzinsuffizienz kümmern, gestaltet sein. Diese Systeme reduzieren Fehler dadurch, dass sie Ärzte an Behandlungsmöglichkeiten erinnern, die Spezialisten für ähnliche Patienten als hilfreich betrachten.

Qualitäts- und Effizienzinitiativen

Das Partners Netzwerk hat 2003 ein Programm zur Verbesserung der medizinischen Versorgung sowohl im Krankenhaus als auch in Arztpraxen eingeleitet. Durch P4P-Verträge werden jährlich 90 Millionen US-Dollar als Anreiz für Steigerungen der Effizienz, der Sicherheit und der Zuverlässigkeit der Gesundheitsversorgung für ca.

6 Smith 2005.

500.000 Patienten zur Verfügung gestellt. Weitere Anreize zur Leistungssteigerung ergeben sich aus der zunehmenden öffentlichen Verfügbarkeit von entsprechenden Daten über Krankenhäuser und Ärzte. Die Qualitäts- und Effizienzinitiativen bei Partners werden um fünf Teams herum gebildet. Jedes Team verfolgt bestimmte Ziele. In Abbildung 2 wird gezeigt, wie jedes Team die drei wichtigsten Typen medizinischer Behandlungsfehler reduziert. Sowohl der Vorstand des Netzwerks als auch die Aufsichtsräte des gesamten Netzwerks und der jeweiligen Einheiten verfolgen die Fortschritte. Mit spürbaren finanziellen Anreizen im Rahmen von P4P-Verträgen werden die Verantwortlichen deutlich motiviert.

Box 2
How Partners Signature Initiatives Teams Adress the Three Major Types of Errors in Healthcare: Examples

Team	**Type of Error (see text)**		
	Over-use (Inefficiency)	**Under-use (Suboptimal reliability)**	**Mis-use (Suboptimal safety)**
1. **Information infrastructure**	Electronic decision support to guide physicians to cost-effective choices in medications and tests	Systems to identify patients with diabetes who have not received test an treatments known to improve outcomes	Computerized alerts to prevent patients from receiving medications that might endanger them (e.g., due to interactions with other medications)
2. **Patient safety**	Systems that prevent medical injuries reduce costs	Not applicable	Integrated systems to prevent errors during the ordering and administration of medications
3. **Uniform high quality**	Highly reliable delivery of optimal care for some subsets of patients (e.g., diabetics) is known to reduce overall costs	Systems to reliably identify key populations of patients, and ensure that they receive all interventions known to be beneficial	Not applicable
4. **Disease management**	Coordination of care can help prevent admission for the highest risk 3% of patients who account for 50% of costs	Team-based programs in which non-physicians help follow patients ensure that they are receiving all key treatments	System for coordination of care help identify mis-communication among care-givers that can lead to errors
5. **Trend management**	Data analyses identify variation in use of resources; decision support and feedback of data reduce rate of rise of radiology and pharmacy costs	Development and dissemination of guidelines for appropriate use of medications and test increases use for patients who might benefit from them	Not applicable

Abb. 2: Ansätze zur Reduzierung der drei wesentlichen medizinischen Behandlungsfehler

Team 1: Informationsinfrastruktur

Team 1 konzentriert sich auf die Einführung der elektronischen Patientenakte und auf andere entscheidungsunterstützende Systeme, die das Einhalten der Leitlinien zur Patientenversorgung fördern. Es gibt viele Studien, die bestätigen, dass in der stationären und der ambulanten Gesundheitsversorgung eingesetzte Datensysteme die Zuverlässigkeit, Sicherheit und Effizienz in diesem Bereich steigern. Leider sind diese Systeme kostenintensiv, insbesondere für kleine Arztpraxen. Außerdem bedarf es meist besonderen Engagements von ärztlicher Seite, um eingefahrene Gewohnheiten zu ändern. Im Ergebnis gestaltet sich der Einführungsprozess zäh. Der PC-gestützte Eintrag ärztlicher Anweisungen wurde in etwa 8 Prozent der US-Krankenhäuser mit weniger als 300 Betten und in 17 Prozent mit mehr als 300 Betten genutzt. Bis 2011 erwartet man eine langsame Steigerung dieses Prozentsatzes auf lediglich 37 bzw. 53 Prozent.[7] Das Partners Netzwerk hat bereits 2005 diese für Ende des Jahrzehnts erwarteten Zahlen erreicht, wobei die PC-gestützen Einträge ärztlicher Anweisungen in zweien seiner akademischen Krankenhäuser und in zwei von vier Akutkliniken durchgängig eingeführt sind. Für Ende 2007 wird erwartet, dass auch die beiden letzten städtischen Einrichtungen die Einführung abschließen werden.

Ähnliche Fortschritte wurden bei der Verbreitung der elektronischen Patientenakte gemacht, die derzeit von ca. 90 Prozent der Ärzte des Netzwerks genutzt wird. 2003 nutzten lediglich 9 Prozent der dem Partners Netzwerk angeschlossenen ambulant tätigen Ärzte der Primärversorgung die elektronische Patientenakte. Mitte 2006 waren es jedoch bereits mehr als 60 Prozent, die sie nutzten oder gerade einführten. Die deutlichsten Fortschritte haben die großen Arztpraxen des Partners Netzwerks gemacht.

Team 2: Patientensicherheit

Mit der zweiten Initiative soll die Sicherheit der Medikamentengabe im Krankenhaus verbessert werden. Bis 2010 werden alle Mitgliedskrankenhäuser integrierte Systeme zur Minimierung der Fehleranzahl haben. Zunächst werden die PC-gestützten Systeme für ärztliche Anweisungen eingeführt, um die Fehleranzahl bei ärztlichen Entscheidungen zu verringern. Als nächstes folgen Maßnahmen, die sicherstellen, dass der richtige Patient das richtige Medikament in der richtigen Dosierung und zur richtigen Zeit erhält.

---

[7] Kaushal 2005.

Zu diesen Maßnahmen zählt die Einführung von sog. „intelligenten Infusionspumpen" mit einer Kalkulationssoftware für die automatisierte Berechnung der zu verabreichenden Dosis und die elektronische Dokumentation der zu verabreichenden Medikamente, wobei das Medikament an sich mit einem Barcode und der entsprechende Patient mit einem Armband identifiziert wird.

Wissenschaftliche Studien beweisen, dass Medikationsfehler durch solche Systeme dramatisch reduziert werden können. In einem Versuch hat allein die Einführung der PC-gestützten Systeme für ärztliche Anweisungen die Medikationsfehler um 55 Prozent reduziert. Verbesserungen bei der Unterstützung von Medikationsentscheidungen, d.h. eine Software, die das Risiko eines Medikaments basierend auf dem Alter des Patienten, seiner Nierenfunktion, anderen Medikamenten und seinem körperlichen Zustand differenziert bewertet, haben die Gesamtfehlerrate bei der Gabe von Medikamenten um 83 Prozent reduziert. Da sie Komplikationen verhindern, können diese Systeme auch kostendämpfende Wirkung haben. Obwohl der Nutzen dieser Systeme vielfach dokumentiert wurde, setzen sie nur wenige US-Krankenhäuser ein. Das Partners Netzwerk hat sich vertraglich verpflichtet, diese Systeme bis 2010 für alle angeschlossenen Akutkrankenhäuser durchgängig einzuführen.

Team 3: Einheitlich hohe Qualität

Mit der dritten Initiative soll eine hoch qualifizierte Versorgung für spezielle Patientengruppen, wie z.B. für Patienten mit Myokard-Infarkt, mit Herzinsuffizienz oder Diabetes, sichergestellt werden. Dabei wird eine Softwarelösung eingesetzt, die Gruppen von Patienten nach spezifischen Diagnosen identifizieren und gruppieren kann und die Qualität der Versorgung misst. Die Software errechnet beispielsweise den Prozentsatz von Diabetikern, die alle empfohlenen Behandlungsmaßnahmen, wie z.B. die Untersuchung der Augen, erhalten haben und deren Behandlungsziele, wie z.B. Einstellung des Blutzuckerspiegels, erreicht wurden. Außerdem ermöglicht sie den Vergleich der Leistungen einer Station mit den regional oder landesweit „besten" Gesundheitsdienstleistern. Durch derartige Vergleiche können zusätzliche, die Versorgung verbessernde Behandlungsmaßnahmen besonders hervorgehoben werden. Die optimale Behandlung von Diabetes führt zum einen zu einer Verbesserung der Behandlungsergebnisse und zum anderen zu einer Senkung der Behandlungskosten. In Abbildung 3 werden Elemente zur Qualitätssteigerung beschrieben, die das Partners Netzwerk dabei unterstützt haben, Verbesserungen schneller als andere Kliniken in Massachusetts und schneller als das gesamte Land zu erreichen. Darüber hinaus konnte der landesweite

Anteil von 90 Prozent aller der für Diabetes empfohlenen Behandlungsmaßnahmen überschritten werden.

Box 3 **Systems for Improvement of Care of Patients with Diabetes**	
Function	**System**
Identification an „tracking" of patient population	Development of computerized registries that can be updated by payer claims data
Decision support software to highlight opportunities to improve care	Electronic records call attention to patients who have not received all recommended interventions, and those whose clinical data (blood pressure, hemoglobin A1c, cholesterol levels) are not in optimal control
Development of non-physician clinical team	Diabetes educators (nurses, nutritionists) provide training and continuity of care outside physician visists
Patient engagement in „self care"	Patient educational materials made available to physicians via information system; educational materials sent to homes of consenting patients; support for practices to obtain ADA certification (allows for reimbursement for group visits from CMS)
Financial incentives	Improvement in diabetes care mada a major focus of all pay-for-performance contracts
Peer pressure/best practice sharing	Quality improvement forums held at which best practices for diabetes care are shared and recognized with awards

Abb. 3: Systeme zur Verbesserung der Versorgung von Diabetes-Patienten

Team 4: Disease Management Programme

Mit der vierten Initiative werden sowohl Kosten als auch Qualität angesprochen. Der Schwerpunkt liegt auf der personalintensiven Versorgung äußerst schwer erkrankter Patienten mit kostenintensiven Krankheitsbildern, wie z.B. Herzinsuffizienz, Krebs und Depression. Diese Patienten werden üblicherweise von vielen Ärzten vieler Einrichtungen behandelt und erhalten typischerweise zahlreiche Medikamente. Dies verursacht unverhältnismäßig hohen Kosten. Unserer Erfahrung nach verursacht die Behandlung von 3 Prozent der Patienten beinahe die Hälfte aller Kosten im Gesundheitswesen.

Das Potential von Disease Management Programmen wurde bisher am deutlichsten für Patienten mit Herzinsuffizienz aufgezeigt. In einer Studie wird berichtet, dass ein durch Pflegepersonal geleitetes Disease Management Programm für Patienten mit Herzinsuffizienz die Aufnahme ins Krankenhaus um 56 Prozent verringern und die

Lebensqualität verbessern könnte.[8] Obwohl diese Studie bereits seit mehr als zehn Jahren vorliegt, haben bisher nur wenige Kliniken solche Programme eingeführt. Ursache ist das Fee-for-service-Zahlungssystem, bei dem Krankenhäuser für Patientenaufnahmen und durchgeführte Behandlungen und nicht für vermiedene Aufnahmen und die Vermeidung entsprechender Leistungen bezahlt werden. In den ersten drei Jahren nach der Einführung von Programmen, die durch Pflegepersonal geleitet wurden, konnte die Aufnahmerate für Patienten mit Herzinsuffizienz der in das Programm eingeschriebenen Patienten des Partners Netzwerks um gut 15 Prozent reduziert werden.

Die Erfahrung mit diesem Programm zeigt eines der Hindernisse bei der Einführung in die Praxis. Zum einen war die Überweisung in das Programm der Entscheidung des Arztes überlassen und nur ungefähr ein Viertel aller potentiellen Patienten wurde überwiesen. So hat das ärztliche Leitungsteam entschieden, dass alle Betroffenen automatisch in ein Programm für Patienten mit Herzinsuffizienz überwiesen werden sollten, es sei denn, ihre Ärzte hielten die Überweisung für unangemessen. Mit diesem systematischen Ansatz ist der Anteil der Patienten mit Herzinsuffizienz, die in das Programm aufgenommen wurden, von 25 auf 80 Prozent in die Höhe geschnellt.

Ein weiteres Programm bietet Hochrisikopatienten, die keinen Versicherungsschutz haben oder die über Medicaid[9] versorgt werden, telefonische „Beratung" durch Pflegekräfte. Man identifiziert die entsprechenden Patienten mittels Verwaltungsdaten, der elektronischen Patientenakte und anhand der Überweisung ins Krankenhaus. Zu den betreuenden Ärzten nimmt man Kontakt per E-mail auf und holt die Erlaubnis zum Einschreiben ihrer Patienten in das Programm ein. Sofern der Arzt nicht innerhalb einer Woche ablehnt, ist der Patient automatisch eingeschrieben und Callcenter-Pflegekräfte nehmen Kontakt zu ihm auf. Bis Juni 2006 hatten 20 Prozent der Patienten unseres Netzwerks, die keinen Versicherungsschutz haben oder die über Medicaid versorgt werden, Anspruch auf Teilnahme an diesem Programm, da sie chronisch krank und mehr als einmal im letzten Jahr im Krankenhaus gewesen waren. Die Hälfte dieser Patienten war eingeschrieben und damit einverstanden, mit dem Gesundheitsberater zusammenzuarbeiten. Durchschnittlich werden ca. 1500 Patienten aktiv beraten.

---

8 Rich 1995.

9 Medicaid = staatlich gefördertes Gesundheitsprogramm, unter dem Gesundheitskosten für bestimmte Anspruchsgruppen, die keine eigene Versicherung haben, übernommen werden.

Team 5: Verlaufsmanagement

Mit der fünften Initiative werden durch die Verringerung des verschwenderischen Umgangs mit Medikamenten und teurer radiologischer Untersuchungen direkt die Kosten angesprochen. Es stehen entscheidungsunterstützende Systeme zur Verfügung, um Ärzte beim Finden der kostengünstigsten Variante zu unterstützen. Ärztliche Expertenkomitees, unterstützt durch Pharmazeuten und anderes Personal, entwickeln derzeit Leitlinien dazu, welches Medikament und welche Untersuchung zuerst eingesetzt werden sollten, wobei die Spanne von „grün" (erste Wahl) über „gelb" (zweite Wahl) bis in zu „rot" (letzte Wahlmöglichkeit) reicht. Da die unterstützenden Systeme ans Internet angeschlossen sind, müssen Ärzte nicht erst anrufen, um den Einsatz von kostenintensive, radiologischen Untersuchungen wie z.B. einer Kernspintomographie oder eines Myokard-Szintigramms genehmigen zu lassen. Obwohl zu unserem Netzwerk zwei Krankenhäuser gehören, die hochkomplexe Fälle behandeln, setzen wir kostenintensive radiologische Untersuchungen weniger häufig ein, als dies durchschnittlich in der Region Neuengland oder den Vereinigten Staaten insgesamt der Fall ist.

Fazit

Das amerikanische Gesundheitswesen sieht sich drei Herausforderungen gegenüber gestellt: enorm steigende Kosten, Versorgungslücken in der Kostenübernahme durch die Versicherer und eine breite Lücke zwischen der bestmöglichen und der tatsächlich durchgeführten medizinischen Versorgung. Um die zwei erstgenannten Probleme zu lösen, bedarf es wahrscheinlich einer fundamentalen Neuorganisation der Finanzierung der Gesundheitsversorgung. Wir sind jedoch davon überzeugt, dass das aktuelle Gesundheitssystem noch vor der Durchführung solcher Reformen eine weitaus bessere Qualität bieten kann, als derzeit landesweit üblich. Wir stellten eine Reihe von Schritten vor, die ein Netzwerk - bestehend aus Kliniken und Ärzten – gehen kann und geht, um die Lücke zwischen Realität und bestehenden Möglichkeiten zu verringern. Landesweit haben einige Netzwerke ähnliche Initiativen ergriffen und so ihre Qualität gesteigert und/oder die Kosten gesenkt. Wissenschaftliche Nachweise über die Wirksamkeit dieser Maßnahmen liegen vor. Alle großen Netzwerke können und sollten diese Maßnahmen zur Qualitätsverbesserung umsetzen.

Literatur

McGlynn et.al. 2003: New England Journal of Medicine, Band 348, S. 2635-2645, 26. Juni 2003.

Kaushal et al. 2005: Health Affairs, 2005; Band 24, Seite 1281-1289.

Rich et al. 1995: New England Journal of Medicine, 1995, Band 333, Seite 1190-1195.

Smith PC, et al. 2005: Journal of the American Medical Association, 2005, Band 293, Seite 565-571.

Von Klinischen Mikrosystemen lernen: Aufbau und Bedeutung einer ergiebigen Informationsumgebung[1]

Eugene C. Nelson et al.

Zwanzig der besten klinischen Einheiten der Vereinigten Staaten von Amerika wurden von einer Forschergruppe des Center for Clinical Evaluation Sciences an der Dartmouth Medical School untersucht, um Erfolgseigenschaften dieser klinischen Mikrosysteme für andere Versorgungseinheiten des Gesundheitswesens nutzbar zu machen. Aus der umfangreichen Dokumentation dieser qualitativen Analysen und der Wissenstransfermaßnahmen in andere Mikrosysteme wird im Folgenden die Bedeutung eines systematischen und umfassenden Informationsmanagements für klinische Mikrosysteme hervorgehoben.

Einleitung

Ein umfassendes Informationsmanagement unterstützt die Arbeit der kleineren Funktionseinheiten an der Basis, der so genannten Mikrosysteme, in deren Rahmen der größte Teil der Gesundheitsversorgung für die meisten Menschen geleistet wird. In drei Fallbeispielen aus verschiedenen Bereichen wird dargestellt, wie Mikrosysteme in Kliniken Daten in der alltäglichen Praxis einsetzen, um eine qualitativ hohe und kosteneffiziente Gesundheitsversorgung zu bieten. Es kann gezeigt werden, dass Informationsaustausch eine wesentliche Verbindungsstelle zwischen Mitarbeitern und Patienten sowie zwischen Mitarbeitern untereinander darstellt.

Einige Arztpraxen und klinische Einheiten schaffen es, eine konstant hervorragende Gesundheitsversorgung zu leisten, die auf wissenschaftlichen Erkenntnissen und großem Engagement basiert und darauf, dass man über spezifische Kenntnisse der Patientenbedürfnisse verfügt. Es lässt sich zeigen, dass diese Einheiten systematisch und um-

---

1 Der vorliegende Beitrag ist ein bearbeiteter Ausschnitt aus dem Band „Quality by Design: A Clinical Microsystems Approach“ von Eugene C. Nelson, Paul B. Batalden und Marjorie M. Godfrey. Mitautoren des vorliegenden Beitrages zur Informationsumgebung sind neben diesen dreien außerdem: Karen Homa, Christine Campbell, Linda A. Headrick, Thomas P. Huber, Julie J. Mohr und John H. Wasson. Mit freundlicher Genehmigung zur Übersetzung und Veröffentlichung durch: Quality By Design by E. C. Nelson, P. B. Batalden and M. M. Godfrey, San Francisco 2007. Übersetzung aus dem Englischen: Martina Dahlmann.

fangreich Informationen zur Überprüfung der Leistungsfähigkeit ihres Mikrosystems nutzen und auf diese Weise Qualität, Sicherheit und Effektivität dokumentieren und verbessern. Es muss jedoch betont werden, dass dies bisher die Ausnahme darstellt. Wie ein IOM[2]-Bericht aufzeigt, gilt dies für die meisten klinischen Einheiten nicht[3]. In vielen Mikrosystemen werden Daten heute noch so genutzt wie Jahrzehnte zuvor, ohne dass wesentlich über eine Planung des Informationsflusses nachgedacht wird, der die klinische Entscheidungsfindung unterstützen und die gesamte Versorgung optimieren könnte.

Es werden im Folgenden drei Fallbeispiele klinischer Mikrosysteme vorgestellt, die Daten in ihrer alltäglichen Praxis so einsetzen, dass die Versorgung mit hoher Qualität und kosteneffizient angeboten werden kann. Danach werden Prinzipien zum Dateneinsatz in Mikrosystemen vorgestellt und einige interessante Konzepte diskutiert.

Erstes Fallbeispiel: Das Spine-Center des Dartmouth-Hitchcock-Krankenhauses in Lebanon, New Hampshire

Ein Patient kommt zum ersten Mal ins Spine-Center (Rückenzentrum). Er wird an der Rezeption begrüßt, erhält einen Computer mit Touchscreen und wird gebeten, mit Hilfe des Computers eine Reihe wichtiger Fragen bezüglich seiner Gesundheit zu beantworten, bevor der Arzt ihn sieht. Es dauert nicht mehr als zwanzig Minuten, Fragen über sein Rückenproblem, seinen Zustand, Erwartungen an die Behandlung und zur Arbeitsfähigkeit zu beantworten. Sobald der Patient fertig ist, reicht er den Computer zurück an die Rezeption. Dort werden die erhobenen Daten auf den Rezeptions-PC geladen, der anwenderfreundlich gestaltet ist, so dass die Daten des Patienten verarbeitet und in einem Patientenwertekompass (PVC)[4] als Zusammenfassung über eine Seite gedruckt werden können (Abb. 1). Der Wertekompass wird zur Verbesserung der Kommunikation zwischen dem Patienten und dem Gesundheitsdienstleister eingesetzt, um die Bedürfnisse des Patienten besser erfüllen zu können. Der Wertekompass wird oben auf die Akte geklemmt, wenn der Patient den Arzt zur Erhebung des Erstbefundes trifft. Gemeinsam gehen Arzt und Patient die im Kompass angegebenen Werte zum Gesundheitszustand hinsichtlich der Wirbelsäule, Themenbereiche wie Schmer-

---

2 IOM = Institute of Medicine = (Regierungs-) Unabhängiges medizinisches Institut, das wissenschaftlich basierte Beratung bzgl. medizinischer Themen erteilt.
3 Institute of Medicine – US, 2001 (Komitee zur Qualität der Gesundheitsversorgung in den USA).
4 im Englischen PVC = patient value compass.

zen, körperlicher und psychischer Gesamtzustand, Leistungsfähigkeit im Vergleich zum Durchschnitt der Altersgruppe und des Geschlechts, durch.

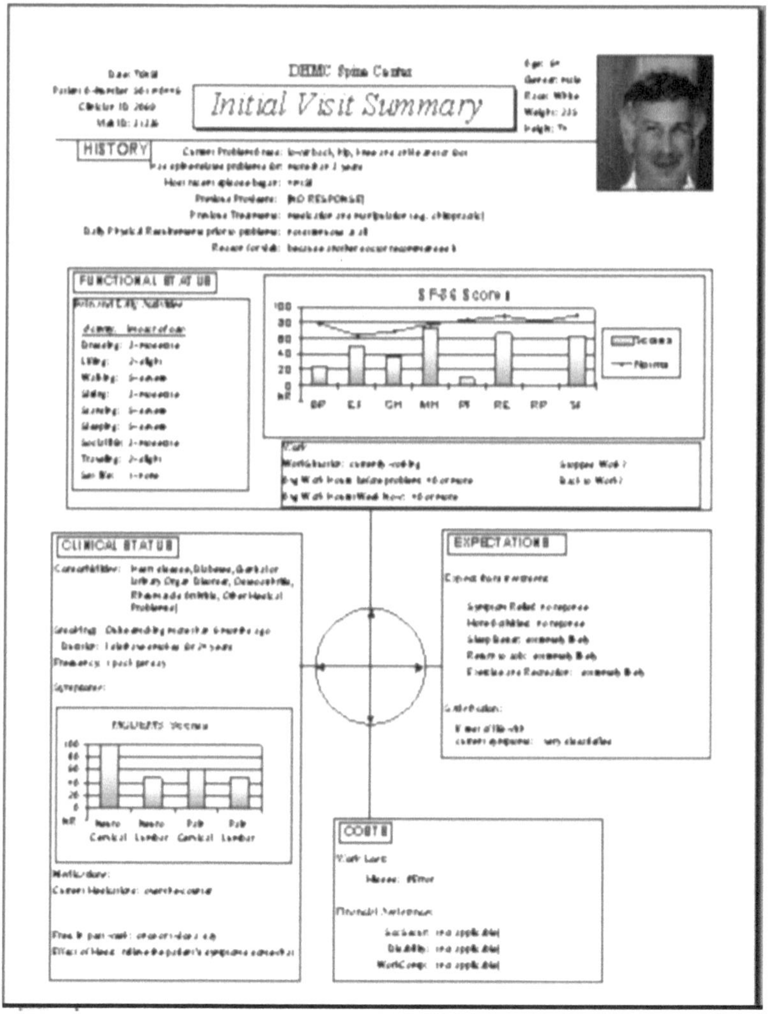

Abb. 1: Patientenwertekompass eines typischen Rückenpatienten[5]

[5] Anmerkung: Der Patientenwertekompass bietet eine ausgewogene Gesamtübersicht zu klinischem Zustand und noch vorhandenen Funktionen, zu den Erwartungen des Patienten an die klinische Versorgung und seiner Zufriedenheit damit und schließlich zu weiteren patientenbezogenen Daten wie Arbeitsfähigkeit und Kosten der Versorgung.

Dieser Patientenwertekompass zeigt nicht nur, dass der Patient unter akuten Rückenschmerzen leidet, sondern auch, dass er extreme Schlafschwierigkeiten hat, wahrscheinlich an einer Depression erkrankt ist und auf Grund seines Rückenproblems seit drei Wochen arbeitsunfähig ist. Es wird deutlich, dass die Rückenschmerzen seit mehr als drei Jahren chronisch sind. Der Arzt bespricht diese Probleme mit dem Patienten gemeinsam, erhebt über die Anamnese und die körperliche Untersuchung hinaus noch weitere Daten und entwickelt mit dem Patienten zusammen einen Behandlungsplan, der auf den Präferenzen des Patienten und seinen Bedürfnissen basiert und Verhaltensänderungen, Physio- und Ergotherapie miteinander kombiniert.

Der Patient nutzt während der nächsten zwei Monate bei jedem weiteren Besuch in der Klinik den Touchscreen-Computer, um seinen aktuellen Gesundheitszustand zu dokumentieren und auf diese Weise positive Veränderungen wie z.B. der Rückenschmerzen, des körperlichen Gesamtzustands und des psychischen Zustands festzuhalten. Nach sechs Monaten ist der Patient wieder arbeitsfähig, leidet nicht mehr unter Depressionen und hat Schmerzen, die kaum über dem Durchschnitt eines Erwachsenen liegen.[6]

Weitere Besonderheiten:

- Das Spine-Center setzt eine Datenwandtafel ein, um Indikatoren, wie z.B. Patientenzufriedenheit und wirtschaftliche Leistung, die am Ende der Behandlung sichtbar werden, auszustellen. (An einer Datenwandtafel werden Schlüsselmaßnahmen für das klinische Personal ausgestellt, um die aktuelle Leistung und aktuelle Entwicklungen über einen gewissen Zeitraum hin zu zeigen). Aus den verschiedenen, ausgestellten Daten ergibt sich eine Gesamtdarstellung der erbrachten Leistungen, die vom behandelnden Team angeschaut werden können.
- Im Spine-Center werden statistische Prozesslenkungsdiagramme und Überprüfungen des Behandlungsprozesses und seiner Ergebnisse als notwendige Schlüsselmaßnahmen zur Organisation und Verbesserung der Praxis betrachtet.

[6] Weinstein et al. 2000.

- Das Spine-Center gibt einen auf Behandlungsergebnissen basierenden Jahresbericht heraus, der als Grundlage für ein jährlich stattfindendes Arbeitstreffen des gesamten Teams dient, das bereits erreichte Verbesserungen bespricht und Kleingruppen bildet, um notwendige Veränderungen für das Folgejahr zu klären.
- Das Spine-Center überträgt Daten an das National Spine Network, einen Zusammenschluss von 28 unabhängigen Krankenhäusern, die Daten zu den Behandlungsergebnissen austauschen und so einen Vergleich über die eigene Einrichtung hinaus ermöglichen.
- Das Spine-Center ist die führende Einrichtung innerhalb einer vom NIH[7] mit 15 Millionen US-Dollar finanzierten, randomisierten, klinischen Studie, die in elf Einrichtungen die Wirksamkeit von Rückenoperationen bei den drei am häufigsten vorkommenden Diagnosen untersucht.
- Obwohl viele Patienten mit der erhaltenen Versorgung hoch zufrieden sind, gibt es noch wichtige Veränderungen, die im Spine-Center vorgenommen werden müssen. Das Spine-Center hat sich den IOM-Aufruf, Qualitätsdaten transparent zu machen, zu eigen gemacht und damit begonnen, Daten zu Behandlungsergebnissen und -qualität sowie zu den Kosten auf seiner Website zu veröffentlichen (ww.dhmc.org/qualityreports).

Zweites Fallbeispiel: Notfallambulanz des Overlook-Hospital in Summit, New Jersey

In ihrem seit 1994 konstanten Bemühen um Verbesserung hat die Notfallambulanz des Overlook-Hospitals das Nutzen von Daten zu einem wichtigen Thema erklärt. Im Folgenden werden einige Beispiele aufgeführt, die zeigen, wie Daten in der Notfallambulanz genutzt werden, um eine umfassende, sich selbst steuernde Informationsumgebung aufzubauen, die einerseits den Informationsfluss, die Qualität sowie die Produktivität und andererseits die Zufriedenheit von Patienten und Mitarbeitern verbessern kann.

- Verlaufsaufnahmen in Echtzeit: In Echtzeit während der Gesamtbehandlungsdauer gewonnene Daten zur Patientenversorgung werden konstant über eine spezielle Software angezeigt, um sichtbar zu machen, ob die Versorgung gut gelingt oder ob es Engpässe gibt. Maßnahmen, die in Echtzeit verfolgt werden, umfassen

7 NIH = National Institute of Health.

die (Warte-) Zeit bis zur Erstbehandlung, die Transferzeit zur Klinik, Zeit für Röntgenuntersuchungen und die Behandlungsdauer für Patienten mit Routinebehandlungen.

- Verfolgen von Qualitäts- und Produktivitätsindikatoren: Daten zum Behandlungsprozess und zu Behandlungsergebnissen werden zusammengestellt und mit Qualitätsregeldiagrammen und anderen graphischen Möglichkeiten dargestellt. Als Ablaufindikatoren werden Entwicklungen in vielen Bereichen, wie z.B. die Quote fehlerhafter Röntgenaufnahmen oder solcher mit falsch-negativem Befund, Patientenzahlen und andere Indikatoren für Wachstum und Patientensicherheit aufgenommen.
- Verfolgen der Patientenzufriedenheit: In der Overlook-Notfallambulanz werden verschiedene Ansätze genutzt, um etwas über die „Kunden" zu erfahren. Zum einen setzt man landesweite Vergleichsdatenbanken zur Patientenzufriedenheit ein, wobei durchschnittlich 98 Prozent der Vergleichsgruppen schlechter als die Notfallambulanz abschneiden. Zum anderen verfügt man über vor Ort entwickelte Interviewbögen zur Zufriedenheit interner Schlüssel-„kunden" (z.B. Assistenzärzte, Mitarbeiter der Notfallambulanz) und gleichartiger Mikrosysteme (z.B. Kinderintensivstation, Radiologie und Medizintechnik).

Mit diesen „Datenströmen" wird ein Informationspool geschaffen, der minütlich, stündlich, täglich, wöchentlich und jährlich aktiv durch die Notfallambulanz genutzt wird, um Leistungsmuster zu analysieren und Fehlerstellen zu finden, die behoben werden müssen. Die Daten werden zur konstanten Optimierung in zwei regelmäßig stattfindenden Foren von den Mitarbeitern eingesetzt:

- auf den monatlichen „Treffen der Mikrosysteme", bei denen Daten und Ideen im Team ausgetauscht und diskutiert werden;
- auf den ganztägigen Arbeitstreffen, die auch „Gipfeltreffen" genannt werden, bei denen rückblickend Fortschritte und Problembereiche identifiziert, Prioritäten gesetzt und Pläne erstellt werden.

Weitere Besonderheiten:
Die Overlook-Notfallambulanz

- hat 80 Prozent der Ideen, die während der jährlich stattfindenden Gipfeltreffen in den vergangenen Jahren aufgekommen sind, umgesetzt;

- hat die höchste Mitarbeiterzufriedenheitsquote aller klinischen Abteilungen im klinischen Vergleichssystem[8];
- hat landesweite Auszeichnungen erhalten – z.B. die Best Practice for Time-to-Thrombolytics des HCFA[9] (Centers for Medicare & Medicaid Services), den North American Gold Standard for Thrombolytic Delivery des Cardiology Advisory Boards und den Quality Quest Award der American Hospital Association;
- hat dem IHI[10] als wichtige Quelle für Verbesserungskonzepte durch „best practice“ für die Förderung innerhalb verschiedenster Programme und bei ihren Bahn brechenden Initiativen gedient.

Drittes Fallbeispiel: Schocktrauma-Intensivstation (STRICU[11]) der Intermountain Health Care Einrichtung (IHC) in Salt Lake City

Das Datensystem wird rund um den Patienten und das klinische Versorgungsteam aufgebaut und zu jeder Zeit bei jedem Patienten eingesetzt. Der verletzte Patient wird „verkabelt“, um klinische Parameter, wie z.B. Vitalzeichen, Nährstoff Zu- und Ausfuhr, Blutgaswerte und Infusionen in Echtzeit beobachten zu können. In jedem Patientenzimmer befindet sich ein Computer in Bettnähe, über den jede relevante Information sofort in die elektronische Patientenakte (EMR[12]) eingetragen wird. Jeder Arbeitstag beginnt mit einer zwei- oder mehrstündigen, formellen, interdisziplinären Stationsrunde, auf der die Versorgung der acht bis zwölf Patienten der Station reflektiert und für die nächste Zeit geplant wird. Während der Stationsrunde werden alle Aspekte zum Status des Patienten mit Hilfe der auf eine große Leinwand projizierten, elektronischen Patientenakte vom klinischen Team - Intensivarzt, Pflegekraft, Techniker, Assistenzarzt, Hausarzt, Atemtherapeut, Sozialarbeiter – und der Familie besprochen.

Basierend auf den Daten und dem Austausch über Alternativen modifiziert das Team den Versorgungsplan und verfolgt die Auswirkung der angepassten Behandlung auf die Parameter des Patienten. Unabhängig von der Komplexität der Krankheitsbilder,

---

8 four-hospital-system.

9 HCFA = Health Care Financing Administration = US-Bundesbehörde, die die Medicare, Medicaid, Child Health Krankenversicherungsprogramme verwaltet.

10 IHI = Institute for Health Care Improvement = gemeinnützige Organisation, die sich mit der Verbesserung der Gesundheitsversorgung weltweit beschäftigt.

11 STRICU = Shock Trauma Intensive Care Unit

12 EMR = electronic medical record

ermöglicht die computertechnische Ausstattung den Mitarbeitern, den Übergabebericht in nur zehn Minuten zu erstellen. Ärzte haben auch von zu Hause aus die Möglichkeit, sich im Informationssystem anzumelden, um den Patienten zu jeder Tageszeit von jedem Ort aus diskret beobachten und um mit jedem Mitarbeiter des Teams jederzeit von jedem Ort aus kommunizieren zu können. Zu den am meisten verbreiteten Arten nosokomialer Infekte stehen aktuelle Daten, basierend auf dem lokalen, epidemiologischen Profil, zur Verfügung, so dass computerbasierte Entscheidungshilfen für die kostengünstigsten Medikamente zur Behandlung der Infektionen gegeben werden.

Auf der Schocktrauma-Intensivstation gehört das Nutzen von Statistiken zum Klinikalltag. Entwicklungen von Schlüsselindikatoren, wie z.B. der Fehlerquote der Medikation, der Nutzungsrate von Behandlungsleitlinien, der Anzahl aufgetretener Komplikationen und der angefallenen Kosten werden vom Stationskoordinationsrat für monatliche Teamsitzungen und jährliche Arbeitstreffen der Gesamtmitarbeiterschaft zusammengetragen und ausgewertet, um die Gesamtleistung zu verfolgen, zu organisieren und zu verbessern.

Weitere Besonderheiten:

- Es werden Behandlungsleitlinien entwickelt, die Themen wie z.B. den Einsatz von Heparin, das Verhindern tiefer Venenthrombosen und die Schmerztherapie betreffen, und an denen jedes Teammitglied vor Ort Verbesserungen vornehmen kann. Typischerweise umfasst jedes dieser Dokumente nicht mehr als eine Seite.
- Die Kosten wurden im Laufe der Zeit reduziert und entsprechen inflationsbereinigt aktuell 82 Prozent der Beträge von 1991.
- Der Schutz des Patienten steht an erster Stelle; mehr als 30 verschiedene Fehlervarianten werden beobachtet.
- Seit Jahrzehnten arbeitet man am IHC an der Weiterentwicklung der elektronischen Patientenakte (EMR); darüber hinaus gibt es auf der Schocktrauma-Intensivstation einen Vollzeitmitarbeiter, der dauerhaft an der Verbesserung der EMR-Software arbeitet.

Ansatzpunkte und Prinzipien zum Aufbau einer ergiebigen Informationsumgebung

Aus den drei oben dargestellten Fallbeispielen ergeben sich eine Reihe von Anhaltspunkten, wie Mikro-, Meso- und Makrosysteme bei ihren Bemühungen für eine Verbesserung der Versorgung (d.h. einer Versorgung, die die Bedürfnisse der Patienten erfüllt), für eine Kostenreduzierung und eine Verminderung zeitlicher Verzögerungen in der Behandlung unterstützt werden können:

Bei der spezialisierten Versorgung des Spine-Centers

- wird ein umfassender Befund zum Gesundheitszustand des Patienten erhoben, um den Behandlungsplan den sich ändernden Bedürfnissen des Patienten anzupassen;
- werden Daten aus dem Informationssystem und die benötigte Computertechnik in den Behandlungsablauf integriert;
- wird die Computertechnik genutzt, um Team und Patienten mit einem detaillierten, individuellen Gesundheitsstatus zu versorgen;
- werden Behandlungsergebnisse über einen bestimmten Zeitraum zur Evaluation der Versorgung einzelner Patienten oder auch spezifischer Untergruppen von Patienten verfolgt;
- wird nach Aufbau eines umfassenden Datenmanagementsystems, mit dessen Hilfe Mitarbeiter und Patienten strukturierte Datensammlungen nutzen, eine Forschungsinfrastruktur an der Klinik aufgebaut;
- wird unter Einsatz von Führungskompetenzen, kulturabhängigen Handlungsmustern und Systemen eine sichere Basis für die Computertechnologie gebildet.

In der Overlook-Notfallambulanz

- wird die Durchlaufzeit der Patienten durch Sichtbarmachen von Behandlungszeiten und Schlüsselergebnissen in Echtzeit verbessert, um notwendige Schritte sofort einleiten zu können;
- werden Vergleichsdaten eingesetzt, um zu Verbesserungen im klinischen Ablauf und in der Patientenzufriedenheit anzuregen;

Auf der Schocktrauma-Intensivstation (STRICU)

- wird die Entwicklung biomedizinischer Daten bei Patienten mit komplexen, schwierigen Krankheitsbildern verfolgt, um konstant aktuelle Informationen zum Status des Patienten zu erhalten;
- werden Daten graphisch verdeutlicht, um den Austausch innerhalb des Teams und von Team zu Patient erleichtern und die optimale Versorgung planen zu können;
- werden epidemiologische Daten auf örtlicher Ebene gewonnen und zur Unterstützung der klinischen Entscheidungsfindung eingesetzt.

Zusätzlich zu diesen Ansatzpunkten können einige Prinzipien bezüglich Informationen, Informationstechnik, Daten und Gesamtleistungsergebnissen festgehalten werden. Die Prinzipien wurden einer umfassenden qualitativen Analyse der zwanzig hoch leistungsfähigen klinischen Mikrosysteme entnommen.[13]

1. Prinzip: Zugang zu einem ergiebigen Informationsumfeld ermöglichen

Dies ist die wichtigste Voraussetzung: Das Vorhandensein von Information ermöglicht intelligentes Handeln. Das Nicht-Vorhandensein von Information schließt die Möglichkeit, intelligent handeln zu können, aus. Vorgehensweisen, die das erste Prinzip unterstützen, sind

- das Gestalten des Informationsumfelds zur Unterstützung der alltäglichen Arbeit und der Förderung wesentlicher Kernkompetenzen und Kernprozesse sowie
- das Einrichten vielfältiger, formeller und informeller Kommunikationskanäle, um alle Mitspieler des Mikrosystems – Patienten, Familie, Team – angemessen informiert zu halten.

2. Prinzip: Informationen nutzen, um Patienten und Mitarbeiter sowie Mitarbeiter untereinander zu vernetzen

Der Erfolg des Mikrosystems (das sich aus Patienten, Medizinern und anderen Mitarbeitern, die zueinander in Beziehung stehen, zusammensetzt) hängt von den Interaktionen der Mitspieler (Patienten und Team) ab. Diese müssen so miteinander vernetzt

[13] Nelson et al. 2002.

werden, dass positive und produktive Schritte erfolgen und die richtigen Dinge zur richtigen Zeit auf die richtige Weise erledigt werden. Vorgehensweisen, die das zweite Prinzip unterstützen, sind:

- die richtige Information zum richtigen Zeitpunkt bekommen;
- Investieren in Hardware, Software und Computerspezialisten, um die Möglichkeiten der Informationstechnik zur Unterstützung des medizinischen Versorgungsangebots voll auszuschöpfen;
- Gute Ideen aller Beteiligten zum Wohle des Patienten in die Abläufe integrieren;
- Anbieten vielfältiger Interaktionsmöglichkeiten, um so Informationen aus dem Mikrosystem zu erhalten (z.B. schriftlich festgehaltene Daten, Telefon, E-mail, Internet basierte Information, Arzttermine).

3. Prinzip: Leistungsziele und damit verbundene Maßnahmen entwickeln

Die Aufrechterhaltung einer hervorragenden Gesamtleistung erfordert die Definition eines Zielsystems. Dieses muss mit den entsprechenden Werten, Kompetenzen und Verfahrensweisen der Klinik korrespondieren, wobei die Zielerreichung kontinuierlich überprüft werden muss. Die Erarbeitung von Zielen erfolgt im jeweiligen Team des Mikrosystems. Zur Zielerreichung sollten darüber hinaus verschiedene Instrumente der Motivationssteigerung eingesetzt werden. Wichtig ist die regelmäßige Überprüfung der erbrachten Leistung - idealerweise in Echtzeit - sowohl bei vorgeschalteten Prozessen als auch bei Ergebnisindikatoren.

4. Prinzip: Überprüfen von Verfahrensweisen und Ergebnissen, Rückführung von Daten zur kontinuierlichen Prozessoptimierung

Mit diesem letzten Prinzip wird der Kreis geschlossen. Es betont, dass die Informationssammlung allen Mitspielern Einblick ermöglicht, um Verbesserungen oder Innovationen umzusetzen. Die erfassten Informationen können ferner zur Überprüfung der Veränderungswirkungen genutzt werden. Vorgehensweisen, die das vierte Prinzip unterstützen, sind:

- Einbinden der Datenerfassung in die alltäglichen Arbeitsabläufe des gesamten Teams;
- Entwickeln und Einsetzen von Multiple-Choice-Fragebögen und Checklisten als Teil des Arbeitsprozesses;

- Einsatz des „Hauptkunden" – des Patienten – als Informationsquelle zum Gewinnen entscheidender Daten auf standardisierte bzw. systematische Weise;
- Modifizierung der Arbeitsabläufe und der unterstützenden Technik im Hinblick auf eine automatische Generierung von Ergebnisparametern. Dies macht die Arbeitsweise des Systems und die Wahl der Ergebnisvariablen transparent.

Daten schaffen die Verbindung von allen zu allen: Wie man auf Abb. 1 erkennen kann, sind Daten und Datentechnik unterstützende Voraussetzung für alle Schlüsselbereiche, die zum Erfolg führen – hervorragende Leitung, Konzentration auf das Team, patientenzentriertes und leistungsorientiertes Arbeiten. Der Datenaustausch erfolgt mit allen Mitgliedern des Mikrosystems – sowohl zwischen Patienten und Team als auch innerhalb des Teams, zwischen den einzelnen Mikrosystemen und schließlich zwischen Mikrosystem und Meso- sowie Makrosystem. Dabei werden vielseitige formelle und informelle Kanäle eingesetzt, um einen exakten und zeitlich angemessenen Dialog zwischen allen Beteiligten zu pflegen.

Kleinste wiederholbare Handlungseinheiten (SRUs[14]) und die Gestaltung des Datenflusses: Ein ergiebiges Informationsumfeld entsteht nicht von selbst, es muss aufgebaut und im Laufe der Zeit weiter verbessert werden. Es ist hilfreich, den Patienten bereits auf der Ebene der SRUs innerhalb des Mikrosystems eine hohe Qualität zu bieten.[15] Das Erheben von patientenbezogenen Daten, (beispielsweise die Diagnose oder das Beobachten von Veränderungen beim Patienten im Laufe der Behandlung) stellen innerhalb des klinischen Mikrosystems verschiedene SRUs dar. Jede dieser SRUs kann durch geeignete Informationssysteme unterstützt werden, indem Daten erfasst, analysiert, genutzt, gespeichert und wieder verwendet werden. Quinn weist darauf hin, dass führende Einrichtungen weltweit exakt dies tun und sich so einen strategischen Vorteil verschaffen.[16]

Um diesen Vorteil erkennen zu können, bedarf es jedoch zum einen eines fundamentalen Verständnisses der klinischen Basisarbeit und entsprechender Arbeitsabläufe. Zum anderen muss eine Notwendigkeit bestehen, das Informationssystem von den Kernabläufen ausgehend aufzubauen und die Daten in ihrer reinsten Form auf Ebene der

[14] SRUs = Smallest Replicable Units.
[15] Quinn 1992.
[16] Quinn 1992.

SRUs zu gewinnen. Wie in den aufgeführten Fallbeispielen gezeigt, lässt sich dies realisieren. Es handelt sich allerdings im heutigen Gesundheitssystem um Ausnahmen, die im Gesundheitssystem von morgen keine mehr sein sollten, wenn wir die „Qualitätskluft“ überwinden sollen.[17]

Basiskonzepte

Es werden nun drei Basiskonzepte vorgestellt, die den Weg zu einem ergiebigen Informationsumfeld etwas angenehmer und einfacher gestalten (obwohl er immer noch schwer ist):

- Feed Forward und Feedback
- Patientenwertekompass und
- Balanced Scorecard

Anhand der zuvor bereits geschilderten Fallbeispiele soll im Folgenden veranschaulicht werden, wie sie in der realen Welt des Krankenhauses umgesetzt werden können. Werden diese Kernideen auf spezifische klinische Mikrosysteme angewandt, kann man ein noch leistungsfähigeres Informationsumfeld aufbauen.

Feed Forward und Feedback: Kann man Daten so nutzen, dass gleich beim ersten Mal das Richtige getan wird – und das jedes Mal?

Feed Forward beschreibt ein System, das nach bestimmtem Regeln schnell auf messbare Umgebungsveränderungen und Störungen reagiert. Es hat vorhersagenden Charakter. Feedbacksysteme führen einen Abgleich von Ist- und Sollzustand bei der Zielerreichung durch und geben Rückkopplungssignale zur Veränderung des Inputs. In Abbildung 2 kann man sehen, wie ein kombiniertes System mit Feed Forward und Feedback hilft, die Patientenversorgung zu organisieren und zu verbessern. Der Grundgedanke hinter der Idee des Feed Forward ist, dass Daten zu einem früheren Zeitpunkt innerhalb des Versorgungsprozesses gesammelt, gespeichert und zu einem späteren Zeitpunkt wiederverwertet werden, um die dann zu unternehmenden Aktivitäten vorauszuplanen.

[17] US-Institute of Medicine 2001.

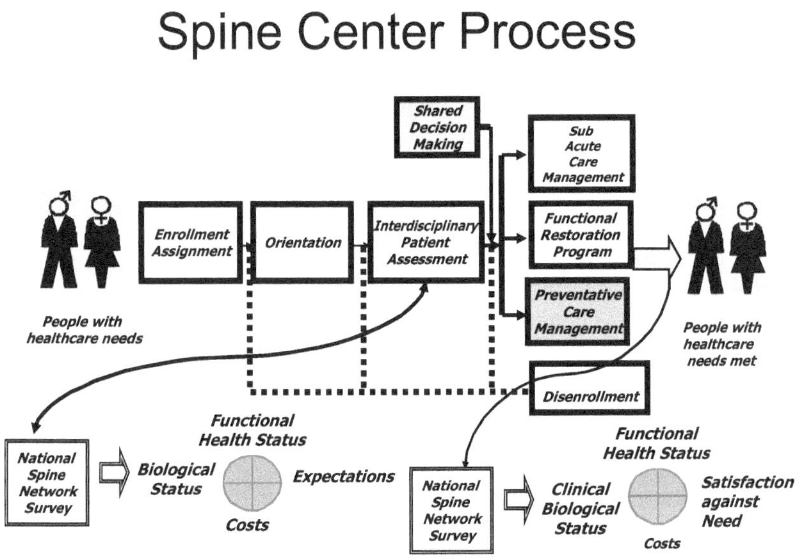

Abb. 2: Feed Forward und Feedback in einem Mikrosystem: Datenfluss im Spine-Center

Sowohl Feed Forward als auch Feedback sind in der amerikanischen Gesundheitsversorgung geläufige Methoden. In vielen Arztpraxen beispielsweise, die sich um Bluthochdruckpatienten kümmern, misst eine Arzthelferin oder Pflegekraft den Blutdruck und reicht die Daten an den Arzt weiter, der darauf basierend über die weitere Behandlung und notwendige Anpassungen entscheidet. In vielen hausärztlichen Praxen wird der durch die Behandlung erreichte Blutdruck mehrerer Patienten in ähnlicher Weise auf einer entsprechenden Tafel angezeigt, die Daten werden miteinander verglichen, um so den Grad des Behandlungserfolgs und Möglichkeiten zur Verbesserung festzustellen.

Die zu Beginn dieses Artikels aufgeführten Fälle enthalten bereits Beispiele eines „fortgeschrittenen Einsatzes" des Feed Forward, wie man an den folgenden Beispielen erkennen kann:

- Das Spine-Center setzt PCs mit Touchscreen ein, um Daten zum allgemeinen und speziellen Gesundheitsstatus des Patienten zusammenzutragen; diese Datenbasis bildet eine gute Grundlage zur gemeinsamen Entscheidungsfindung[18] für Patient und medizinisches Team und hilft dabei, den Behandlungsplan auf die sich ändernden Bedürfnisse des Patienten abzustimmen.
- Die Overlook-Notfallambulanz nutzt das Verfolgen von Behandlungszeiten, um festzustellen, wann sich Engpässe in der Patientenversorgung ergeben; dies wiederum bietet die Möglichkeit, rechtzeitig korrigierend eingreifen zu können, bevor eine Verlangsamung des Behandlungsprozesses zu einem Patientenstau führt.
- Auf der IHC-Schocktrauma-Intensivstation werden die Parameter jedes Patienten in Echtzeit beobachtet, um die aktuellen Daten in die tägliche Stationsbesprechung einbringen zu können; die ganze Datenbandbreite dient dem multidisziplinären Team dazu, den Versorgungsplan genau auf den Patienten abzustimmen.

Jedes dieser Mikrosysteme setzt das Rahmenkonzept des Feed Forward ein, um dauerhaft Daten gewinnen bzw. interpretieren und die Mitarbeiter so in die Lage versetzen zu können, die richtige Handlung zum richtigen Zeitpunkt ausführen. Darüber hinaus setzen alle drei Mikrosysteme verschiedene Feedback-Methoden (wie z.B. die graphische Datendarstellung, statistische Ablauftabellen, Wandtafeln, Wochen- oder Monatsberichte, viertel- oder ganzjährlich erstellte Berichte) zur Organisation und Verbesserung der Versorgung ein, um alle erbrachten Leistungen auswerten zu können. Es ist möglich und wünschenswert, fortgeschrittenere Methoden zur Arbeitsablaufanalyse, wie z.B. Wertstromanalyse (VSM)[19] und andere Lean-Managementmethoden zu nutzen, um den Datenfluss, der die Gesundheitsversorgung begleiten sollte, zu spezifizieren.[20]

---

18 SDM = shared decision making

19 VSM = Value Stream Mapping

20 Rother und Shook 1998.

Patientenwertekompass – Können Daten genutzt werden, um Qualität und Wert der Versorgung auszuwerten und um sie zu verbessern?

Mit dem Patientenwertekompass (PVC[21]) kann festgestellt werden, ob das Mikrosystem eine Versorgung bietet, die den Bedürfnissen des Patienten nach hochwertiger Qualität entsprechen.[22]

Der Patientenwertekompass wurde entwickelt, um einen ausgewogenen Blick auf die Behandlungsergebnisse - Gesundheitsstatus, Patientenzufriedenheit und entstandene Kosten - eines einzelnen oder mehrerer Patienten werfen zu können. Wie ein konventioneller Magnetkompass, der zur Richtungsfindung genutzt wird, verfügt der Patientenwertekompass über vier Kardinalrichtungen, die die Beantwortung entscheidender Fragen unterstützen:

- Westen: Welche Labor- und Behandlungsergebnisse liegen vor?
- Norden: Wie ist der Gesundheitszustand und welche Risikofaktoren verbleiben?
- Osten: Wie empfindet der Patient die erhaltene Versorgung? Wie zufrieden ist er?
- Süden: Welche mit dem Patienten in Zusammenhang stehenden direkten und indirekten Kosten hat der Versorgungsprozess verursacht?

Das Rahmenkonzept des Patientenwertekompasses kann auf beinahe jede Patientenpopulation, wie z.B. auf ambulant, stationär, zu Hause oder in Heimen behandelte Patienten, angewendet werden.[23]

In dem Modell geht man davon aus, dass sich die Fakten am Ende der Behandlung – Gesundheitszustand, Zufriedenheit und Kosten – im Laufe der Zeit und über Krankheitsphasen hinweg entwickeln. Ein 32-jähriger Patient beispielsweise, der in allgemein guter gesundheitlicher Verfassung ist, könnte infolge eines Bandscheibenvorfalls kurzzeitig eine Behandlung erhalten und danach wieder vollständig gesundet sein. Wenn er dann 35 Jahre alt ist, könnte er erneut Rückenprobleme verbunden mit chronischen Schmerzen bekommen, seine Arbeit verlieren und depressiv werden. Zu jedem Krankheitszeitpunkt des Patienten ist es mit Hilfe der gespeicherten Daten möglich, den aktuellen Patientenwertekompass mit dem früher erstellten zu vergleichen. Die

---

21 PVC = patient value compass

22 Nelson et al. 1996, Nelson et al. 1998, Splaine et al. 1998.

23 Speroff et al. 1998.

Daten des Patientenwertekompasses können die Frage beantworten, ob dieser Patient in Bezug auf seinen gesundheitlichen Zustand und seine individuelle Zufriedenheit Verbesserungen oder Verschlechterungen erfährt und welche Versorgung zu welchen Kosten dem gegenüberstehen.

Mit dem Fallbeispiel des Spine-Centers wird das Rahmenkonzept des Patientenwertekompasses zum Aufbau einer Informationsumgebung veranschaulicht. Zunächst einmal werden bei jedem Patiententermin die aktuellen Daten in den Patientenwertekompass eingespeist, der dann als ausgedrucktes Dokument oben auf die Patientenakte geklemmt wird und die Grundlage für die Interaktion zwischen Patient und Arzt bildet (Abb. 1). Der individuelle Patientenwertekompass versetzt den Mediziner in die Lage, gesundheitliche Stärken und Defizite des Patienten sofort zu erfassen und mit ihm gemeinsam einen Versorgungsplan zu entwickeln, der evidenzbasierte Behandlungsmethoden mit den Bedürfnissen und Wünschen des Patienten vereint. Im zweiten Schritt werden die gewonnenen Informationen so in das System zurückgeführt, dass die Versorgung für eine bestimmte Patientenpopulation des Spine-Centers, wie z.B. operierte Bandscheibenvorfälle (Abb. 3), evaluiert werden kann.

Spine Center's Herniated Disc Patients

Clinical Status

Common Health Problems	
Comorbidities besides spine condition	57%
Depression	20%
Frequent Headaches	17%
High Blood Pressure	15%
Osteoarthritis	10%
Heart Disease	5%

Symptoms	Initial	Followup	Improved
Oswestry Disability Index: How pain has affected your ability to perform activities	49	66	54%
MODEMS: Degree of suffering and bothersome			
Numbness, tingling, and/or weakness in *lower* body	47	65	61%
Numbness, tingling, and/or weakness in *upper* body	79	86	35%

Improved for ODI is a difference of 10 points or greater between Followup and Initial
Improved for MODEMS is a difference of 5 points or greater between Followup and Initial

Pain at Followup	
Experience pain in the neck, arms, lower back, and/or legs most or all of the time	46%
Medications at Followup	
Taking medication(s)	69%

Functional Health Status

SF-36 Norm-based (mean 50 SD 10)	Initial	Followup	Improved
Bodily Pain	28	37	61%
Role Physical	28	33	36%
Physical Component Summary	29	35	50%
Mental Component Summary	45	49	43%
General Health			
Excellent & Very Good	49%	42%	22%

Improved for SF-36 is a difference of 5 points or greater between Followup and Initial
Improved for General Health is a positive change in category from Initial to Followup

Patient Case Mix (July '98 to Mar. '02)	
Patients (have followup survey)	568
Average followup days	114
Average Age	44
Female	43%
Chronic greater 3 years	36%
Prior surgery	12%
Treatment:	
Non-surgical	65%
Surgery	33%
Functional Restoration Program	2%

Satisfaction

Results of treatment(s) met expectations:	
for ability to sleep	54%
for symptom relief	47%
for ability to do activities	46%
to return to work	42%

Satisfaction:	
Satisfied with treatment(s)	75%
Would choose same treatment(s)	69%

Costs

Work Lost	
Missed work (28 weeks average)	44%
On leave from work at followup	10%
Financial	
Receiving Worker's Compensation	14%
Litigation: Legal action pending	5%

Charges: One year episode spine specific ICD-9 codes					
Spine Center		Outpatient		Inpatient	
Professional	$573,730	Diagnostic Radiology	$395,277	Surgical	$3,321,785
Physical Therapist	$883,753	Neurosurgery	$388,977	Inpatient	$3,676,500
		Orthopaedics	$133,810	Other	$2,369,562
		Pain Clinic	$404,126		
		Office, urgent, other	$813,595		
Total	$1,457,483		$2,135,785		$9,367,846

$12,961,114

Median per patient $2,428
Average $6,066 (SD $8,683)
Range $0 to $71,036

Abb. 3: Patientenwertekompass: Patienten mit Bandscheibenvorfall

Viele klinische Mikro- und Gesundheitssysteme in den Vereinigten Staaten und anderen Ländern nutzen den Patientenwertekompass, um die Versorgungsqualität zu steigern und die Kosten zu optimieren. Darüber hinaus kann das Konzept aber auch eingesetzt werden, um strategische Ansätze mit spezifischen, angestrebten Zielsetzungen zu verbinden. Die Ergebnisse können auf der Ebene des Gesamtsystems (Makroebene), der Ebene klinischer Dienste (Mesosysteme wie Onkologie, Kardiologie etc.) und Basisdienste innerhalb des Systems (d.h. spezifische klinische Mikrosysteme) gemessen werden.

Balanced Scorecard – Sind die Daten nutzbar, um die Gesamtleistung des Mikrosystems auswerten und verbessern zu können?

Der Ansatz der Balanced Scorecard von Kaplan und Norton kann zur Beantwortung folgender Frage eingesetzt werden: „Erzielt das Mikrosystem Fortschritte, indem Handlungen perfektioniert und strategische Vorteile gewonnen werden?".

Dieser Balanced Scorecard-Ansatz ist sehr wirkungsvoll und weit verbreitet und hat in den letzten zehn Jahren im Gesundheitswesen an Popularität gewonnen.[24] Im Gegensatz zum Patientenwertekompass, wo der Patient die Grundlage der Analyse bildet, wird bei der Balanced Scorecard die Organisation oder eine kleinere Einheit innerhalb der Organisation als Grundlage der Analyse herangezogen. So wie der Patientenwertekompass auf verschiedenen Ebenen eingesetzt werden kann - beim einzelnen Patienten oder auf der Ebene einer Patientenpopulation – kann auch die Balanced Scorecard auf der Ebene des klinischen Mikro-, Meso- oder Makrosystems genutzt werden.

Die Scorekarte wurde entwickelt, um die strategischen Vorteile einer Organisation aus vier entscheidenden Perspektiven heraus ausgewogen und gründlich bewerten zu können: aus der Perspektive des Lernens und Wissenszuwachses, aus der Perspektive der Kernabläufe bei der Behandlung, aus der des Patientenblickwinkels und aus der Kostenperspektive. Mit diesen vier strategisch relevanten Themenbereichen lassen sich folgende Fragen beantworten:

[24] Griffith et al. 2002; Kaplan und Norton 2001; Kaplan und Norton 1992, 1993, 2004; Oliviera 2001.

- Erwerben wir neues, aktuelles Wissen in entscheidenden Unternehmensbereichen?
- Wie laufen die Kernarbeitsprozesse ab?
- Welchen Eindruck hat der Patient von dem, was wir leisten?
- Wie bewältigen wir die Kostenseite und arbeiten wir rentabel?

Die Balanced Scorecard kann auf beinahe jeden Organisationstyp angewendet werden und verbindet auf einfache und elegante Weise strategisches Handeln und Visionen mit den folgenden Themen:

- mit strategischen Zielen,
- mit Maßnahmen zur Zielerreichung,
- mit Zielwerten für Maßnahmen und
- mit Verbesserungen und Innovationen.

Weitere, positive Merkmale der Balanced Scorecard:

- Verschiedene Systemteile können auf gemeinsame Ziele hin ausgerichtet werden.
- Eher theoretische Themen können auf eine praktischere Ebene, die direkten Patientennutzen generiert, „heruntergebrochen" werden.
- Ergebnisse werden kommuniziert und sind von den ausführenden Einheiten zu verantworten.

In Abbildung 4 wird die Balanced Scorecard des Spine-Centers vorgestellt. Es wurden für jeden der vier Themenbereiche Hauptziele aufgestellt. So ist ersichtlich, dass das Ziel der Teilnahme von 80 Prozent aller Patienten an der gemeinsamen Entscheidungsfindung per Video noch nicht erreicht wurde. Auch im Zusammenhang mit Patienten, die immer wieder auf die Gesundheitsdienstleistung zurückgreifen, werden Ziele gesetzt, die die Produktivität der Mediziner in den Mittelpunkt stellen.

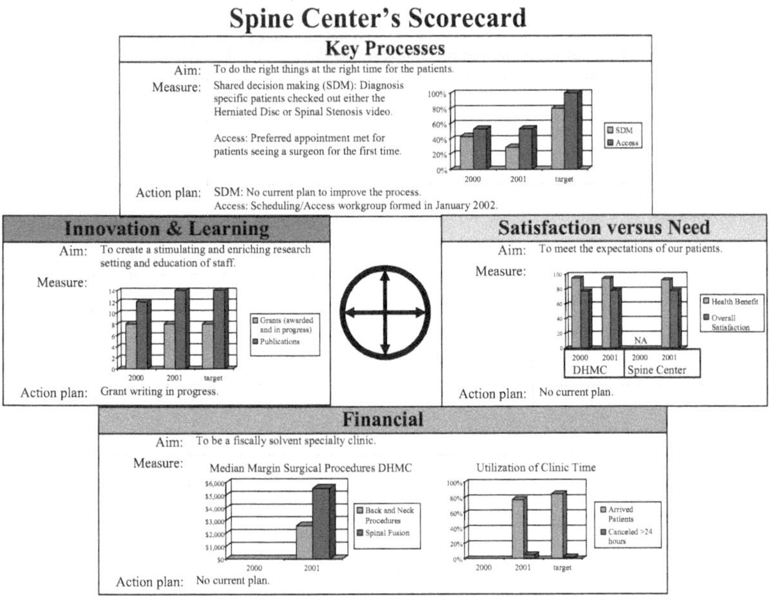

Abb. 4: Die Balanced Scorecard: Krankenhausverwaltung des Spine-Centers[25]

Fazit

Diese Fallbeispiele, Prinzipien und Konzepte können zum Aufbau eines umfassenden Informationsmanagementsystems bei Gesundheitsdienstleistern eingesetzt werden und so den Weg hin zu einer hochwertigen Patientenversorgung für Pflege- und anderes Fachpersonal erleichtern. In den identifizierten effizienten Mikrosystemen wird ein umfangreiches Informationsmanagement zur Handlungssteuerung und Leistungssteigerung eingesetzt. Ein intelligentes Informationsumfeld bildet die Voraussetzung für eine herausragende Gesundheitsversorgung.

[25] Anmerkung: Das Spine-Center wertet die Scorekarte auf seinen jährlich stattfindenden Auswertungstreffen aus, wobei man die festgehaltenen Endergebnisse reflektiert, Verbesserungsmöglichkeiten entwickelt und klare Strategien für das kommende Jahr formuliert.

Literatur

Griffith, J., Alexander, J., and Jelinek, R. Measuring comparative hospital performance. *Journal of Healthcare Management,* 2002. *47*(1), 41-57.

Institute of Medicine (U.S.). Committee on Quality of Health Care in America. *Crossing the quality chasm: A new health system for the 21st century.* Washington, D.C. 2001.

Kaplan, R., and Norton, D. *The strategy focused organization.* Boston 2001.

Kaplan, R. S., and Norton, D. P. The balanced scorecard - measures that drive performance. *Harvard Business Review,* 1992. (January-February), 71-79.

Kaplan, R. S., and Norton, D. P. Putting the balanced scorecard to work. *Harvard Business Review,* 1993. (September/October), 134-147.

Kaplan, R. S., and Norton, D. P. *Strategy maps: Converting intangible assets into tangible outcomes.* Boston 2004.

Nelson, E., Mohr, J., Batalden, P., and Plume, S. Improving health care, part 1: The clinical value compass. *Joint Commission Journal on Quality Improvement,* 1996. *22*(4), 243-258.

Nelson, E. C., and others. Microsystems in health care: Part 1. Learning from high-performing front-line clinical units. *Jt Comm J Qual Improv,* 2002. *28*(9), 472-493.

Nelson, E. C., Batalden, P. B., Ryer, J. C., and Joint Commission on Accreditation of Healthcare Organizations. *Clinical improvement action guide.* Oakbrook Terrace, IL: Joint Commission on Accreditation of Healthcare Organizations, 1998.

Oliveira, J. The balanced scorecard: An integrative approach to performance evaluation. *Healthcare Financial Management,* 2001. *55*(5), 42-46.

Quinn, J. B. *Intelligent enterprise: A knowledge and service based paradigm for industry.* New York, Toronto 1992.

Rother, J., and Shook, J. *Learning to see.* Brookline, MA 1998.

Speroff, T., Miles, P., and Mathews, B. Improving health care, part 5: Applying the dartmouth clincial improvement model to community health. 1998. *24*(12), 679-703.

Splaine, M., and others. Looking at care from the inside out. 1998. *21*(3), 1-9.

Weinstein, J., and others. Designing an ambulatory clinical practice for outcomes improvement. 2000. *8*(2), 1-20.

Aktuelle Überlegungen zum evidenzbasierten Management im Gesundheitswesen[1]

Anthony R. Kovner, Thomas G. Rundall[2]

Berichte über medizinische Behandlungsfehler sind in vielen Zeitungen und Zeitschriften verteilt über die ganzen Vereinigten Staaten aufgetaucht. Zur gleichen Zeit erhalten Beispiele eines übermäßigen, verminderten oder falschen Einsatzes taktischer Managementstrategien weitaus weniger Beachtung. Die drängende Notwendigkeit, die man in Zusammenhang mit der Qualitätssteigerung der medizinischen Versorgung sieht, scheint im Zusammenhang mit der Qualitätssteigerung der Entscheidungsprozesse des Managements nicht zu existieren. Ein eher evidenzbasierter Ansatz würde die Kompetenzen der Entscheidungsträger und ihre Motivation, innerhalb des Entscheidungsprozesses wissenschaftlich geprüfte Methoden einzusetzen, verbessern. Diesem Artikel liegt eine Untersuchung mit 68 Managern des Gesundheitswesens zugrunde, bei denen nur ein geringes Maß an evidenzbasiertem Managementverhalten beobachtet wurde. Auf Grundlage der Untersuchungsergebnisse werden vier Strategien vorgeschlagen, um Manager im Gesundheitswesen dazu zu bewegen, Entscheidungen auf Basis wissenschaftlicher Nachweise zu treffen:

- *Konzentration auf evidenzbasierte Entscheidungsprozesse bei strategisch wichtigen Themen,*
- *Entwicklung von Komitees und anderen Strukturen, um Managementforschung innerhalb der Organisation zu verbreiten,*
- *Aufbau einer Managementkultur, die Forschung wertschätzt,*
- *Kompetenzschulungen von Managern, um wissenschaftliche Nachweise auf Entscheidungen im Gesundheitswesen anwenden zu können.*

---

[1] Mit freundlicher Genehmigung zur Übersetzung und Veröffentlichung durch: Frontiers of Health Services Management, Volume 22(3): S. 3-22. Chicago: Health Administration Press, 2006. Übersetzung aus dem Englischen: Martina Dahlmann.

[2] Die Autoren bedanken sich für die Unterstützung durch Chris Kovner, Juliana Tilemma und Erica Eoldy und natürlich für die Unterstützung der Manager, die von C. Kovner befragt wurden und deren Daten wir in der Vorbereitung für diesen Artikel verwendeten. Wir bedanken uns auch bei dem Center for Health Management Research für die finanzielle Unterstützung der hier vorgestellten Studie.

Der Artikel liefert direkt anwendbare, praktische Hilfen, Techniken und Ressourcen, die dem Manager helfen, den evidenzbasierten Ansatz zu verstehen und innerhalb seines Entscheidungsprozesses anzuwenden.

Die zahlreichen Entwicklungen zu evidenzbasierten Entscheidungsprozessen in den letzten zehn Jahren sollten Führungskräfte und Manager in Gesundheitseinrichtungen dazu motivieren, solche Formen der Entscheidungsprozesse explizit auch in ihr Management zu integrieren. Die umfassende Nutzung evidenzbasierter Entscheidungsprozesse durch Ärzte hat dazu geführt, dass Leitlinien und ähnliches Material zur Patientenversorgung entstanden sind.[3] Der evidenzbasierte Ansatz findet zunehmende Akzeptanz in den Gesundheitswissenschaften wie Pflegewissenschaften, Public Health, Gesundheitspolitik und in anderen entsprechenden Bereichen.[4] Muir Gray (2004) weist darauf hin, dass ein evidenzbasierter Ansatz die Kompetenz der Entscheidungsträger verbessern und ihre Motivation, wissenschaftlichere Methoden zur Entscheidungsfindung zu nutzen, steigern würde. Paul Hofmann und Frankie Perry fordern in ihrem kürzlich veröffentlichten Buch mit dem Titel „Managementfehler in der Gesundheitsversorgung“, Managementfehler in der Versorgung zu identifzieren, zu korrigieren und ihr Wiederauftreten zu verhindern.[5] Darüber hinaus erscheinen immer mehr Artikel zu den Themen Gesundheitsmanagement und Gesundheitsdienstleistung in wissenschaftlichen Fachzeitschriften, in denen Manager von Gesundheitsdienstleistern dazu aufgefordert werden, die Natur der Entscheidungsprozesse innerhalb ihrer Einrichtung zu untersuchen und den evidenzbasierten Ansatz in Erwägung zu ziehen.[6] Es gibt immer mehr Quellen im Internet, die wissenschaftliche Nachweise, einschließlich Kompendien zu Primärstudien und Forschungssynthesen für Manager anbieten. Dazu zählen beispielsweise die von der Agency for Healthcare Research and Quality (AHRQ)[7] (www.arhq.gov/ research/), der Cochrane Effective Practice and Organization of Gare Gruppe (www.epoc.uottawa.ca) und anderen entwickelten Informationsangebote,. Forschungsarbeiten zur Verbesserung der Qualität, der Sicherheit und der Effizienz bei

---

3 Sackett et al. 1996; Friedland 1998; Sackett et al. 2000; Geyman, Deyo und Ramsey 2000; Eddy 2005; AHRQ 2006a.

4 Lomas 2000; Donaldson, Mugford und Vale 2002; Lavis et al. 2002; Stewart 2002; Lavis et al. 2003; Brownson 2003; Muir Gray 2004; Shojania und Grimshaw 2005; Hatcher und Oakley-Browne 2005; Fox 2005.

5 Hofmann und Perry 2005.

6 Axelson 1998; Davies und Nutley 1999; Kovner, Elton und Billings 2000; Walshe und Rundall 2001; Geenhalgh et al. 2004; Muir Gray 2004; Glancy und Gronin 2005.

7 in etwa: Behörde für Forschung und Qualität in der Gesundheitsversorgung; Unterbehörde des US-Gesundheitsministeriums.

der Organisation von Gesundheitsdienstleistungen werden von Bundesbehörden unterstützt.[8] Die AHRQ beispielsweise, hat das Integrated Delivery System Research Netzwerk (IDSRN), jetzt „Accelerating Change and Transformation in Organizations and Networks“ (ACTION), finanziert, in dem man explizit wissenschaftliche Nachweise für funktionierende Konzepte in der Organisationsentwicklung finden wollte. Das Center for Health Management Research (www.depts.washington.edu/chmr/about/), eine über Stiftungsgelder finanzierte Kooperationsinitiative aus Wissenschaft, Industrie und universitärer Forschung, unterstützt gemeinsame Forschungsarbeiten zwischen Wissenschaftlern und Managern des Gesundheitswesens. Schließlich wird die Durchführung evidenzbasierter Entscheidungsprozesse immer häufiger in Kompetenzlisten aufgenommen, die effektives Management bei modernen Gesundheitsdienstleistern zum Ziel haben. Den Managementkompetenzen der Healthcare Leadership Allianz (2005) zufolge sollen Forschungsergebnisse erworben, kritisch gewürdigt und vom Management zur Entscheidungsfindung genutzt werden. In ähnlicher Weise werden im vom National Center for Healthcare Leadership (2004) entwickelten Health Leadership Competency Modell, Kompetenzen integriert, die evidenzbasierte Entscheidungsprozesse unterstützen und darunter insbesondere „analytisches Denken“ verstehen:

Die Fähigkeit, eine Situation, ein Thema oder Problem verstehen zu können, indem man es in kleinere Teile aufspaltet oder indem man die impliziten Botschaften Schritt für Schritt entfaltet, beinhaltet das systematische Organisieren der einzelnen Teile einer Situation, eines Themas oder Problems; das systematische Vergleichen verschiedener Merkmale oder Aspekte; das Setzen von Prioritäten auf rationaler Basis und das Identifizieren von Zeitsequenzen, Kausalzusammenhängen oder Wenn-Dann-Beziehungen.

Ähnliche Entwicklungen finden in den Gesundheitssystemen anderer weit entwickelter Länder statt. Tatsächlich haben eher solche Länder mit nationaler Krankenversicherung und/oder öffentlichen Gesundheitsdienstleistern mehr Ressourcen für evidenzbasiertes Management im Gesundheitswesen als die Vereinigten Staaten entwickelt. Vom National Health Service (NHS) in Großbritannien beispielsweise wurde das NHS Service Delivery und –Organisation Programme[9], die National Library for Health[10]

---

[8] AHRQ 2006b.
[9] www.sdo.lshtm.ac.uk/
[10] www.nelh.nhs.uk/

und die Health Management Online Resource innerhalb des National Health Service in Schottland[11], aufgebaut. Die kanadische Regierung hat die Canadian Health Services Research Foundation[12] eingerichtet.

Aktuelle Forschungsarbeiten aus Großbritannien und Kanada zeigen, dass Manager im Gesundheitswesen und politische Entscheidungsträger den evidenzbasierten Ansatz nur selten zur Entscheidungsfindung nutzen und eine breite Lücke zwischen den Erkenntnissen aus der Gesundheitssystemforschung und der tatsächlich durchgeführten Gesundheitspolitik klafft.[13] In diesen Ländern hat man eine Reihe von Möglichkeiten identifiziert, die die Realisierung evidenzbasierten Managements im Rahmen der Gesundheitsdienste (EBHSM[14]) fördern könnten. Die Canadian Health Service Research Foundation (2000) stellt z.B. fest:

[...] Entscheidungsträger müssen effektivere Wege finden, ihre Prioritäten und Probleme zu organisieren und zu kommunizieren, wohingegen Forscher und ihre Förderer Mechanismen entwickeln müssen, um Zugriff auf die Informationen über die Prioritäten und Probleme zu bekommen, um sie dann in ihre Forschungstätigkeit aufzunehmen. [...] Wissenschaftler müssen lernen, ihre Forschungsergebnisse zu vereinfachen und sie müssen zeigen, wie die Ergebnisse auf das Gesundheitswesen angewendet werden können, um sich so besser mit Entscheidungsträgern und Wissensträgern verständigen zu können. [...] Wissensträger müssen ihre Fähigkeit, Informationen sichtbar zu machen und zu würdigen, verbessern – sie müssen die Fakten von den Geschichten trennen. [...] Entscheidungsträger und ihre Einrichtungen müssen ihre Fähigkeit verbessern, diese Informationen zu erhalten und darauf zu reagieren.

Überdies stellen Studien aus Kanada und Großbritannien substantielle Unterschiede zwischen Managern und Forschern im Gesundheitswesen fest. Es existiert ein unterschiedliches Verständnis über den Begriff der Evidenz, welche Art systematischer Begutachtung der Evidenz für Entscheidungsträger hilfreich ist und welchen Anteil evidenzbasierte Entscheidungen in Management und Politik haben sollten.[15]

---

11 www.healthmanagementonline.co.uk/

12 www.chsrf.ca/

13 Lavis et al. 2002; Canadian Health Services Research Foundation 2000; 2004.

14 EBHSM = evidence-based health service management

15 Canadian Health Services Research Foundation 2005; Sheldon 2005; Mays, Pope und Popay 2005; Pawson et al. 2005; Lavis et al. 2005.

Über Einstellungen zu evidenzbasierten Entscheidungsprozessen bei Managern im Gesundheitswesen liegen kaum Studien vor. Demnach stehen nur wenige wissenschaftliche Nachweise zur Verfügung, die bei der Entwicklung von Strategien zur Stärkung des Verständnisses und des Einsatzes evidenzbasierten Managements im Gesundheitswesen helfen können.

Dieser Artikel verfolgt vier Ziele:

1. Kurze Beschreibung des evidenzbasierten Managementansatzes
2. Beschreibung der Fragen, auf die EBHSM angewandt werden kann
3. Bericht über eine aktuelle Studie, die von einem der Autoren durchgeführt wurde (Kovner 2005), um zu verstehen, wie evidenzbasierte Entscheidungsprozesse von Managern des Gesundheitswesens genutzt werden können und
4. Vorschlagen einer Reihe praktischer Vorgehensweisen, die Einrichtungen des US-Gesundheitswesens einsetzen können, um einen evidenzbasierten Ansatz zur Entscheidungsfindung in ihrer Einrichtung einzuführen.

Was versteht man unter evidenzbasiertem Management im Gesundheitswesen?

Evidenzbasiertes Management im Gesundheitswesen wendet die Idee evidenzbasierter Entscheidungsprozesse auf Abläufe im Unternehmen, auf betriebsbezogene und strategische Entscheidungen einer Einrichtung an. Vereinfach gesagt, stellt EBHSM die systematische Anwendung der am ehesten greifbaren, wissenschaftlichen Nachweise auf die Evaluation von Leitungsstrategien dar, um so die Gesamtleistung von Einrichtungen des Gesundheitswesens zu steigern. Was EBHSM von anderen Ansätzen zur Entscheidungsfindung unterscheidet, ist die Tatsache, dass Manager im Gesundheitswesen beim Treffen von Entscheidungen wann immer möglich auf Ergebnisse professionell durchgeführter Studien zum Thema Management zurückgreifen sollten. Es kann nicht genug betont werden, dass andere Informationsquellen, wie z.B. persönliche Erfahrungen, Erfahrungen anderer Personen in ähnlichen Situationen, Expertenmeinungen und einfach das Nutzen aktueller Informationen auch Wege zum Treffen einer Entscheidung sein können und sollen, wenn diese Informationen in einer bestimmten Situation am ehesten zugänglich sind. Ähnlich wie in der evidenzbasierten Medizin sind die wissenschaftlichen Nachweise, die man beim EBHSM nutzt, kein Ersatz, sondern lediglich eine Ergänzung anderer Wissens- und Informationsquellen.

Unter dem EBHSM-Ansatz betrachtet man die Entscheidungsfindung als einen Prozess und nicht als einfache Entscheidung zwischen mehreren Alternativen. Dieser Prozess beinhaltet unter idealen Bedingungen eine Reihe verschiedener Schritte. In den Abbildungen 1 und 2 wird der Beitrag, den der EBHSM-Ansatz auf Entscheidungsprozesse in Gesundheitseinrichtungen leisten kann, dargestellt.

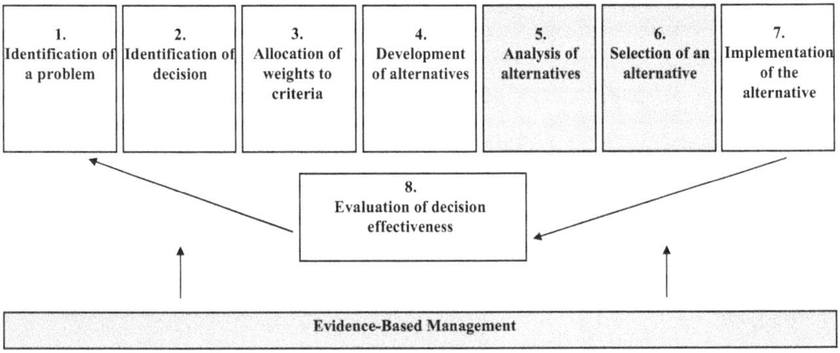

Abb. 1: Die acht Schritte des Entscheidungsprozesses

Der Entscheidungsprozess beginnt mit dem Feststellen eines Problems (Schritt 1), oder genauer gesagt, mit dem Feststellen einer Diskrepanz zwischen einem tatsächlichen und einem erwünschten Zustand. Die Entscheidungsträger setzen verschiedene Techniken, Informationsarten, Analysen und Handlungsweisen ein, um den Kreis zu schließen, wobei die Informationen durch eine Evaluation der Entscheidung (Schritt 8) gewonnen werden und so festgestellt werden kann, ob das Problem weiterhin existiert. Die Schritte 5 und 6 sind für den Bereich des EBHSM von besonderem Interesse. Unter Anwendung des EBHSM kann man erwarten, dass die Integration der besten wissenschaftlichen Nachweise zu einem Zeitpunkt, zu dem Alternativen beurteilt werden und eine Entscheidung getroffen werden muss, zu besseren Entscheidungen führen werden und so die Gesamtleistung der Organisation steigern.

In Abbildung 2 wird der bekannte Shewhart-Kreislauf dargestellt, der auch in Organisationen des Gesundheitswesens zu Verbesserungen führen kann.[16] Obwohl wissenschaftliche Studien hilfreich bei Entscheidungsprozessen im Rahmen dieses Kreislaufs sind, kann die Informationsbasis, die durch Anwendung der entsprechenden Planungsschritte – Verstehen des Problems, des Ablaufs, in den es eingebettet ist, und der Auswirkungen jeder denkbaren Intervention - gewonnen wird, durch ein Vergleichen der eigenen Daten mit Studien von anderen Organisationen deutlich erweitert werden.

Das ursprüngliche Acht-Schritte-Modell der Entscheidungsfindung und der PDSA-Ent-scheidungsprozess zur Qualitätssteigerung bieten Managern Zugang zum gesamten Spektrum verschiedenster positiver Aspekte. Die Modelle helfen, Ursachen für Probleme systematisch zu erarbeiten. Sie verschaffen den notwendigen Einblick in die Gestaltung und Durchführung leistungssteigernder Interventionen. Jedes Modell unterstützt das Evaluieren von Entscheidungen, um nach und nach die Gesamtleistung zu verbessern.

Beide Modelle haben aber auch einige entscheidende Schwachstellen. Sie sind derart ausgerichtet, dass Verbesserungsprozesse „von innen heraus“ stattfinden, wobei notwendige Daten und Informationen aus der Organisation selbst gewonnen werden. In den Modellen wird auf eine systematische Recherche in anderen Organisationen nur wenig Wert gelegt. In keinem der Modelle greift man auf moderne, elektronische Ressourcen zur Problemlösung zurück. Diese Entscheidungsprozesse können demzufolge durch den Einsatz evidenzbasierter Managementtechniken unterstützt werden, indem der Blickwinkel der Entscheidungsträger über die Grenzen ihrer eigenen Organisation hinaus erweitert und bereits vorhandene Evidenz in den Entscheidungsprozess eingebracht wird.

[16] Kelly 2003.

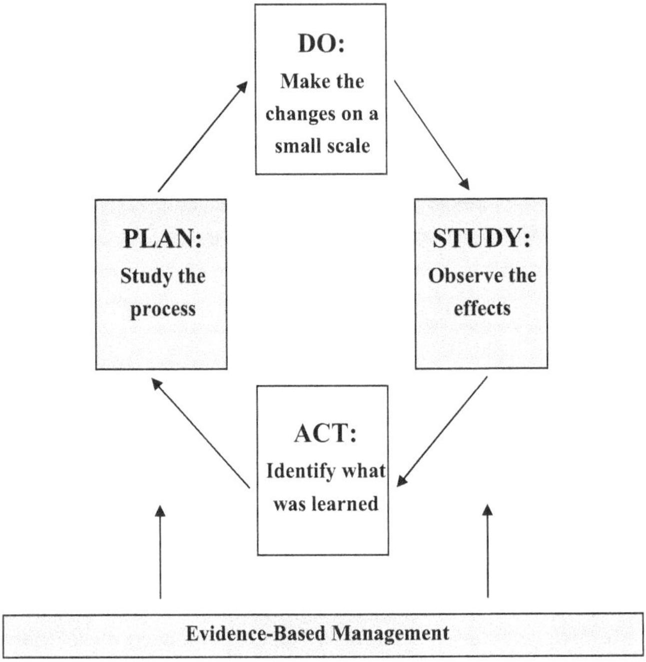

Abb. 2: Der Shewhart PDSA-Qualitätssteigerungskreislauf

Auf welche Managementthemen kann EBHSM angewendet werden?

Evidenzbasiertes Management im Gesundheitswesen kann auf drei Managementthemen angewendet werden: betriebswirtschaftliche Kernprozesse, Betriebsführung und strategisches Management. Die Managementthemen umfassen sowohl Themen, die direkten Einfluss darauf haben, wie die Versorgung von Patienten finanziert, organisiert und angeboten wird. Dies gilt auch für solche Prozesse die die Versorgung von Patienten unterstützen und die Einbindung externer, nicht-klinischer Mitarbeiter betreffen (siehe Tab. 1).

Obwohl EBHSM-Techniken auf betriebswirtschaftliche Kernvorgänge und entsprechende Managemententscheidungen angewendet werden können, ist es nicht einfach für Manager im Gesundheitswesen, wissenschaftliche Arbeiten zu den betreffenden Themen zu finden. Managemententscheidungen hinsichtlich betriebswirtschaftlicher Kernprozesse werden manchmal im „trial and error"-Verfahren getroffen, man kopiert erfolgreiche Vorgehensweisen anderer Organisationen oder man nimmt externe Beratungsleistungen in Anspruch. Zu vielen (aber nicht allen) für Manager im Gesundheitswesen relevanten Themen der Betriebsführung und des strategischen Managements steht andererseits eine beträchtliche Anzahl an Studien zur Verfügung. Auf den Internetseiten der Agency for Healthcare Research and Quality[17], der Cochrane Collaboration Effective Practice and Organization of Care Group[18] und der Cochrane Consumers and Communication Review Group[19] werden tatsächlich systematische Reviews aufgeführt, die wissenschaftliche Nachweise zu jedem der in Tabelle 1 aufgelisteten Themen der Betriebsführung und des strategischen Managements zusammenfassen. Darüber hinaus findet man auf diesen Internetseiten auch eine beträchtliche Anzahl an Studien zu Organisationsstrukturen und – prozessen, die Einfluss auf die Patientenversorgung und die Behandlungsergebnisse haben können.

17 www.ahrq.gov/research/
18 www.epoc.uottawa.ca
19 www.latrobe.edu.au/cochrane

TYPE OF MANAGEMENT ISSUE	MANAGEMENT QUESTIONS
Core Business Transactions	▪ How can the payer process MD claims for payment more quickly? ▪ How can the health system's information on patient eligibility for benefits be made more accurate? ▪ What methods for paying physician claims achieve speed, convenience, and accuracy requirements?
Operational Management	▪ How can nurse absenteeism be reduced? ▪ Will decreasing the patient/nurse ratio improve patient outcomes? ▪ Does hospital discharge planning and follow up improve patients' outcomes ▪ Does hand washing among healthcare workers reduce hospital-acquired infections? ▪ Does basing part of employees' compensation on achievement of unit or team goals improve teamwork and coordination?
Strategic Management	▪ How do hospital mergers affect administrative costs? ▪ Do hospital-physician joint ventures, such as orthopedic surgery centers, have negative effects on in-hospital surgery? ▪ Does the implementation of an electronic medical record improve the quality of patient care? ▪ Do pay-for-performance incentives substantially improve targeted care processes?

Tab.1: Beispiele zu Managementthemen, auf die EBHSM angewandt werden kann

Die evidenzbasierte Beurteilung von Alternativen zur Auswahl einer „besten" Alternative stellt bereits einen Fünf-Schritte-Prozess dar:

1. Formulieren der Forschungsfrage/Kurze Darlegung der unten aufgeführten Schritte
2. Recherche zu relevanten Forschungsergebnissen und anderen Arten von Evidenz
3. Beurteilen der Validität, Qualität und Anwendbarkeit der Nachweise
4. Die evidenzbasierten Alternativen so präsentieren, dass sie mit hoher Wahrscheinlichkeit im Entscheidungsprozess genutzt werden
5. Anwenden der Evidenz beim Treffen der Entscheidung

Die kurze Darstellung jedes Schrittes weiter unten wird die Hauptmerkmale des Ansatzes beleuchten.[20]

Formulieren der Forschungsfrage

Der erste Schritt besteht darin, die Managementfrage in eine Forschungsfrage umzuwandeln. Dabei sollte das Thema eingrenzt werden, um die Wahrscheinlichkeit zu erhöhen, hilfreiche wissenschaftliche Studien zu finden. Diese Aufgabe verlangt mehr Überlegung, als man zunächst glauben mag. Eine sehr spezifische Managementfrage muss gegebenenfalls erweitert werden, um relevante Forschungsarbeiten zu finden. Sehr weit, zu vage oder hoch abstrakt gefasste Forschungsfragen sollten vermieden werden. Möchte ein Manager beispielsweise etwas über die möglichen Auswirkungen der Einführung eines sog. „hospitalist programs"[21] für die Versorgung von Patienten mit Herzproblemen in einem Krankenhaus eines Randbezirks von Arizona zur Verbesserung der Qualität und Senkung der Kosten erfahren, wird er wahrscheinlich keine einzige Studie finden, die alle eingeschlossenen Kriterien, die durch eine so eng gefasste, spezifische Frage impliziert werden, enthält. Die Managementfrage nur etwas weiter zu fassen (z.B. Welche Auswirkung hat ein „hospitalist program" auf die Kosten und die Qualität stationärer Versorgung in städtischen US-Krankenhäusern?), erhöht die Wahrscheinlichkeit, Studien für die Entscheidung über die Einführung eines solchen Programms zu finden. Fasst man die Frage jedoch zu weit (z.B. Welchen Einfluss haben die Ärzte, die im Rahmen eines solchen Programms tätig sind, auf das Gesundheitsversorgungssystem?) ist die Wahrscheinlichkeit hoch, dass viele der gefundenen Studien nicht relevant für das spezifische Interessensgebiet des Managers sind. Eine gute Hilfe zum Formulieren der Forschungsfrage ist es, Aussagen in die Frage zu integrieren, die die Technik, das Setting und das Ergebnis des Interessensgebiets verdeutlichen (siehe Abb. 3).

[20] Weitere, detailliertere Diskussionen evidenzbasierter Entscheidungsprozesse unter Muit Gray 2004, Mack, Crawford und Reed 2004; und Mays, Pope und Popay 2005.

[21] hospitalist program = Programm, das in manchen US-Kliniken auf freiwilliger Basis angeboten wird. Nach Einweisung eines Patienten ins Krankenhaus begleitet und koordiniert ein Arzt (hospitalist) die gesamte Versorgung und Behandlung dieses Patienten, steht ihm als Ansprechpartner zur Verfügung und hält Kontakt zu seinem Hausarzt.

Guidelines in Formulating an Appropriate Research Question
1. What management tool or technique ist being considered? 2. What ist he setting in which the technique would be applied? 3. What ist he desired managerial process or outcome?

Abb. 3: Hilfen zum Formulieren einer angemessenen Forschungsfrage

Finden evidenzbasierter Nachweise

Für die Managementforschungsfrage relevante Evidenz steht in großer Spannbreite zur Verfügung: Häufig wird auf Kollegen, Berater und bekannte Experten als Informationsquelle zurückgegriffen. Viele Manager nutzen auch gerne das Internet, um Forschungsarbeiten ausfindig zu machen. Gesundheitsorganisationen, die in bedeutendem Ausmaß in den Bereich Wissensmanagement investiert haben, verfügen eventuell über Büchereien, ausgebildete Bibliothekare und Webmaster, über per Intranet zugängliche Informationsquellen oder ein Inhouse-System zur Unterstützung von Entscheidungen des Managements. Solche Ressourcen werden der großen Mehrheit der Manager jedoch nicht zur Verfügung stehen und sie werden auf das angewiesen sein, was sie im Internet finden können.

Es gibt zwei allgemeine Möglichkeiten, wissenschaftliche Studien über das Internet zu finden:

1. Durchsuchen von Webseiten, die Zugang zu systematischen Reviews oder Meta-Analysen haben. Die Effective Practice and Organization of Care (EPOC) Gruppe z.B., die der bereits oben erwähnten Cochrane-Library angeschlossen ist, könnte entsprechende Informationen bieten.

2. Durchsuchen bibliographischer Datenbanken wie z.B. MEDLINE, PubMed oder Google-Scholar nach relevanten, veröffentlichten und unveröffentlichten Primärstudien (siehe Abb. 4). Die Suche in Google-Scholar nach den Begriffen „Hospitalist", „Kosten" und „Qualität" beispielsweise, brachte über 60 Ergebnisse, von denen viele qualitative oder quantitative Studien zu sein schienen. Einer der Autoren dieses Artikels ist Coautor von einer der aufgeführten Studien.[22]

Resources for Health Services Management Research
Agency for Healthcare Research and Quality: http://www.ahrq.gov/research/
Effective Practice and Organization of Care Group: http://www.epoc.uottawa.ca/
Consumers and Communication Review Group: http://www.latrobe.edu.au/cochrane/
Center for Health Management Research: http://depts.washington.edu/chmr/research/
Pub Med: http://www.ncbi.nlm.nih.gov/entrez/query.fcgi?db=PubMed
MEDLINE: http://www.nlm.nig.gov/databases/databases_medline.html
Google Scholar: http://scholar.google.com

Abb. 4: Informationsquellen für Managementforschung im Gesundheitswesen

Besonders hilfreich für Entscheidungsträger sind „research synthesis" genannte Bündelungen von traditionellen Literaturübersichten bis hin zu systematischen und quantitativen Methoden zur Zusammenfassung von Ergebnissen ähnlicher wissenschaftlicher Studien. Es gibt zwei Arten von wissenschaftlichen „research synthesis", systematische Übersichtsarbeiten (Reviews) und Meta-Analysen. Systematische Reviews identifizieren auf der Basis umfangreicher Literaturrecherchen alle relevanten Studien zu einem Thema. Meta-Analysen nutzen die Ergebnisse mehrerer Studien und kombinieren diese, um neue Aussagen auf einer breiteren wissenschaftlichen Basis treffen zu

[22] Coffman und Rundall 2005.

können. Sind relevante Artikel erst einmal gefunden, können sie elektronisch gespeichert und zur weiteren Bearbeitung und Beurteilung ausgedruckt werden.

Welche Arten von Studien können in das evidenzbasierte Management integriert werden? Dieses Thema wird ausführlich in der EBHSM-Literatur diskutiert. Einige der Analysten argumentieren, dass EBHSM den Erfahrungen aus der evidenzbasierten Medizin folgen und sich auf evidenzbasierte Übersichtsarbeiten oder Meta-Analysen verlassen sollte, die sich auf Studien zu den Auswirkungen einer bestimmten Politik oder einer bestimmten Managementmethode beziehen.

Kritiker dieser eher ristriktiven Definition von Evidenz heben hervor, dass es zum einen relativ wenige evidenzbasierte Studien zu Themen gibt, die für Manager des Gesundheitswesens von Interesse sind und zum anderen viele brauchbare Studien aufgrund methodologischer Schwächen durch ein strenges Reviewverfahren ausgeschlossen werden. Darüber hinaus sollten aus dem Blickwinkel der Manager auch Erkenntnisse aus qualitativen Fallstudien, Expertenmeinungen und persönlichen Erfahrungen als evidenzbasiert verstanden werden.[23] Dieses Thema ist noch längst nicht abgearbeitet, beinhaltet es doch die uralte Diskussion zu Rigorosität (strenger Anspruch an wissenschaftliche Qualität) versus Relevanz (für die Praxis) in der angewandten Wissenschaft.

Die Relevanz systematischer Reviews zu übergehen, persönliche Erfahrungen und andere Arten von Informationen als gleichwertig mit der Evidenz aus formalen Forschungsarbeiten zu setzen, birgt jedoch, wie Ham kürzlich hervorhob, das Risiko, „das Kind mit dem Bade auszuschütten".[24]

Ein Kompromiss könnte darin bestehen, die Einschlusskriterien für Studien zu erweitern und die Suchstrategien über die etablierten Datenbanken hinaus auszudehnen.[25] Wissenschaftler und Manager dürfen darüber hinaus nicht vergessen, dass die zu Anfang dieses Artikels beschriebenen EBHSM-Prinzipien explizit sowohl strengen formalen Kriterien folgende Forschungsergebnisse, als auch empirische Beurteilungsmethoden und Studien mit geringerem Stichprobenumfang und schwächerem Studiende-

[23] Davies und Nutley 1999; Bero und Jadad 1997; Mays, Pope, und Popay 2005; Pawson et al. 2005.
[24] Ham 2005.
[25] Ham 2005.

sign, umfassen. Unter dem EBHSM-Ansatz wird das Ziel verfolgt, dass der Manager zum Zeitpunkt der Entscheidungsfindung nach den besten, wissenschaftlichen Nachweisen sucht und diese Evidenz zusammen mit anderen Informationen, wie z.B. Expertenmeinungen und persönlichen Erfahrungen, in den Entscheidungsprozess mit einfliessen lässt.

Beurteilen der Qualität wissenschaftlicher Arbeiten

Manager müssen über eine gewisse Erfahrung in der Beurteilung von wissenschaftlichen Studien verfügen. Idealerweise sollten sie Kompetenzen in der Beurteilung folgender Aspekte haben oder zumindest diesbezüglich auf die Hilfe kompetenter Personen zurückgreifen können:

- Stärken des Forschungsdesigns
- Studienkontext und –setting
- Stichprobengröße der Studienpopulation
- Kontrolle von Störfaktoren
- Reliabilität und Validität der Messungen
- Eingesetzte Methoden und Verfahren
- Begründung der Schlussfolgerungen
- Hinterfragen der Sponsoren
- Übereinstimmung mit den Ergebnissen anderer Studien

In vielen Fällen werden diese Themen in der Studie selbst angesprochen. Im Coffman und Rundall Review zur Auswirkung des Einsatzes von „Hospitalists“ auf Kosten und Qualität der Versorgung beispielsweise wurden 21 Studien gefunden, die den minimalen Ein- und Ausschlusssuchkriterien entsprachen. Trotzdem gab es signifikante Unterschiede bezüglich des Gesamstudiendesigns (z.B. experimentelles Design mit randomisierten Kontrollgruppen versus quasi-experimentelles Design ohne Randomisierung); verschiedene Arten von Vergleichsgruppen in den quasi-experimentellen Studien; auch unterschieden sich die Größe der Interventions- und Vergleichsgruppen, die statistische Modellierung von Störfaktoren und die Zeitspanne der Intervention vor Aufnehmen der Evaluationsdaten. Manager sollten sich der Bedeutung dieser Aspekte zumindest bewusst sein und sie bei der Bewertung von Primärstudien berücksichtigen.

Präsentieren der Evidenz

Manager und Wissenschaftler sollten Reviews aktuell, knapp und ohne verwirrende Fachsprache präsentieren. Die behandelten Fragen sollten klar beschrieben sein, den Kontext der wissenschaftlichen Arbeit wiedergeben sowie die Ergebnisse und die Stärken der Studie darstellen. Im Coffman und Rundall-Review (2005) hat man versucht, die Nachweise vieler Studien auf eine Weise zu präsentieren, die auch für Manager und andere fachfremde Personen verständlich sein würde. Die 21 Studien wurden je nach wissenschaftlicher Anforderung an das Forschungsdesign und der verwendeten Methoden in Gruppen zusammengefasst. In tabellarischen Übersichten wurde veranschaulicht, wie viele der 21 Studien in jeder Gruppe eine Verringerung der Ressourcen (z.B. Verringerung der Gesamtkosten), eine Verbesserung der Maßnahmen zur Qualitätssteigerung in der Versorgung (z.B. Verringerung der Wiederaufnahmerate) oder eine Zunahme der Patientenzufriedenheit (z.B. Patientenberichte bzgl. der Zufriedenheit mit der Versorgung) zeigten.

Guidelines for Presentation of Evidence
Present timely evidence.
Be brief.
Avoid technical jargon.
Provide clear descriptions of the questions adressed.
Incorporate the context of the research and findings.
Offer an assesment of the strength of the evidence.
Give the results and implications for practice.
Make the presentation easy to access.

Abb. 5: Leitlinien zur Präsentation wissenschaftlicher Nachweise (Evidenz)

Einbindung evidenzbasierter Studien in den Entscheidungsprozess

Entscheidungsträger im Gesundheitswesen dazu zu bewegen, evidenzbasierte Studien zu nutzen, dürfte der schwierigste aller Schritte sein.
Heutzutage verfügen die meisten Organisationen nicht über die Möglichkeiten oder finanziellen Mittel, wissenschaftliche Studien routinemäßig in ihre Entscheidungsprozesse mit einzubeziehen. Hoher zeitlicher Personalaufwand ist notwendig, um einen

angemessenen, ausgewogenen Prozess sicher zu stellen. Mit der Verbreitung und Diskussion der Folgen, die sich aus einer bestimmten Entscheidung in einer bestimmten Organisation auf Basis der Forschungsergebnisse ergeben, verbindet man das Auftreten von Opportunitätskosten. Manager und andere beteiligte Personen, die den Eindruck haben, ihre Kompetenz könnte durch die wissenschaftlichen Nachweise in Frage gestellt werden, könnten sich in ihrem Ego angegriffen fühlen.

Leider werden die Möglichkeiten evidenzbasierter Studien zur Unterstützung von Entscheidungsprozessen unterschätzt. Viele Anwender erwarten, dass die wissenschaftlichen Studien für eine bestimmte Entscheidungssituation unmittelbar einsetzbar sind, was nicht der Fall ist. Es ist eher so, dass die Studien das Hintergrundwissen des Entscheidungsträgers bezüglich des relevanten Themas erweitern. Der Manager wird in die Lage versetzt, kreative Lösungen zu entwickeln und mögliche Auswirkungen jeder Lösungsalternative abzuschätzen. Dies sind wichtige, jedoch unterschätzte Beiträge des evidenzbasierten Ansatzes einer Entscheidungsfindung.

Tatsächlich können dieselben Studien in verschiedenen Stufen eines Entscheidungsprozesses genutzt werden. Die Coffman und Rundall-Studie zu den Auswirkungen der „Hospitalist"-Programme auf Kosten und Qualität der Versorgung wurde beispielsweise vor Vertretern verschiedener Gesundheitssysteme, die Mitglieder des Center for Health Management Research (CHMR) sind, präsentiert. Dies erweiterte das Bewusstsein der Vertreter dafür, dass diese verschiedenen Studien und ihre Ergebnisse überhaupt zur Verfügung stehen. Von einem der CHMR-Mitglieder wurde ein Coautor des Reviews eingeladen, um die Ergebnisse vor 60 Managern der mittleren und höheren Ebene als Teil eines Seminars über evidenzbasiertes Management zu präsentieren. Die Ergebnisse der Synthese flossen in die laufenden Gespräche über die Frage, ob und wie man „Hospitalist"-Programme in den Kliniken des Systems einführen solle, ein. Bei einem weiteren CHMR-Gesundheitssystem wurden die Ergebnisse des Reviews während eines Aufsichtsratstreffens vorgetragen und trugen direkt zur Entscheidung bei, ein „Hospitalist"-Programm in zwei Kliniken einzuführen.

Einsatz evidenzbasierter Studien im Entscheidungsprozess durch Manager des Gesundheitswesens - Ergebnisse aus den USA

Kovner (2005) hat kürzlich eine Studie durchgeführt, um den Wissenstransfer zwischen Forschern und Managern des Gesundheitssystems zu untersuchen. Die Studie konzentrierte sich auf Manager von fünf Gesundheitssystemen und auf vier Arten von Entscheidungen:

- Auswahl der Indikatoren zur Beurteilung des Erfolgs von Diabetes Management-Programmen;
- Stärkung der Beziehung zwischen Budgetierung und strategischen Prioritäten;
- Auswahl betriebswirtschaftlicher Kennzahlen, die in die Liste der Geschäftsführungsinstrumente aufgenommen werden und
- Anpassung von Entgeltsystemen für ärztliche Leistungen.

Mit 68 Managern aus 17 gemeinnützigen Gesundheitssystemen verschiedenster Regionen der USA wurden Interviews geführt. 56 der befragten Manager gehörten zu fünf Organisationen, die wiederum Mitglied der CHMR[26] waren. Die restlichen zwölf Manager kamen aus Unternehmen, die einer oder mehreren der fünf anderen CHMR-Organisationen in Bezug auf Größe oder Trägerschaft ähnlich waren. In jedem Interview wurde erfragt, ob wissenschaftliche Studien bei der Entscheidungsfindung zu jedem der oben beschriebenen Themen genutzt werden. Die Fragen lauteten im Einzelnen:

- Können Sie uns von einer kürzlich getroffenen Entscheidung in ihrem Unternehmen berichten, die Sie selbst getroffen haben oder an der sie beteiligt waren?
- Wie ging das Team, das die Entscheidung treffen musste, vor, um wissenschaftliche Studien zu finden?
- In welcher Hinsicht war diese Vorgehensweise typisch oder untypisch für diese Art von Entscheidung?
- Wie beurteilen Sie, ob die wissenschaftlichen Studien von hoher Qualität, relevant und anwendbar sind?
- Welche drei Fachzeitschriften, Internetseiten bzw. Publikationen finden Sie am hilfreichsten für das Treffen einer Entscheidung?

[26] Center for Health Management Research

Genau wie in den entsprechenden Studien aus Kanada und GB berichteten Manager aus den USA nur selten davon, dass sie den oben beschriebenen evidenzbasierten Ansatz zur Entscheidungsfindung nutzen. Keiner der 68 Manager erwähnte, dass er wissenschaftliche Studien nutzt, wenn strategische Entscheidungen getroffen werden. Bei den Fachzeitschriften, die die Manager hilfreich fanden, handelte es sich meist um nicht-wissenschaftliche Zeitschriften, falls doch, gehörten sie nicht zum Fachgebiet Management. Unter den angegebenen Journals fanden sich Titel wie Harvard Business Review, Modern Healthcare, Health Affairs und The New England Journal of Medicine. 22 hilfreiche Internetseiten wurden angegeben, darunter die Agency for Health Care Research and Quality, die Centers for Medicare and Medicaid, das Institute of Healthcare Improvement und die Joint Commission on the Accreditation of Healthcare Organizations.[27] Die Ergebnisse dieser Studie lassen vermuten, dass es beträchtliche Übereinstimmungen zwischen den Managern aus US-Gesundheitssystemen und denen aus Kanada und GB gibt.

Interessanterweise wurde die Frage „Wie fördert Ihre Organisationskultur den Einsatz wissenschaftlicher Studien im Entscheidungsprozess?“ im allgemeinen positiv beantwortet. Alle der insgesamt 15 Befragten, denen spezifisch diese Frage gestellt wurde, sagten aus, dass die Kultur ihres Systems den Evidenzansatz zur Entscheidungsfindung fördere. Der offensichtliche Widerspruch zwischen den Aussagen zum EBHSM-Einsatz und den günstigen Bedingungen der Organisation liegt im Verständnis des Begriffs „Evidenz“ begründet. Genau wie in Kanada und GB unterscheidet sich das Verständnis des Begriffs „Evidenz“, das Manager im Gesundheitswesen haben, von dem, was die meisten Wissenschaftler des Gesundheitswesens darunter verstehen.[28] Viele der Befragten zeigten auf, dass sie wissenschaftliche Studien innerhalb des Entscheidungsprozesses einsetzten. Was sie aber darunter verstanden, waren oftmals eigene Erfahrungen, Begebenheiten, die man ihnen erzählt hatte, Informationen aus dem Internet und Ratschläge von Unternehmensberatern wie z.B. das Health Care Advisory Board. Keiner der Manager berichtete, dass in seiner Organisation der Evidenzprozess regelmäßig überprüft wurde bzw. dass es eine formelle Aufsicht zum Entscheidungsprozess gab.

---

[27] www.ahrq.gov, www.ihi.org, www.cms.hhs.gov , wvvw.jcaho.org

[28] Canadian Health Service Research Foundation 2004.

In einer weiteren Analyse der Daten mit dem Ziel, Ideen und Strategien zur Steigerung des EBHSM-Einsatzes zu finden, hielt Kovner (2005) vier Faktoren fest, die - wie die Befragten meinten - den Einsatz von EBHSM in Gesundheitssystemen möglicherweise positiv beeinflussen könnten:

1. Forderungen von Außen nach verantwortungsvoller Leistungserbringung
2. Definierte Zuständigkeiten für den Wissenstransfer
3. Eine kritikfreudige Organisationskultur
4. Beteiligung an Managementstudien

Basierend auf diesen Ergebnissen empfehlen wir Strategien zur Steigerung evidenzbasierter Entscheidungsprozesse unter Managern des Gesundheitswesens.

Forderungen von Außen nach verantwortungsvoller Leistungserbringung

Die zunehmenden Forderungen nach verantwortungsvoller Leistungserbringung von Seiten externer Organisationen stehen im Konflikt zu evidenzbasiertem Management. Manager berichteten, dass von ihrem System zunehmend erwartet und/oder verlangt wird, Prozess- und Zielvorgaben nachzukommen, die von Kunden, Organisationen der Qualitätssicherung und öffentlichen bzw. privaten Gruppen gesetzt werden. Diese externen Organisationen, wie z.B. die Joint Commission on the Accreditation of Health Organizations, die Centers for Medicare und Medicaid Services, das National Quality Forum, die Leapfrog Gruppe und landesweite bzw. regionale Pay-for-Performance-Programme[29] stellen zunehmend Kriterien zum Versorgungsprozess und den Behandlungsergebnissen für Patienten auf und setzen entsprechende Leistungsstandards für Gesundheitssysteme. Für Manager liegt die strategische Bedeutung der Anerkennung durch diese externen Organisationen ganz klar auf der Hand, was in vielen Fällen auch dazu führt, dass durch den Verantwortlichkeitsdruck von außen evidenzbasiert gearbeitet wird. In anderen Fällen jedoch haben Manager den Eindruck, dass bei ihren Bemühungen um Qualitätssteigerung die Motivation, wissenschaftliche Studien einzusetzen, durch die von externen Behörden erwartete Qualitätssteigerung der Abläufe, der Ergebnisse und weiterer Zielvorgaben unterminiert wird. Ein Manager eines Gesundheitssystems brachte dies folgendermaßen zum Ausdruck:

[29] P4P = pay-for-performance contracts = aktueller Trend; Verträge, mit denen Gesundheitsdienstleister von den Versicherern für Qualitäts- und Effizienzsteigerungen finanziell belohnt werden.

In der Vergangenheit, als es noch nicht so viele Anforderungen in Bezug auf die Dokumentation gab, haben wir Leistungsindikatoren auf andere Weise festgesetzt. Wir haben auf Literatur zurückgegriffen, um uns über die richtigen Schritte zu informieren und uns dann mit Ärzten und Pflegekräften zusammengesetzt, um zu erfahren, was wichtig war.... Heute jedoch, sind die Forderungen nach öffentlich zugänglichen Daten so hoch, dass wir nicht mehr auswählen, welchen Bereich wir weiterentwickeln wollen und Geschäftsführungsinstrumente und Scorecards nicht verbessern. Wir reagieren nur noch auf die Anforderungen.

Für ein Umfeld, in dem externe Anspruchsgruppen Leistungskriterien und Standards für das Gesundheitssystem setzen, schlagen wir vor, dass Manager die Suche nach und Anwendung von Evidenz ganz klar mit der Entwicklung von Organisationsstrukturen und Organisationsprozessen verbinden. Dabei sollten evidenzbasierte Medizin und evidenzbasiertes Management gemeinsam eingesetzt werden, um dem Patienten die richtige Behandlung bieten zu können. Auf diese Weise kann die strategische Bedeutung des evidenzbasierten Managements im Laufe der Zeit immer klarer hervorgehoben werden. Man wird nur wenige Quellen finden, die die These stützen, dass evidenzbasiertes Management nicht von strategischer Bedeutung ist.

Definierte Zuständigkeiten für den Wissenstransfer

Durch definierte Zuständigkeiten für die Verbreitung und den Gebrauch von Evidenz wird der Einfluss des Wissenstransfers gesteigert. Die Nutzung von Managementstudien muss mit den Organisationszielen der Leitung übereinstimmen. Das Fehlen von Verantwortlichkeiten erschwert die Nutzung evidenzbasierter Methoden. Ein Manager eines Gesundheitssystems berichtete beispielsweise:

Ich erschließe mir Evidenz aus zwei Quellen: aus Gesprächen mit anderen Menschen aus dem Gesundheitswesen und aus meinen Berufserfahrungen.

Bisher existieren keine geeigneten Messinstrumente, um evidenzbasierte Managemententscheidungen zu beurteilen. Evidenzbasiertes Management würde mit zunehmender Verantwortlichkeit bei Mitarbeitern oder Teams an Bedeutung gewinnen. Eine ähnlich wirkungsvolle Strategie ist es, die Verantwortung des Managements für die Überprüfung von Entscheidungsprozessen als einen verbindlichen Teil des regulären strategischen Entscheidungsprozesses zu definieren.

Eine kritikfreudige Organisationskultur

Eine kritikfreudige Kultur wirkt sich auf Umfang und Geschwindigkeit des Wissenstransfers zwischen den Erzeugern evidenzbasierter Managementstudien, denjenigen, die sie verbreiten und den Zielgruppen der Studien aus. Gesundheitssysteme, die evidenzbasierte Entscheidungsprozesse unterstützen, haben eine Organisationskultur, in der man erkannt hat, dass ein ermutigendes Hinterfragen unter Managern zukünftige Probleme reduzieren helfen kann. Die Einbeziehung wissenschaftlicher Evidenz in Problemlösungsgespräche mit schwierigen Entscheidungen kann jedoch unter Managern insofern Angstgefühle hervorrufen, als dass ihre betriebsbezogene kompetente Urteilskraft von Kollegen als unzulänglich oder als nicht vertrauenswürdig wahrgenommen wird. Wie ein Befragter es ausdrückte:

Philosophisch betrachtet neigt man dazu, [dem evidenzbasierten Management] zuzustimmen. Sobald es jedoch in die Tat umgesetzt werden soll, macht man einen Rückzieher.

Building a Questioning Culture
▪ Organize research rounds, management research journal clubs and research seminars ▪ Analyze the results of past operational and strategic decisions, including comparing the systems' performance with findings from research on other organizations ▪ Conduct staff development programs to enhance managers' abilities to find, access, and apply research findings ▪ Link compensation to metrics related to obtaining and using relevant evidence in decision making and sharing evidence with key stakeholders ▪ Develop guidelines for decision making that require an assessment of research evidence

Abb. 6: Schaffen einer kritikfreudigen Kultur

Wir schlagen diverse Strategie zum Schaffen einer kritikfreudigen Kultur vor. Manager können an Forschungsrunden oder an Forschungsseminaren teilnehmen, die von internen Managern oder Wissenschaftlern akademischer Institute oder anderer Forschungseinrichtungen geleitet werden; sie können sich als Clubs treffen, die sich mit wissenschaftlichen Fachzeitschriften zum Thema Management beschäftigen. Manager können routinemäßig durch Vorgesetzte gebeten werden, Ergebnisse früher getroffener betriebsbezogener und strategischer Entscheidungen zu analysieren und die Leistung ihres Systems mit den Forschungsergebnissen anderer Organisationen zu vergleichen. Zur Unterstützung der Institutionalisierung evidenzbasierter Entscheidungsprozesse können Kompetenzen und Fähigkeiten der Mitarbeiter und Manager gezielt weiter entwickelt werden, damit sie Forschungsergebnisse finden, beurteilen und anwenden können. Die Bezahlung der Manager kann an Messgrößen gebunden sein, die in direktem Bezug zum Erwerb und Gebrauch relevanter Evidenz stehen. Schließlich schlagen wir noch vor, dass Manager Organisationsleitlinien für Entscheidungsprozesse entwickeln, die eine Beurteilung wissenschaftlicher Nachweise einschließen.

Beteiligung an Managementforschung

Die Beteiligung des Managements am Wissenstransfer führt zu einer hohen Akzeptanz von evidenzbasierten Methoden. Lavis et al. (2003) fanden heraus, dass ein evidenzbasierter Erkenntnisprozess sehr zeitaufwändig ist und gewisse Fähigkeiten erfordert. Die Autoren der Studie heben hervor, wie bedeutend das Erlernen von Forschungsfähigkeiten für die entsprechenden Zielgruppen ist. In der Arbeit von Kovner waren die Manager, die ihre eigenen Studien oder Marktforschungsuntersuchungen durchgeführt hatten, diejenigen, die den evidenzbasierten Entscheidungsprozess mehr unterstützten. Trotzdem verfügten auch diese Manager über nur begrenzte Fähigkeiten zur Evidenzsuche. Keine der untersuchten Organisationen beschäftigte Wissensmanagementspezialisten. Bestehende Recherchemöglichkeiten wie z.B. die Cochrane Collaboration Internetseite oder Managementfachzeitschriften wurden nur selten in Anspruch genommen. Ein vertrauter Umgang mit wissenschaftlichem Arbeiten stellt aber einen wichtigen Faktor für das Nutzen evidenzbasierter Entscheidungsprozesse dar. In einigen Fällen lassen sich diese möglichen Defizite durch die Inanspruchnahme externer Unterstützung in Form von Beratungs- oder spezialisierten Forschungsdienstleistungen ausgleichen. Im Falle einer Organisation gestaltete sich dies folgendermaßen:

Wir haben einen Strategieplan für unsere Kernprozesse entwickelt. Ein Teil davon beinhaltete das Verständnis der Kundenbedürfnisse des lokalen Marktes. ....Zur Durchführung einer randomisierten Studie nahmen wir die Hilfe eines landesweit tätigen Unternehmens in Anspruch. Wir haben dadurch eine große Bandbreite an Vorstellungen und Informationen über unseren Kernmarkt erhalten.

Verschiedene Strategien können die Fähigkeiten von Managern im Hinblick auf evidenzbasiertes Arbeiten verbessern:

- Schulung der Führung in evidenzbasiertem Management
- Investitionen in Managementforschungsprojekte
- Zusammenarbeit mit Forschungseinrichtungen, wie z.B. Marktforschungsunternehmen und akademischen Forschungszentren
- Implementieren von Informationstechnologien und Wissensmanagementsystemen

Um die oben beschriebenen Ergebnisse zu verdeutlichen, stellen wir einige Kernaussagen aus der Arbeit von Shortell und seinen Kollegen[30] bezüglich der Erfolgsfaktoren zur Integration evidenzbasierter Methoden in Organisationen des Gesundheitswesens vor. Shortell und seine Kollegen beschreiben vier organisatorische Dimensionen (strategisch, strukturell, kulturell und technisch), die Einfluss auf die Fähigkeit zu organisatorischen Veränderungen haben. Wir haben ihr Rahmenkonzept angepasst und es auf unsere Ergebnisse zum evidenzbasierten Management in Gesundheitssystemen angewendet.

Die Strategische Dimension

In der strategischen Dimension wird betont, dass man sich bei signifikanten organisatorischen Veränderungen - wie z.B. die Übernahme evidenzbasierter Managementpraktiken - auf Themen konzentrieren muss, die für die Organisation von strategischer Bedeutung sind. Dies impliziert, dass evidenzbasiertes Management von den Führungskräften als strategische Kernpriorität verstanden werden muss. Unsere Ergebnisse zum Einfluss externer Forderungen nach verantwortungsvoller Leistungserbringung – einem strategischen Schlüsselthema für das Gesundheitssystem – auf die Förderung evidenzbasierten Managements von Seiten der Führungskräfte stimmen mit dieser Dimension überein.

[30] Shortell et al. 2000.

Die Strukturelle Dimension

Die strukturelle Dimension bezieht sich auf die Gesamtstruktur der Organisation und die Frage, inwieweit sie evidenzbasiertes Management unterstützt. Wichtig ist in diesem Zusammenhang, ob Mitarbeiter benannt wurden, die für die Einführung und Verbreitung evidenzbasierter Managementpraktiken verantwortlich sind. Unser Ergebnis zur Notwendigkeit der Definition von Zuständigkeiten für den Wissenstransfer passt gut in diese Dimension hinein.

Die Kulturelle Dimension

Die kulturelle Dimension bezieht sich auf Ansichten, Normen, Werte und Verhaltensweisen von Mitarbeitern und auf die damit verbundene Akzeptanz evidenzbasierten Managements. Unsere Ergebnisse, in denen wir feststellen, dass eine kritikfreudige Kultur eine wichtige Voraussetzung für evidenzbasiertes Management ist, stimmen mit dieser Dimension überein.

Die Technische Dimension

Die technische Dimension bezieht sich auf die Frage, ob die Beteiligten über das notwendige Wissen, die Ausbildung und Fähigkeiten bezüglich der evidenzbasierten Managementpraxis verfügen und ob PC-Arbeitsplätze und andere technische Hilfen vorhanden und zugänglich sind. Abermals stimmen unsere Ergebnisse über Recherchefähigkeiten der Manager, Fähigkeiten zur Durchführung von Studien und zur kritischen Würdigung der wissenschaftlichen Arbeiten anderer, mit dieser Dimension überein.

EXTERNAL DEMANDS FOR PERFORMANCE ACCOUNTABILITY (STRATEGIC DIMENSION)	ACCOUNTABILITY STRUCTURE FOR KNOWLEDGE TRANSFER (STRUCTURAL DIMENSION)	QUESTIONING CULTURE (CULTURAL DIMENSION)	PARTIZIPATION IN MANAGEMENT RESEARCH (TECHNICAL DIMENSION)	RESULT
	✓	✓	✓	No significant use of research evidence on anything really important
✓		✓	✓	Inability to acquire research evidence and disseminate it throughout the system
✓	✓		✓	Small, intermittent use of evidence in decision making; no lasting impact
✓	✓	✓		Frustration and false starts in attempts to incorporate evidence in decision making
✓	✓	✓	✓	Lasting systemwide adoption of evidence-based management

Adapted by Shortell et al. (2000) ✓ = PRESENT □ = ABSENT

Abb. 7: Auswirkung organisatorischer Komponenten auf den Gebrauch von EBHSM

Wie Shortell et al. (2000) argumentieren, müssen Organisationen des Gesundheitswesens „ihre Aufmerksamkeit auf alle vier Dimensionen gleichzeitig richten und versuchen, sie aufeinander abzustimmen“, um einen hohen Grad an organisatorischen Veränderungen in Kernabläufen wie z.B. der Integration klinischer Dienste oder der Nutzung wissenschaftlicher Studien zur Untermauerung von Entscheidungsprozessen zu erzielen. In Abbildung 7 haben wir aufgezeigt, was geschieht, wenn eine der Dimensionen fehlt.

Fehlt die strategische Dimension, werden wissenschaftliche Studien bei wichtigen Entscheidungen nicht eingesetzt. Bemüht man sich, evidenzbasiertes Management zu praktizieren, hat dies nur geringe Auswirkungen, weil die Bemühungen nicht auf strategische Prioritäten ausgerichtet sind.

Fehlt die strukturelle Dimension, können zwar sporadisch isolierte Bemühungen auftreten, wissenschaftliche Studien in den Entscheidungsprozess zu integrieren; ein umfassender Einsatz dieser Methode ist jedoch kaum möglich. Dies liegt darin begründet, dass niemand für die Verbreitung dieser Praktiken innerhalb des Systems verantwortlich ist und nur einige entsprechende Arbeitsgruppen die technischen Konzepte des evidenzbasierten Entscheidungsprozesses geschult verbreiten.

Bemühungen, evidenzbasierte Entscheidungsprozesse einzuführen, scheitern, wenn die kulturelle Dimension nicht existiert und die Organisationskultur evidenzbasiertes Management nicht unterstützt. Die Mitarbeiter sind nicht davon überzeugt, dass evidenzbasierte Entscheidungsprozesse bessere Entscheidungen hervorbringen.

Die Abwesenheit der technischen Dimension führt zu Frustration und Fehlversuchen, evidenzbasiertes Management zu implementieren, weil Manager nicht über die notwendige Ausbildung verfügen. Sie beherrschen die Prinzipien evidenzbasierter Entscheidungsprozesse nicht und sind unerfahren in den Methoden wissenschaftlichen Arbeitens. Darüber hinaus ist es in Organisationen des Gesundheitswesens nicht unüblich, dass Mitarbeiter keinen Zugang zum Internet und anderen Recherchequellen haben.

Mit dieser Interpretation der Ergebnisse wird aufgezeigt, warum evidenzbasiertes Management möglicherweise so selten genutzt wird. Nachhaltiger Fortschritt wird sich nur dann einstellen, wenn alle vier Dimensionen gleichzeitig angesprochen und aufeinander abgestimmt werden, um evidenzbasiertes Management zu unterstützen.

Fazit

Die Art des Umgangs mit Managementfehlern in vielen Organisationen und die Beispiele, wie häufig wichtige Entscheidungen ohne Zugriff auf vorhandene Evidenz getroffen werden, spiegeln wider, wie selten evidenzbasierte Entscheidungsprozesse zum Repertoire vieler Manager im Gesundheitswesen gehören.

Die Grundprinzipien für die Nutzung eines evidenzbasierten Ansatzes im Management von Gesundheitsorganisationen entsprechen den Grundprinzipien für evidenzbasierte Medizin. Die Bewegung hin zu evidenzbasierter klinischer Praxis hat sich aus der Beobachtung einer unerklärbaren Spannbreite klinischer Handlungsmuster, aus der seltenen Anwendung von als wirksam erkannten Therapiemöglichkeiten und aus dem weiter bestehenden Einsatz von als unwirksam bekannten Behandlungsverfahren heraus entwickelt. Diese Probleme treten üblicherweise auch in betriebswirtschaftlichen Bereichen von Gesundheitsorganisationen auf.

Die drängende Notwendigkeit, die man in Zusammenhang mit der Qualitätssteigerung der medizinischen Versorgung sieht, existiert im Zusammenhang mit der Qualitätssteigerung der Entscheidungsprozesse des Managements nicht. Ein Grund für diese Schwerfälligkeit ist die Tatsache, dass Beispiele für übermäßigen, verminderten und falschen Einsatz taktischer Managementstrategien weitaus weniger aufmerksam wahrgenommen und viel schwieriger zu dokumentieren sind, als die entsprechenden Beispiele aus der klinischen Praxis. Beurteilungsfehler, die unabweisbare Personenschäden, finanzielle Verluste oder tief greifende, organisatorische Veränderungen nach sich ziehen, können zweifellos zu öffentlichen oder privaten Nachfragen führen. Die misslungene Fusion der Krankenhäuser der Stanford Universität und der Universität von Kalifornien, San Francisco, verursachte für beide Institutionen zusammen Kosten in Höhe von 176 Millionen US-Dollar über einen Zeitraum von 29 Monaten und rief eine umfangreiche öffentliche Diskussion der Gründe für das Scheitern der Fusion hervor.[31] Das Stanford-UCSF-„Krankenhaus-Fiasko" steht jedoch in starkem Gegensatz zu der Art, wie man mit den meisten Managementfehlern umgeht. Nur relativ wenige ineffiziente bzw. nachteilige Entscheidungen werden aufgenommen, untersucht und als Quelle eines organisatorischen Umlernens genutzt.[32] Außerdem bleibt die Tatsache, dass die Fusion von zwei hoch angesehenen Krankenhäusern, die in enger Verbindung zu renommierten Universitäten stehen, trotz umfangreicher Studien[33], die zum Zeitpunkt, als ernsthafte Zweifel an der Art der Fusion aufkamen, zur Verfügung standen, als lebendiges und schmerzhaftes Beispiel für eine Qualitätskluft im Management von Gesundheitsorganisationen in Erinnerung. Es besteht eine beträchtliche Lücke zwischen dem, was man zu vielen Managementfragen weiß, und dem, was Manager davon nutzen. Wir müssen diese Lücke schließen.

31 Russell 2000.
32 Hofmann 2005; Jones 2005; Russell und Greenspan 2005.
33 Bogue et al. 1995; Alexander, Halpern und Lee 1996; Brooks und Jones 1997; Conner et al. 1997.

Literatur

AHRQ. 2006a. National Guideline Clearinghouse. [Online resource; modified 10/10/05; retrieved 10/13/05] www.guideline.gov

AHRQ. 2006b. Research Findings [Online resource; retrieved 10/21/05] www.ahrq.gov/research/

Alexander,J. A., M. T. Halpern, and S.-Y. D. Lee. 1996. "The Short-Term Effects of Merger on Hospital Operations." *Health Services Research* 30 (6}: S27-47.

Axelson, R. 1998. "Towards an Evidence-Based Health Care Management." *International journal of Health Planning and Management* 13: 307-17.

Bero, L. A., and A. R. |adad. 1997. "How Consumers and Policymakers Can Use Systematic: Reviews for Decision Making." *Annak of internal Medicine* 127 (127); 37-42.

Bogue, R, |., S. M. Shortell, M.-W. Sohn, L. M. Manheim, G. Bazzoli, and C. Chan. 1995. "Hospital Reorganization After Merger." *Medical Care* 33 (7): 676-86.

Brooks. G. R., and V. G. |ones. 1997. "Hospital Mergers and Market Overlap." *Heidth Services Research* 31 (6); 701-22.

Brownson, R. C, E. A. Baker, T L Leet, and K. N. Gillespie. 2003. *Evidence-Based Public Health.* Oxford.

Canadian Health Services Research Foundation. 2000. *Health Services Research and Evidence-Based Decision Making,* 7. Ottawa, Canada: Health Services Research Foundation.

Canadian Health Services Research Foundation. 2004. *What Counts? Interpreting Evidence-based Decision-making for Management and Policy.* Ottawa, Canada: Health Services Research Foundation.

Canadian Health Services Research Foundation. 2005. *Conceptualizing and Combining Evidence for Health* System *Cuidance.* Ottawa, Canada; Health Services Research Foundation.

Clancy, C, and K. Cronin. 2005. "Evidence-based Decision Making: Global Evidence. Local Decisions." *Health Affairs* 24 (i): 151-62.

Cochrane Collaboration EfFective Practice and Organization of Care Group. 2006. [Online resource; updated 5/24/04; retrieved 10/13/05.] http://www.epoc.uottawa.ca/

Cochrane Consumers and Communication Review Group. 2006. [Online resource; updated 10/12/05; retrieved 10/21/05.] http://www.latrobe.edu.au/cochrane/

Coffman, J., and T. G. Rundall. 2005. "The Impact of Hospitalists on the Cost and Quality of Inpatient Care in the United States: A Research Synthesis." *Medical Care Research and Review* 62 (4): 379-406.

Conner, R. A., R. D. Feldman. B. E. Dowd, and T A. Radclif. 1997. "Which Types of Hospital Mergers Save Money?" *Health Affairs* 16 (6): 62-74.

Davies, H. T. O., and S. M. Nutley. 1999. "The Rise and Rise of Evidence in Health Care." *Public Money and Management* (Jan-Mar): 9-16.

Donaldson, C, M. Mugford, and L. Vale. 2002. *Evidence-Based Health Economics.* London.

Eddy, D. M. 2005. "Evidence-Based Medicine: A Unified Approach." *Health Affairs* 24 (I): 9-17.

Fox, D. 2005. "Evidence of Evidence-based Health policy: The Politics of Systematic Reviews in Coverage Decision." *Health Affairs* 24 (I): 114-22.

Friedland, D. J., ed. 1998. *Evidence-Based Medicine: A Framework for Clinical Practice.* Stamford. CT.

Geyman, J. P., R. A. Deyo, and S. D. Ramsey. 2000. *Evidence-Based Clinical Practice: Concepts and Approaches.* Boston.

Creenhalgh, T, G. Robert, F. Macfariane, P. Bate, and O. Kyriakidou. 2004. "Diffusion of Innovations in Service Organizations: Systematic Review and Recommendations." *The Milbank Quarterly S2* (4): 581-629.

Ham, C. 2005. "Don't Throw the Baby Out With the Bath Water" (commentary). *Journal of Health Services Research and Policy* 10 SI: 51-52.

Hatcher, S., and M. Oakley-Browne. 2005. *Evidence-Based Mental Health.* London.

Healthcare Leadership Alliance. 2005. Competency Directory. [Online document; retrieved 12/13/05.] http://www.healthcareleadershipalliance.org/directory,cfm

Hofmann, P. B. 2005. "Acknowledging and Examining Management Mistakes." *In Management Mistakes in Healthcare: Identificatio,. Correction, and Prevention.* edited by P. B, Hofmann and F. Perry. 3-27. Cambridge.

Hofmann, P. B., and F. Perry, 2005, *Management Mistakes in Healthcare; Identification, Correction, and Prevention.* Cambridge.

Institute for Healthcare Improvement, 2003, "Breakthrough Series Collaboratives." [Online information; retrieved 06/06/02.] http://www.ihi.org/ihi

Jones, W. J. 2005. "Identifying, Classifying and Disclosing Mistakes." In *Management Mistakes in Healthcare: Identification, Correction, and Prevention,* edited by P. B. Hofmann and F. Perry, 40-73. Cambridge.

Juran, J. M. 1989. *Juran on Leadership for Quality: An Executive Handbook.* New York.

Kelly, D. L. 2003. *Applying Quality Management in Healthcare: A Process for improvement.* Chicago.

Kovner, A, R. 2005. "Factors Associated with Use of Management Research by Health Systems." Unpublished report for the Center for Health Management Research, University of Washington, Seattle.

Kovner, A. R., J., J. Elton, and J. Billings. 2000. "Transforming Health Management: An Evidence-Based Approach." Frontiers *of Health Services Management* 16 (4): 3-25.

Lavis, J., H, Davies, A. Oxman, J.-L. Denis, K. Golden-Biddle, and E. Ferlie, 2005. "Towards Systematic Reviews That Inform Health Care Management and Policy-Making." Journal *o fHealth Services Research and Policy* 10 (SI): 35-48.

Lavis,J. N., D. Robertson. J. M, Woodside, C. B. McLeod, J. Abelson, and The Knowledge Transfer Group, 2003. "How Can Research Organizations More Effectively Transfer Research Knowledge to Decision Makers?" *The Milbank Quarterly* 81 (2): 221-48.

Lavis. J. N., S. E. Ross. J. E. Hurley, J. M. Hohenadel, G. L. Stoddart, C. A. Woodward, and J. Abelson. 2002. "Examining the Role of Health Services Research in Public Policy Making." *Miibank Quarterly* 80 (I): 125-53

Lomas, J. 2000."Using 'Linkage and Exchange' to Move Research into Policy at a Canadian Foundation." *Health Affairs* 19 (3): 236-40.

Mack, K. E., M. A. Crawford, and M. C. Reed, 2004, Decision *Making for Improved Performance.* Chicago.

Mays N., C. Pope, and J. Popay. 2005. "Systematically Reviewing Qualitative and Quantitative Evidence to Inform Management and Policy-Making in the Health Field." Journal *of Health Services Research und Policy* 10 (SI): 6-20.

Muir Gray, J.A. 2004. *Evidence-Based Health Care: How to Make Health Policy and Management Decisions.* New York.

National Center for Healthcare Leadership. 2004. *Health Leadership Competency Model,* version 2.0, 1-9. Chicago: National Center for Healthcare Leadership.

Pawson, R., T. Greenhalgh, G. Harvey, and K. Walshe. 2005. "Realist Review—A New Method of Systematic Review Designed for Complex Policy Interventions," *Journal of Health Services Research and Policy* 10 (SI): 21-34.

Robbins, S. P., and D. A. DeCenzo, 2004. *Fundamentals of Management: Essential Concepts and Applications,* 4th ed. Upper Saddle River, NJ.

Russell, J.A., and B. Greenspan, 2005. "Correcting and Preventing Management Mistakes." In *Management Mistakes in Healthcare: Identification. Correction and Prevention,* edited by P. B. Hofmann and F, Perry, 84-102. Cambridge.

Russell, S. 2000. "$176 Million Tab on Failed Hospital Merger." *San Francisco Chronicle,* December 14.

Sackett, D. L., W. M. Rosenberg, J, A, Cray, R. B. Haynes, and W. S. Richardson, 1996, "Evidence-Based Medicine: What It Is and What It Isn't." *British Medical Journal* 312 (7023): 71-72.

Sackett, D. L., S. E. Straus, W. S. Richardson, W. Rosenberg, R. B, Haynes, 2000. *Evidence-Based Medicine; How* to *Practice and Teach EBM,* 2nd ed. New York: Churchill Livingston.

Sheldon, T, 2005. "Making Evidence Synthesis More Useful for Management and Policy-Making." Journal *of Health Services Research and Policy* 10 (Si): 1-4.

Shojania, K. C , and]. M. Grimshaw, 2005, "Evidence-Based Quality Improvement: The State of the Science," *Health Affairs* 24 (r): 138-50.

Shortell, S. M., R. R. Gillies, D, A. Anderson, K. M. Erickson, and J. B, Mitchell. 2000. *Remaking Health Care in America,* 2nd ed. San Francisco.

Shortell, S. 2001. "A Time for Concerted Action," *Frontiers of Health Services Management* 18 (I); 33-46.

Stewart, R. 2002. *Evidence-Based Management: A Practical Guide for Health Professionals.* Abingdon. UK.

Walshe, K.. and T. Rundall. 2001, "Evidence-Based Management; From Theory to Practice in Health Care." *The Milbank Quarterly 79* (3): 429-47.

Autorenverzeichnis

Dipl.-Volksw. Joachim R. Abrolat
Forschungsgruppe Nachhaltigkeit, Universität Witten/Herdecke

Markus Andersen, Arzt
Forschungsgruppe Nachhaltigkeit, Universität Witten/Herdecke

Dr. Sabine Bohnet-Joschko
Leiterin der Forschungsgruppe Nachhaltigkeit, Universität Witten/Herdecke

Dr. med. Kirstin Börchers
Alfried Krupp von Bohlen und Halbach-Stiftungslehrstuhl für Medizinmanagement der Universität Duisburg-Essen

Dipl.-Kfm. Ulrich Bretschneider
Forschungsgruppe Nachhaltigkeit, Universität Witten/Herdecke und Lehrstuhl für Wirtschaftsinformatik, Technische Universität München

Dipl.-oec. Julian T. Dilling
Forschungsgruppe Nachhaltigkeit, Universität Witten/Herdecke

Dr. Daniel Fleer, MPH
Forschungsgruppe Nachhaltigkeit, Universität Witten/Herdecke

PD Dr. med. Parwis Fotuhi
Leiter der HELIOS Akademie, HELIOS Kliniken GmbH

Prof. Dr. Hans-Dietrich Haasis
Inhaber des Lehrstuhls für Allgemeine Betriebswirtschaftslehre, Produktionswirtschaft und Industriebetriebslehre der Universität Bremen und Direktor des Instituts für Seeverkehrswirtschaft und Logistik, Bremen

Prof. Dr. Helmut Krcmar
Inhaber des Lehrstuhls für Wirtschaftsinformatik der Technischen Universität München

Anthony R. Kovner
Professor of Public and Health Management der Wagner School of Public Service, New York University

Thomas H. Lee, MD, M.Sc.
Network President/CEO, Partners HealthCare System sowie Professor an der Harvard Medical School und an der Harvard School of Public Health

Dr. Jan Marco Leimeister
Lehrstuhl für Wirtschaftsinformatik; Technische Universität München

Dipl.-Volkswirt cand. med. Uwe Maier
Universität Heidelberg

James J. Mongan, MD
President / CEO, Partners HealthCare und Professor an der Harvard Medical School

Eugene C. Nelson, DSc, MPH
Director of Quality Education, Measurement and Research, Dartmouth Hitchcock Medical Center sowie Professor der Dartmouth Medical School

Dr. med. Dipl.-Kfr. Anja Neumann
Alfried Krupp von Bohlen und Halbach-Stiftungslehrstuhl für Medizinmanagement der Universität Duisburg-Essen

Thomas G. Rundall, Ph.D.
Henry J. Kaiser Professor of Organized Health Systems der University of California Berkeley School of Public Health

Dipl.-Inf. Andreas Schweiger
Lehrstuhl für Wirtschaftsinformatik, Technische Universität München

Dipl. Soz. Wiss. Alfredo Virgillito
Lehrstuhl für Organisationsforschung, Weiterbildungs- und Sozialmanagement im Zentrum für Weiterbildung der Universität Dortmund

Dr. med. Horst Christian Vollmar, MPH
Fakultät für Medizin, Universität Witten/Herdecke

Prof. Dr. Jürgen Wasem
Inhaber des Alfried Krupp von Bohlen und Halbach-Stiftungslehrstuhls für Medizinmanagement der Universität Duisburg-Essen

Maximiliane Wilkesmann, B.A. / M.A.
Lehrstuhl für Organisationsforschung, Weiterbildungs- und Sozialmanagement im Zentrum für Weiterbildung der Universität Dortmund

Prof. Dr. Uwe Wilkesmann
Inhaber des Lehrstuhls für Organisationsforschung, Weiterbildungs- und Sozialmanagement im Zentrum für Weiterbildung der Universität Dortmund

Kolibri 360 GmbH
Ferdinand-Jühlke-Straße 7
99095 Erfurt, Deutschland
produktsicherheit@kolibri360.de